공인중개사법 및 중개실무

홍길성 교수 경영학박사(감정평가사) / 성대경영행정대학원 교수 / 감정평가학회장 역임
정신교 교수 법학박사 / 목포해양대 교수 / 한국부동산학회 분과위원장
김상현 교수 법학박사 / 건대 / 한북대 교수 / 한국부동산학회 학술위원 / 한국지식재단 연구위원
유원상 교수 부동산학박사 / 한양대학교 교수 / 한국부동산학회 분과위원장
양영준 교수 부동산학박사 / 제주대부동산학 교수 / 한국부동산학회 지역학회장
김동현 교수 부동산학박사 / 이학박사 / 청암대 교수 / 자산정보연구소장 / 한국부동산학회 학술위원
조광행 교수 경제학박사 / 열린사이버대 교수 / 한국부동산학회 부학회장
김성은 교수 법학박사 / 고려대 / 창신대부동산학과 교수 / 고려대법학연구원 연구위원
방경식 교수 행정학박사(부동산) / 주택산업연구원연구실장 · 한국부동산학회 수석부학회장 역임
윤황지 교수 법학박사 / 건국대 / 강남대부동산학과 전교수 / 한국부동산학회 자문위원
박기원 연구위원 부동산학전공 / 건대행정대학원 / 한국부동산학회이사 역임, 연구위원
장재원 교수 국민대법무대학원 중개실무연구 / 단국대 강사 / 한국지식재단 연구교수

부동산공법

송명규 교수 환경토지정책박사 / 단국대부동산학과 교수 / 한국부동산학회 부학회장
윤준선 교수 공학박사 / 강남대부동산건축공학부 교수 / 한국부동산학회 부학회장
정태용 교수 서울대법학전공, 아주대 로스쿨 교수 / 법제처 행정심판관리국장 역임
김향종 교수 행정학박사 / 세명대 교수 / LH토지연수석연구원 역임 / 한국부동산학회 지역학회장
김진수 교수 행정학박사 / 건국대행정대학원 교수 / 한국부동산학회 부학회장 / 한국지식재단 자문위원
이옥동 교수 경영학박사(부동산) / 성결대도시계획부동산학부 교수 / 한국부동산학회 부학회장
홍성지 교수 행정학박사 / 백석대부동산학 교수 / 한국지식재단 연구위원
김동환 교수 부동산학박사 / 서울사이버대부동산학과 교수 / 한국부동산학회 학술위원
백연기 교수 한국부동산학회 공법연구위원 겸 연구교수 / 인하대강사
이윤상 연구위원 도시계획학박사 / LH연구원 연구위원 / 한국부동산학회 학술위원
이춘호 교수 공학박사 / 강남대부동산건축공학부 교수 / 한국부동산학회 학술위원
이기우 교수 법학박사 / 호남대학교대학원장 역임 / 한국부동산법학회 역임
김용민 교수 법학박사 / 강남대부동산학과 전교수 / 한국부동산학회 지역학회장 역임
진정수 연구위원 행정학박사(부동산학) / 국토연구원 전연구위원
조정환 교수 법학박사 / 건국대 / 대진대법무대학원장 · 한국부동산학회 부학회장 역임
김재덕 교수 법학박사 / 건국대부동산학과 교수 · LA캠퍼스총장 역임/한국지식재단 자문위원

부동산공시법

조재영 교수 법학박사 / 한양대학교 교수 / 한국부동산학회 부학회장
최승명 교수 법학박사 / 목포대지적부동산학과 교수 / 한국부동산학회 학술위원
천 영 교수 법학박사 / 감정평가사 / 건국대부동산대학원 교수 / 한국부동산학회 부학회장
이승섭 교수 서울대법학전공, 충남대로스쿨 교수 / 대전 · 인천지방법원판사역임/한국지식재단 전문위원
주명식 교수 민사집행실무연구회장 / 사법연수원 교수 / 대법원법정국장 역임
정삼석 교수 도시계획학박사 / 창신대부동산대학원 교수 / 한국지식재단 연구위원
이진경 교수 공학박사 / 감사원평가연구원 · SH연구원팀장 / 상지대교수 / 한국부동산학회 학술위원
이기우 교수 법학박사 / 호남대 교수 · 대학원장 · 한국부동산법학회장 · 한국부동산학회 자문위원 역임
송현승 교수 부동산학박사 / 평택대학교 교수 / 한국부동산학회 학술이사
윤창구 교수 경영학박사 / 인천대경영대학원부동산학과 교수 / 한국감정원연수원장 역임
임이택 교수 경영학박사 / 목포대지적부동산학과 교수 · 대학원장 · 교수협회장 · 한국부동산회장 역임
오현진 교수 법학박사(부동산) / 청주대지적학과 교수 · 사회과학대학장 · 한국부동산학회 부학회장 역임
박준석 변호사 건국대 / 수원지방법원/군판사역임
조형래 변호사 한국부동산학회 학술위원
손기선 연구원 부동산공시전문 / 한국지식재단 연구원 / 한국부동산학회 연구원
임석회 연구위원 지리학박사 / 대한감정평가협회 연구위원

부동산세법

이찬호 교수 경영학박사(회계학) / 부동산학박사 / 부산대학교 교수 / 한국부동산학회 지역학회장
김용구 교수 부동산학박사 / 건국대학교 부동산대학원강사 / 단국대학교 겸임교수
장 건 교수 법학박사 / 김포대부동산경영학과 교수 / 한국부동산학회 학술위원 / 한국지식재단 연구위원
황재성 교수 기획재정부 재산세과장 역임 / 세무대학교 교수
안상인 교수 경영학박사(회계학) / 창신대부동산학과 전교수 / 한국지식재단 연구위원
이옥동 교수 경영학박사(부동산) / 성결대도시계획부동산학 교수 / 한국부동산학회 부학회장
최정일 교수 경영학박사(재무, 금융) / 성결대학교 교수 / 한국부동산학회 분과위원장
양해식 교수 세무대학세법전공 / 국세청 전재직 / 중부대학겸임교수
송진영 교수 세무사시험출제위원 / 한국지식재단 연구교수
김재운 교수 부동산전공 / 남서울대부동산학과 전교수 / 한국부동산학회 윤리위원
김정완 연구원 법학박사(수) / 한국부동산학회 연구원 / 한국지식재단 연구원
오맹렬 연구원 법무전문 / 한국지식재단 연구원 / 한국부동산학회 연구원
김병준 교수 경영학박사(금융) / 강남대실버산업학과 교수 / 한국부동산학회 학술위원
나병삼 교수 행정학박사(부동산학) / 명지전대부동산경영과 전교수
박상학 연구위원 경제박사(금융/부동산) / LH토지주택연구원 연구위원 / 한국부동산학회 분과위원장

그 밖에 시험출제위원 활동중인 교수그룹 등은 참여생략

알고 보니 경록이다

우리나라 부동산전문교육의 본산 경록 1957

한방에 합격은
경록이다

제1회 시험부터 수많은 합격자를 배출한 전문성 - 경록

별☆이☆일☆곱☆개

경록 부동산학·부동산교육 최초 독자개척 고객과 함께, 68주년 기념

1957

2025 100% PASS PROJECT

경록 공인중개사
핵심요약집

3 2차 공인중개사법및중개실무

1회 시험부터 수많은 합격자를 배출한 독보적 정통교재

SINCE1957 K 경록

우리나라 최초 부동산학을 개척하고 교육한 정통 부동산전문교육본산

알고 보니
경록이다

우리나라 부동산전문교육의 본산 경록 1957

머리말

매년 99% 문제가 경록 교재에서!!

경록 교재는 공인중개사사 시험 통계작성 이후 27년간 매년 99% 문제가 출제되는 독보적 정답률을 기록한 유일한 교재입니다. 경록은 우리나라 부동산 교육의 본산이며 경록교재는 우리나라 부동산교육의 정통한 역사를 이끌어가는 오리지널 교재입니다.

이 교재는 우리나라 부동산교육의 본산인 경록의 68년간 축적된 전문성을 기반으로 130여 명의 역대 최대 '시험출제위원 부동산학 대학교수그룹'이 제작, 해마다 완성도를 높여가며 시험을 리드하는 교재입니다.

특히 경록의 온라인과정 전문기획인강은 언택트시대를 리드하는 뉴 트렌드가 되었습니다. 업계 최초로 1998년부터 〈경록 + MBN TV 족집게강좌〉 8년, 현재까지 28년차 검증된 99%족집게강좌입니다.
일반 학원의 6개월에 1회 수강과정을 경록에서는 1개월마다 2회 반복완성이 가능합니다.

경록의 전문성이 곧 합격의 지름길로 이끌어 드립니다. 성공은 경록과 함께 시작됩니다.

여러분의 건투를 빕니다.

지속가능한 직업
공인중개사

■ 공인중개사란

🔍 공인중개사?
공인중개사법령에 의한 공인중개사자격을 취득한 자를 말한다(「공인중개사법」 제2조 제2항).

🔍 중개업?
중개업은 다른 사람의 의뢰에 의하여 일정한 보수를 받고 중개대상물에 대한 거래당사자 간의 매매, 교환, 임대차 그 밖의 권리의 득실변경에 관한 행위의 알선을 업으로 하는 것이다(「공인중개사법」 제2조 제1호, 제3호 참조).

🔍 중개대상물?

| 토지 | 건축물 그 밖의 토지의 정착물 | 입목 |
| 광업재단 | 공장재단 | 분양권 | 입주권 |

(대판 2000.6.19. 2000도837 등 참조)

■ 개업 공인중개사 업역
(「공인중개사법」 제14조 참조)

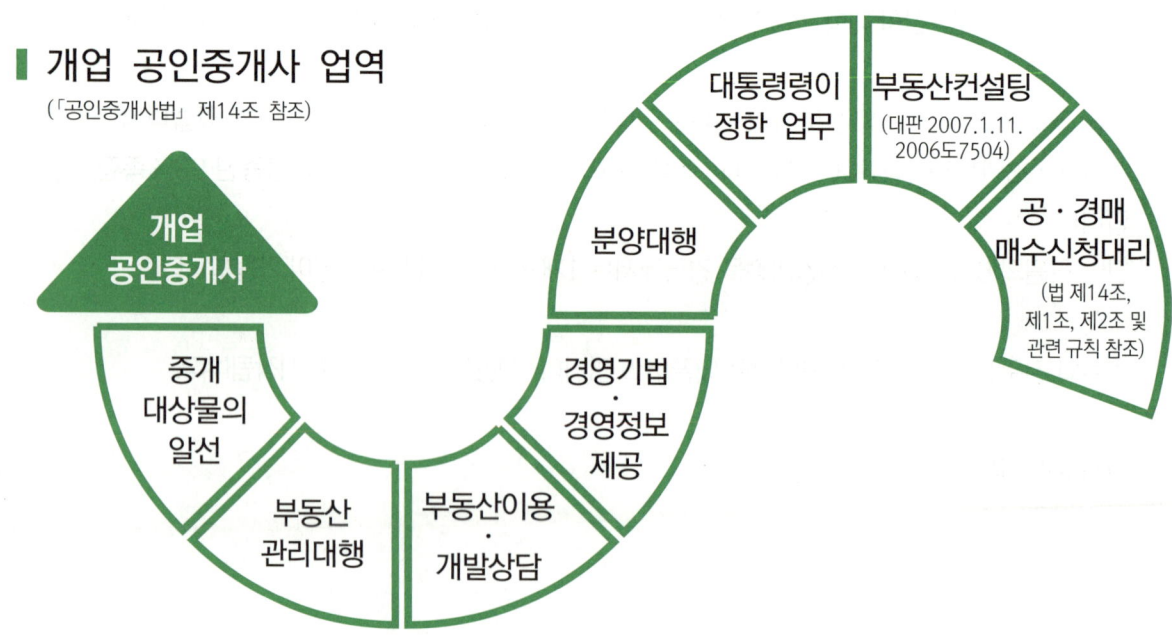

4 | 경록 공인중개사 핵심요약집 ③ 공인중개사법령 및 중개실무

개업(창업)

중개업의 개업은 공인중개사시험에 합격한 후 소정의 교육을 받고, 개설코자 하는 사무소 소재지 시·군·구청에 "사무소" 개설 등록을 하면 된다.

개인중개사무소, 합동중개사무소, 법인중개사무소를 개설하여 영위할 수 있다.

세상에는 수많은 직업이 있으나 돈이 되고, 시장 규모가 크고, 경제성이 높고, 일반 진입이 용이한 직업은 거의 없다.

100세가 되어도 건강하면 경제활동이 가능하고, 시장규모가 크고, 높은 경제성이 있고, 일반 진입이 가능한 직업은 공인중개사뿐이다.

법정취업

- **개인중개사무소, 합동중개사무소, 법인공인중개사무소의 소속공인중개사로 취업**
  11만 4천여 개(법인 포함) 중개업체의 소속공인중개사, 법인의 사원 또는 임원으로 취업 (2021현재)
- **특수 중개법인 취업**(「공인중개사법」 제9조 참조)
  - **지역농업협동조합** : 농지의 매매·교환·임대차 업무
  - **산림조합** : 임야, 입목의 매매·교환 업무
  - **산업단지관리기관** : "산단" 내 공장용지·건축물의 매매·임대차 업무
  - **자산관리공사** : 금융회사 부실자산 등 비업무용 부동산의 매매 업무

일반취업(가산점 등)

공인중개사 수요는 경제성장과 함께 폭발적으로 증가한다.

국내외 부동산투자회사, 부동산투자신탁회사, LH토지주택공사, SH공사 등 각 지자체공사, 금융기관, 보험기관 등에서 유자격자를 내부적으로 보직 고려나 승급 시 가산점을 부여한다.

일반기업, 공무원 등에서 보직 참고, 승급 등의 업무소양을 가늠하는 전문자격 및 직능향상 기능을 한다.

탁월한 선택

경록의 선택은 탁월한 선택입니다. 우리나라 부동산교육의 본산으로서 65년 전통과 축적된 전문성, 그리고 국내 최대 전문가 그룹이 서포트합니다.

부동산학을 독자연구 정립하고, 최초로 한국부동산학회를 설립하였으며 대학원에 최초로 독립학과를 설립 교육하고, 공인중개사 제도를 주창, 시험시행 전부터 교육해 시험을 리드한 역사적 전통과 축적을 이룬 기관은 경록뿐입니다(설립자 김영진 박사 1957~현재).

공인중개사 시험

▌시험일정 : 매년 1회 1, 2차 동시 시행

시험 시행기관 등	인터넷 시험접수	시험일자	응시자격
• 법률근거 : 공인중개사법 • 주무부 : 국토교통부 • 시행기관 : 한국산업인력공단	• 매년 8월 둘째 주 5일간 • 특별추가 접수기간 : 별도 공지 일정은 변경될 수 있음	매년 10월 마지막 토요일	학력, 연령, 내·외국인 제한 없이 누구나 가능 (법에 의한 응시자격 결격사유에 해당하는 자는 제외)

※ 큐넷(http://www.q-net.or.kr) 참조, 이상의 일정 등은 변경될 수 있습니다.

▌시험과목 및 시험방법

구 분	시험과목	시험방법	문항 수	시험시간	휴대
1차 시험 1교시 (2과목)	■ 부동산학개론 (부동산감정평가론 포함) ■ 민법 및 민사특별법 중 부동산중개에 관련되는 규정	객관식 5지선다형	과목당 40문항 (1번~80번)	100분 (9:30~11:10)	계산기
2차 시험 1교시 (2과목)	■ 공인중개사의 업무 및 부동산거래신고 등 에 관한 법령·중개실무 ■ 부동산공법 중 부동산중개에 관련되는 규정		과목당 40문항 (1번~80번)	100분 (13:00~14:40)	
2차 시험 2교시 (1과목)	■ 부동산공시에 관한 법령(「부동산등기법」, 「공간정보의 구축 및 관리등에 관한 법률」) 및 부동산 관련 세법		40문항 (1번~40번)	50분 (15:30~16:20)	

※ 답안작성 시 법령이 필요한 경우는 시험시행일 현재 시행되고 있는 법령을 기준으로 작성

주의사항
1. 수험자는 반드시 입실시간까지 입실하여야 함(시험시작 이후 입실 불가)
2. 개인별 좌석배치는 입실시간 20분 전에 해당 교실 칠판에 별도 부착함
3. 위 시험시간은 일반응시자 기준이며, 장애인 등 장애유형에 따라 편의제공 및 시험시간 연장가능
 (장애 유형별 편의제공 및 시험시간 연장 등 세부내용은 큐넷 공인중개사 홈페이지 공지사항 참조)

합격기준

구분	합격결정기준
1차 시험	매 과목 100점을 만점으로 하여 매 과목 40점 이상, 전 과목 평균 60점 이상 득점한 자
2차 시험	

시험과목 및 출제비율

구 분	시험과목	출제범위	출제비율
1차 시험 (2과목)	부동산학개론 (부동산감정평가론 포함)	부동산학개론	85% 내외
		부동산감정평가론	15% 내외
	민법 및 민사특별법 중 부동산중개에 관련되는 규정	민법(총칙 중 법률행위, 질권을 제외한 물권법, 계약법 중 총칙·매매·교환·임대차)	85% 내외
		민사특별법(주택임대차보호법, 집합건물의 소유 및 관리에 관한 법률, 가등기담보 등에 관한 법률, 부동산 실권리자명의 등기에 관한 법률, 상가건물 임대차보호법)	15% 내외
2차 시험 (3과목)	공인중개사의 업무 및 부동산거래신고 등에 관한 법령·중개실무	공인중개사법, 부동산거래신고 등에 관한 법률	70% 내외
		중개실무	30% 내외
	부동산공법 중 부동산중개에 관련되는 규정	국토의 계획 및 이용에 관한 법률	30% 내외
		도시개발법, 도시 및 주거환경정비법	30% 내외
		주택법, 건축법, 농지법	40% 내외
	부동산공시에 관한 법령 (「부동산등기법」, 「공간정보의 구축 및 관리등에 관한 법률」) 및 부동산 관련 세법	부동산등기법	30% 내외
		공간정보의 구축 및 관리 등에 관한 법률 (제2장 제4절 및 제3장)	30% 내외
		부동산 관련 세법(상속세, 증여세, 법인세, 부가가치세 제외)	40% 내외

차 례

경록교재, 1회독이 합격을 좌우합니다.

Part 1 공인중개사법령

Chapter 1 총칙 4

1. 부동산중개제도 5
2. 총칙 5

Chapter 2 중개사무소 개설등록 및 중개업무 14

1. 공인중개사 15
2. 중개사무소 개설등록 18
3. 중개업무의 범위 23
4. 중개사무소의 관리 25

Chapter 3 개업공인중개사의 의무 36

1. 중개계약과 부동산거래정보망 37
2. 개업공인중개사의 일반의무 41
3. 손해배상책임과 계약금 등의 반환이행의 보장 52

Chapter 4 중개보수 및 실비 57

1. 중개보수청구권 58
2. 중개보수 산정 58
3. 실비청구권 60
4. 중개보수·실비 과다징수에 대한 벌칙 60

Chapter 5 지도·감독 등 61

1. 지도·감독 및 행정처분 62
2. 보칙 70

Chapter 6 공인중개사협회 72

1. 공인중개사협회의 개념 73
2. 협회의 설립절차 73
3. 지부 및 지회의 설치 및 총회 73
4. 협회의 업무 74
5. 공제사업 74
6. 지도·감독 등(법 제44조) 76

Chapter 7 벌칙 77

1. 행정벌 78
2. 행정형벌(법 제48조) 78
3. 행정질서벌 80

Part2 부동산거래신고 등에 관한 법률

Chapter 1 총칙 84

1. 제정목적 85
2. 용어의 정의 85

Chapter 2 부동산거래신고 86

1. 부동산거래신고 대상 및 시기 87
2. 부동산거래신고의무 및 금지행위 87
3. 부동산거래신고 절차 91
4. 외국인 등의 특례 92
5. 정정신청, 변경신고 93
6. 주택임대차계약신고 94
7. 부동산거래신고서의 작성 95

Chapter 3 외국인등의 부동산취득의 특례 100

1. 부동산등의 취득·보유신고(법 제8조) 101
2. 토지취득허가 101
3. 신고 또는 신청 후의 절차 102

Chapter 4 토지거래허가 104

1. 토지거래허가구역의 지정 105
2. 토지거래에 대한 허가 106
3. 허가기준(법 제12조) 109
4. 허가의 불복 등 110

5. 토지이용에 관한 의무 등 111
6. 이행강제금 111
7. 지가동향의 조사 112
8. 그 외 사항 113

Chapter 5 부동산 정보관리 및 보칙 114

1. 부동산 정보관리 115
2. 보칙 115

Chapter 6 벌칙 118

1. 행정형벌 119
2. 과태료 117
3. 자진 신고자에 대한 감면 등 120

차 례

경록교재, 1회독이 합격을 좌우합니다.

Part3 중개실무

Chapter 1 총칙 124
1. 부동산중개활동 125
2. 부동산거래정보망 125
3. 중개업경영 126

Chapter 2 중개계약 및 중개기법 127
1. 중개계약 수집업무 128
2. 중개계약론 128
3. 중개계약서 작성 130
4. 중개대상물의 중개기법 131

Chapter 3 중개대상물의 조사·분석 133
1. 중개대상물 조사·분석 개요 134
2. 공부조사 134
3. 현장조사 136
4. 기타 부동산의 조사·분석 139

Chapter 4 중개대상물 확인·설명서 140
1. 중개대상물 확인·설명시 유의점 141
2. 중개대상물 확인·설명서 작성방법 142

Chapter 5 부동산거래계약 158
1. 거래계약서 작성 159
2. 계약서의 필요기재사항 161
3. 전자계약 162

Chapter 6 부동산거래 관련제도 163
1. 부동산등기 특별조치법 164
2. 부동산 실권리자명의 등기에 관한 법률 165
3. 주택임대차보호법 167
4. 상가건물 임대차보호법 173
5. 기타 부동산거래 관련법규 179

Chapter 7 부동산경매및공매 180
1. 경매 및 공매 181
2. 매수신청대리 관련 대법원규칙 186

PART 01 공인중개사법령

	구 분	25회	26회	27회	28회	29회	30회	31회	32회	33회	34회	계	비율(%)
공인중개사 법령	제1장 총칙	3	2	3	3	2	3	1	2	3	3	25	6.3
	제2장 공인중개사	0	1	1	1	0	1	2	0	1	0	7	1.8
	제3장 중개업	16	18	16	20	19	13	21	16	11	16	166	41.5
	제4장 지도·감독	5	7	5	4	5	5	2	5	5	3	46	11.5
	제5장 공인중개사협회	3	0	1	0	1	3	0	2	1	1	12	3.0
	제6장 벌칙	1	2	2	2	2	1	2	2	1	0	15	3.8
	소 계	28	30	28	30	29	26	28	27	22	23	271	67.8

CHAPTER 01

총 칙

학습포인트

- 목 적(제1조) : 이 법 전반의 흐름을 이해할 수 있는 것이며, 과거 시험에서는 조문 그대로를 묻는 문제가 빈번하게 출제되었으므로 반드시 이해하고 암기해야 한다.
- 용어의 정의(제2조) : 이 법 전체에 걸친 해석의 기준으로 반드시 암기해야 하며, 용어의 정의와 관련된 이해력을 묻는 문제도 지속적으로 출제된다.
- 중개대상물(제3조) : 중개업의 범위를 정하는 것으로, 중개대상물에 포함되는지의 여부를 묻는 문제가 빈번히 출제되므로 각 대상물에 대한 심도 높은 학습이 필요하다.

CHAPTER 학습 & 출제되는 키워드

- ☑ 부동산중개업법의 제정 및 개정
- ☑ 중개대상물
- ☑ 중개의 유형
- ☑ 고용행위
- ☑ 중개업
- ☑ 중개보조원
- ☑ 토지
- ☑ 토지의 정착물
- ☑ 공인중개사법의 제정목적
- ☑ 권리의 득실·변경
- ☑ 위임행위
- ☑ 도급행위
- ☑ 개업공인중개사
- ☑ 공인중개사 정책심의위원회
- ☑ 건축물
- ☑ 입목·공장 및 광업재단
- ☑ 중개
- ☑ 알선행위
- ☑ 대리행위
- ☑ 현상광고
- ☑ 소속공인중개사
- ☑ 중개대상물
- ☑ 장래 건축될 건물(분양권)
- ☑ 중개대상이 아닌 것

CHAPTER 학습 & 출제되는 질문

- ☑ 공인중개사법령의 제정목적으로 틀린 것은?
- ☑ 용어의 정의에 대해 바르게 설명한 것은?
- ☑ 중개대상물이 아닌 것은?

01 부동산중개제도

1 부동산중개제도의 변천

시기	제도명칭 등	제도내용	비고
1) 고려~근세	객주 → 거간 → 가거간(가쾌, 집주름)	자유영업	복덕방(가쾌가 상주하는 사무소)
2) 1893년	객주거간규칙	인가제	한성부
3) 1922년	소개영업취체규칙	허가제	일제강점기 이후, 경기도령 제10호
4) 1961년	소개영업법	신고제	부동산, 동산 등의 매매대차의 소개
5) 1983년	부동산중개업법(제정)	허가제	부동산중개
6) 1999년	부동산중개업법(개정)	등록제	부동산중개
7) 2005년	공인중개사의 업무 및 부동산거래신고에 관한 법률 (전면개정)	등록제	부동산중개, 부동산거래신고
8) 2014년	공인중개사법	등록제	부동산중개

2 「공인중개사법」의 특징 ★

(1) 부동산중개에 있어서는 일반법적 성질
부동산중개에 있어서는 「공인중개사법」이 우선 적용된다.

(2) 중간법적 성질: 공법과 사법의 혼합법

(3) 「민법」과 「상법」에 있어서는 특별법적 성질
부동산중개에 있어서는 「공인중개사법」이 일반적으로 적용되며 이에 관련한 규정이 없는 경우 「민법」이 적용된다. 개업공인중개사와 중개의뢰인과의 법률관계는 「민법」상의 위임관계와 같으므로 「민법」상 위임에 관한 규정이 적용된다(대판 1993.5.11. 92다55350).

02 총 칙

1 목 적 ★★★   11·13·추가15·16·17·20회 출제

「공인중개사법」의 제정목적(법 제1조)은 다음과 같이 구분하여 설명된다.

직접목적	간접목적	종국목적
공인중개사등의 업무 등에 관한 사항을 정함	① 전문성 제고 ② 부동산 중개업의 건전한 육성	국민경제에 이바지함

Professor Comment

공인중개사법의 제정목적이 개업공인중개사를 지도육성하는 것은 아니다.

2 용어의 정의 ★★★

`12·13·18·25·27·28·29·32·33·34회 출제`

(1) 중개

`10·14·19·20회 출제`

1) 중개의 정의

"중개"라 함은 제3조의 규정에 의한 중개대상물에 대하여 거래당사자 간의 매매·교환·임대차 그 밖의 권리의 득실·변경에 관한 행위를 알선하는 것을 말한다(법 제2조 제1호).

Professor Comment

중개대상물은 토지, 건축물 그 밖의 토지의 정착물, 입목, 광업재단, 공장재단이다.

[판례] ■ 저당권 설정에 관한 행위의 알선이 「부동산중개업법」 제2조 제2호의 소정의 '중개업'에 해당하는지 여부

공인중개사법 제2조 제1호에서 말하는 '그 밖의 권리'에는 저당권 등 담보물권도 포함되고, 따라서 다른 사람의 의뢰에 의하여 일정한 보수를 받고 저당권의 설정에 관한 행위의 알선을 업으로 하는 경우에는 같은 법 제2조 제3호가 정의하는 중개업에 해당하며, 그와 같은 저당권 설정에 관한 행위의 알선이 금전소비대차의 알선에 부수하여 이루어졌다 하여 달리 볼 것도 아니다(대판 1996.9.24, 96도1641).

2) 중개의 성립요건

① 중개대상물에 대한 행위
② 복수의 거래당사자 쌍방
③ 매매·교환·임대차 그 밖의 권리의 득실·변경에 관한 행위
④ 이들 행위를 알선하는 것

Professor Comment

개업공인중개사가 거래당사자 쌍방으로부터 모두 중개의뢰를 받아야 하는 것은 아니며, 거래의 일방 당사자의 의뢰에 의하여 중개대상물의 거래를 알선하는 경우도 중개업무에 포함된다.

3) 중개의 종류

① 알선행위의 정도에 따른 구분

지시중개(보도·전시중개)	중개대상물에 대한 자료를 전시하고 그에 관한 정보 및 조언 제공
참여중개(매개중개)	거래당사자 간에 법률행위의 성립을 적극적으로 주선하는 중개행위

② 중개대상에 따른 구분

민사중개	개인 간의 거래를 중개하는 것
상사중개	타인 간의 상행위를 중개하는 것

4) 중개와 다른 개념과의 비교

구 분	중개계약과 유사한 점	중개계약과의 차이점
위임설 (판례, 다수설)	신임관계를 기초로 한다.	• 위임계약은 유상을 원칙으로 하지 않는다. • 중개계약은 중개의 대상인 계약이 성립하지 않는 한 특약이 없이는 보수를 청구할 수 없다.
대리설	거래성립에 조력한다.	• 대리는 법률행위이며 중개는 사실행위이다. • 대리는 거래당사자의 역할이지만 중개는 제3자에 불과하다.
고용설	행위에 대한 보수청구권이 인정된다.	• 고용계약은 제공된 노무에 의한 일의 완성이나 일정한 결과의 성부는 고려하지 않는다. • 피고용자는 고용인을 위해 전속적으로 노무를 제공해야 한다.
도급설	일의 완성을 보수의 지급 요건으로 한다.	• 도급계약은 일의 완성결과 하자발생에 따라 그 보수를 감액할 수 있다. • 도급계약은 일의 완성의무가 있으나 중개계약은 중개완성의 의무가 없다.
현상광고설	지정된 행위의 완성을 목적으로 한다.	• 현상광고는 청약을 불특정다수인에 대한 광고의 방법으로 한다. • 현상광고는 지정한 행위의 완료가 있기까지는 계약이 성립조차 되지 않는다.

(2) 공인중개사

21회 출제

1) 공인중개사의 정의

「공인중개사법」에 의한 <u>공인중개사자격을 취득한 자</u>(법 제2조 제2호)

2) 공인중개사인 개업공인중개사와 구분

중개사무소 개설등록 절차를 거친 개업공인중개사인 공인중개사와 자격만을 취득한 상태의 공인중개사는 구분되어야 한다.

(3) 중개업

17·25회 출제

1) 중개업의 정의

"중개업"이라 함은 <u>다른 사람의 의뢰에 의하여 일정한 보수를 받고 중개를 업으로 행하는 것을 말한다</u>(법 제2조 제3호).

2) 중개업의 성립요건

① 다른 사람의 의뢰가 있어야 한다.
② 일정한 보수를 받아야 한다.
③ 중개를 업으로 행해야 한다.

Professor Comment

① "업"이 성립되기 위해서는 반복성, 계속성, 영리성이 있어야 하며 고객이 불특정다수이어야 함
② 중개업이 자신의 본업이 아닌 부수적 업무인 경우에도 중개를 업으로 하면 중개업을 한 것으로 봄

■ 알선 중개를 업으로 한다는 것의 의미 등

1 「부동산중개업법」 제2조 제1호 소정의 "알선 중개를 업으로 한다"함의 의미 및 판단기준
중개를 업(業)으로 한다는 것은 반복·계속하여 영업으로 알선·중개를 하는 것을 의미한다고 해석할 수 있으므로, 알선·중개를 업으로 하였는지의 여부는 알선·중개행위의 반복·계속성, 영업성 등의 유무와 그 행위의 목적이나 규모, 회수, 기간, 태양(態樣) 등 여러 사정을 종합적으로 고려하여 사회통념에 따라 판단해야 한다. 따라서 우연한 기회에 단 한번 건물전세계약의 중개를 하고 중개보수를 받았더라도, 반복·계속하여 중개를 한 증거가 없으면 무등록개업공인중개사로 처벌하지 못한다(대판 1988.8.9. 88도998).

2 중개사무소 개설등록을 하지 아니하고 부동산 거래를 중개하면서 그에 대한 중개보수를 약속·요구하는 행위가 구 「부동산중개업법」의 처벌대상이 되는지 여부
중개대상물의 거래당사자들로부터 중개보수를 현실적으로 받지 아니하고 단지 중개보수를 받을 것을 약속하거나 거래당사자들에게 중개보수를 요구하는 데 그친 경우에는 공인중개사법 제2조 제2호 소정의 '중개업'에 해당한다고 할 수 없어 무등록개업공인중개사로서 처벌대상이 아니고, 또한 위와 같은 중개보수 약속 요구행위를 별도로 처벌하는 규정 또는 같은 법 제38조 제1항 제1호 위반죄의 미수범을 처벌하는 규정도 존재하지 않으므로, 죄형법정주의의 원칙상 중개사무소 개설등록을 하지 아니하고 부동산 거래를 중개하면서 그에 대한 중개보수를 약속 요구하는 행위를 공인중개사법 위반죄로 처벌할 수는 없다(대판 2006.9.22. 2006도4842).

(4) 개업공인중개사

1) 개업공인중개사의 정의

「공인중개사법」에 의해 <u>중개사무소의 개설등록을 한 자</u>를 말한다(법 제2조 제4호).

2) 개업공인중개사의 종별

① 공인중개사인 개업공인중개사
② 법인인 개업공인중개사(특수법인 포함)
③ 부칙에 의한 개업공인중개사

Key Point 특수법인

1) 다른 법률에 의해 중개업을 영위할 수 있는 법인

구 분		중개업무의 범위	근거법률
개설등록불필요	지역농업협동조합	농지의 매매·임대차·교환의 중개	농업협동조합법
	지역산림조합	입목·임야의 매매·임대차·교환 등의 중개	산림조합법
	산업단지관리기관	당해 산업단지 안의 공장용지 및 공장건축물에 대한 부동산중개업	산업집적활성화 및 공장설립에 관한 법률
개설등록필요	한국자산관리공사	비업무용 자산 및 구조개선기업의 자산의 관리·매각·매매의 중개	금융기관부실자산 등의 효율적 처리 및 한국자산관리공사의 설립에 관한 법률

2) 중개법인과 다른 법률에 의해 중개업을 영위할 수 있는 법인의 비교

구 분	중개법인	특수법인		
		지역농업협동조합	기타 등록 불필요 법인	자산관리공사
개설등록	필요	불필요		필요
개설등록 요건	「공인중개사법」 적용	-		요건 적용 안됨
분사무소 책임자	공인중개사	제한없음		
업무보증금액	4억원 이상(분사무소당 2억원 추가)	2천만원		
중개업무범위	모든 중개행위 가능	해당 법률에서 정한 행위		

(5) 소속공인중개사

소속공인중개사라 함은 개업공인중개사에 소속된 공인중개사로서(공인중개사인 법인의 사원 또는 임원 포함) 중개업무를 수행하거나 개업공인중개사의 중개업무를 보조하는 자를 말한다(법 제2조 제5호). 즉 소속공인중개사는 계약서 등을 직접 작성할 수 있으며 업무를 보조할 수도 있다.

(6) 중개보조원

16·19회 출제

중개보조원이라 함은 <u>공인중개사가 아닌 자로서</u> 개업공인중개사에 소속되어 중개대상물에 대한 현장안내 및 일반서무 등 개업공인중개사의 <u>중개업무와 관련된 단순한 업무를 보조하는 자</u>를 말한다(법 제2조 제6호). 즉 개업공인중개사의 중개업무와 관련된 단순한 업무를 보조할 수 있을 뿐이다.

3 공인중개사 정책심의위원회

27·28·32·34회 출제

(1) 심의위원회의 설치

공인중개사의 업무에 관한 사항을 심의하기 위하여 국토교통부에 공인중개사 정책심의위원회를 둘 수 있다. 공인중개사 정책심의위원회의 구성 및 운영 등에 관하여 필요한 사항은 대통령령으로 정한다.

(2) 심의사항

33회 출제

1) 공인중개사의 시험 등 공인중개사의 자격취득에 관한 사항
2) 부동산 중개업의 육성에 관한 사항
3) 중개보수 변경에 관한 사항
4) 손해배상책임의 보장 등에 관한 사항

(3) 시·도지사의 준수의무

공인중개사 정책심의위원회에서 심의한 사항 중 공인중개사의 시험 등 공인중개사의 자격취득에 관한 사항의 경우에는 특별시장·광역시장·도지사·특별자치도지사(시·도지사)는 이에 따라야 한다.

(4) 심의위원회의 구성

공인중개사 정책심의위원회는 위원장 1명을 포함하여 7명 이상 11명 이내의 위원으로 구성한다.

(5) 위원의 구성

1) **심의위원회 위원장**

   국토교통부 제1차관이 된다.

2) **위원의 임기**

   위원의 임기는 2년으로 하되, 위원의 사임 등으로 새로 위촉된 위원의 임기는 전임위원 임기의 남은 기간으로 한다.

(6) 위원의 제척·기피·회피 등

1) 위원의 제척
심의위원회의 위원이 다음의 어느 하나에 해당하는 경우에는 심의위원회의 심의·의결에서 제척(除斥)된다.
① 위원 또는 그 배우자나 배우자이었던 사람이 해당 안건의 당사자가 되거나 그 안건의 당사자와 공동권리자 또는 공동의무자인 경우
② 위원이 해당 안건의 당사자와 친족이거나 친족이었던 경우
③ 위원이 해당 안건에 대하여 증언, 진술, 자문, 조사, 연구, 용역 또는 감정을 한 경우
④ 위원이나 위원이 속한 법인·단체 등이 해당 안건의 당사자의 대리인이거나 대리인이었던 경우

2) 위원의 기피
해당 안건의 당사자는 위원에게 공정한 심의·의결을 기대하기 어려운 사정이 있는 경우에는 심의위원회에 기피 신청을 할 수 있고, 심의위원회는 의결로 이를 결정한다. 이 경우 기피 신청의 대상인 위원은 그 의결에 참여하지 못한다.

3) 위원의 회피
위원 본인이 위의 제척사유에 해당하는 경우에는 스스로 해당 안건의 심의·의결에서 회피(回避)하여야 한다.

4) 위원의 해촉
국토교통부장관은 위원의 위의 제척사유에 해당하는 데에도 불구하고 회피하지 아니한 경우에는 해당 위원을 해촉(解囑)할 수 있다.

(7) 심의위원회의 운영

1) 위원장의 직무
위원장은 심의위원회를 대표하고 업무를 총괄한다. 위원장이 직무를 수행할 수 없을 때는 위원장이 미리 지명한 위원이 직무를 대행한다.

2) 운영
위원장은 회의를 소집하고 의장이 된다. 회의는 재적위원 과반수 출석으로 개의하고 출석위원 과반수의 찬성으로 의결한다.

3) 회의의 통보
위원장은 회의를 소집하려면 회의개최 7일 전까지 일시, 장소 등을 각 위원에게 통보하여야 한다(긴급하거나 부득이한 경우 전날까지 가능).

4) 전문가 의견 진술
위원장은 심의에 필요하다고 인정하는 경우 관계전문가를 출석하게 하여 의견을 듣거나 의견 제출을 요청할 수 있다.

5) 간사
심의위원회에 심의위원회의 사무를 처리할 간사 1명을 둔다. 간사는 심의위원회의 위원장이 국토교통부 소속 공무원 중에서 지명한다.

4 중개대상물(법 제3조) ★★★　　10·13·14·17·18·19·20·28·29·33·34회 출제

(1) 토 지

1) 토지의 소유권은 정당한 이익있는 범위 내에서 토지의 상하에 미치는 것으로 구분하여 매매하지 못한다. 다만, 일정 범위에 대한 구분지상권을 설정할 수 있다.

2) 토지의 거래단위

　토지의 개수는 「공간정보의 구축 및 관리 등에 관한 법률」에 의한 지적공부상의 필수, 경계선에 의하여 결정되나, 목적물의 범위가 확정된 경우 1필지의 토지의 일부의 거래도 가능하며, 다수의 필지를 1개의 거래 목적으로 할 수 있다.

3) 토지의 경계

　특별한 사정이 없는 한 현실의 경계와 관계없이 지적공부상의 경계에 의하여 확정된 토지를 매매의 대상으로 하는 것으로 보아야 한다.

Professor Comment
토지의 1필지 일부도 중개대상물에 해당한다.

(2) 건축물 그 밖의 토지의 정착물

1) 건축물

　독립된 부동산으로서의 건물이라고 함은 최소한의 기둥과 지붕 그리고 주벽으로 이루어진 것으로 「민법」상의 부동산에 해당하는 건축물에 한정된다(대판 2009.1.15. 2008도9427).

Professor Comment
쉽게 해체 이동할 수 있는 것(콘크리트지반 위에 볼트조립 방식으로 설치한 세차장 구조물 등)은 부동산으로 볼 수 없다.

2) 건물의 거래단위(개수)

　건물의 개수는 사회통념 또는 거래관념에 따라 물리적 구조, 거래 또는 이용의 목적물로서 관찰한 건물의 상태 등 객관적 사정과 건축한 자 또는 소유자의 의사 등 주관적 사정을 참작하여 결정되는 것이다(대판 1961.11.23. 4293민상623,624). → 구분소유의사라고 한다.

3) 구분소유

　구분건물이 되기 위하여는 객관적, 물리적인 측면에서 구분건물이 구조상, 이용상의 독립성을 갖추어야 하고, 그 건물을 구분소유권의 객체로 하려는 의사표시 즉 구분행위가 있어야 한다(대판 1999.7.27. 98다32540).

4) 장래에 건축될 건물　　23회 출제

　「공인중개사법」 제3조 제2호의 중개대상물로 규정된 "건축물"에는 기존의 건축물뿐만 아니라 장래에 건축될 건물도 포함되어 있는 것으로 볼 것이다. 이는 동·호수가 특정되어 분양계약이 체결된 분양권을 의미한다.

■ 아파트에 대한 추첨기일에 신청을 하여 당첨이 되면 아파트의 분양예정자로 선정될 수 있는 지위를 가리키는 입주권이 「부동산중개업법」 제3조 제2조 소정의 중개대상물인 건물에 해당하는지 여부

특정한 아파트에 입주할 수 있는 권리가 아니라 아파트에 대한 추첨기일에 신청을 하여 당첨이 되면 아파트의 분양예정자로 선정될 수 있는 지위를 가리키는 데에 불과한 입주권은 공인중개사법 제3조 제2호 소정의 중개대상물인 건물에 해당한다고 보기 어렵다(대판 1991.4.23. 90도1287).

5) 그 밖의 토지의 정착물
원칙적으로 건물 이외의 토지의 정착물은 토지의 종물로서 토지와 별개의 거래객체가 될 수 없다. 다만, <u>농작물과 명인방법을 갖춘 수목의 집단과 미분리 과실</u>은 토지와 별개의 소유권의 객체로 보고 있으며, <u>중개대상물이 될 수 있다.</u>

(3) 입목(「입목에 관한 법률」) `17회 출제`
입목등록원부에 등록된 것에 한해 보존 등기 가능

1) 입목등기여부 확인
토지 등기부 표제부를 통해 확인할 수 있다.

2) 저당권 설정
보험에 붙여야, 벌채한 입목에도 저당권의 효력이 있다.

3) 권리포기 제한
지상권자 또는 토지의 임차인에게 속하는 입목이 저당권의 목적이 된 경우(저당권자 승낙 얻어야)

4) 입목소유자와 토지소유자가 달라진 경우
법정지상권이 성립된다.

5) 경매신청
벌채된 입목에 대해 이행기가 도래되지 않은 경우에도 경매 가능(이행기가 도래될 때까지 대금 공탁)

(4) 광업재단 및 공장재단(「공장 및 광업재단저당법」)

1) 재단의 설정
공장 소유자는 하나 또는 둘 이상의 공장으로 재단을 설정하여 저당권의 목적으로 할 수 있다(재단에 속한 공장이 둘 이상일 때 각 공장의 소유자가 다른 경우에도 같다).

2) 구성물의 양도금지
재단의 구성물은 분리하여 양도하거나 소유권외의 권리, 압류, 가압류, 가처분의 목적으로 하지 못한다(예정물도 동일).

3) 개별매각 가능
재단이 여러 개의 공장으로 이루어진 경우 경매시 각 공장을 개별적으로 매각 가능하다.

4) 재단목록
등기부의 일부로 본다. 목록에 기재된 사항은 등기된 것으로 본다.

5) 저당권 설정
재단등기 후 10월 이내에 저당권설정(설정하지 않을 경우 재단등기 효력 소멸)

(5) 법정중개대상물의 범위
1) 중개대상물 범위 확정의 실익
개업공인중개사 고유·전속의 중개대상물이며, 「공인중개사법」에서 말하는 무등록중개업의 개념을 정의하는 기준이 된다.
2) 중개대상물의 요건
「공인중개사법」상 중개행위가 가능해야 하며, 법정중개대상물의 범위에 포함되어야 한다.

Professor Comment
중개대상물이 아닌 물건이나 권리의 중개를 영업으로 하는 것은 다른 법률에서 금지하고 있지 않는 한 개인인 개업공인중개사가 중개하는 것은 가능하다(중개법인은 불가능).

(6) 중개대상물의 범위에 포함되지 않는 것 (예시) 32회 출제

1) 사적 거래가 불가능한 것	국유재산, 무주의 부동산, 하천(국·공유재산으로 편입된 경우), 공유수면, 포락지 등
2) 개입여지가 없는 것	상속, 증여, 공용징수(수용, 징발, 공용사용) 등
3) 이 법령에서 정하지 않은 것	광업권, 조광권, 미채굴광물, 어업재단, 항만운송사업재단, 선박, 항공기, 중기, 권리금, 대토권 등

(7) 중개대상 권리 분류

권리	권리발생	권리이전	권 리	권리발생	권리이전
1) 소유권	중개 불가능	중개 가능	7) 질권	중개 불가능	중개 불가능
2) 지상권	중개 가능		8) 법정지상권		중개 가능
3) 전세권			9) 환매권		
4) 지역권		중개 불가능	10) 분묘기지권		중개 불가능
5) 저당권		중개 가능	11) 임차권	중개 가능	중개 가능
6) 담보가등기			12) 미등기부동산	중개 불가능	

Professor Comment
점유권과 유치권에 대해서는 학자들의 주장이 대립되고 있다.

CHAPTER 02 중개사무소 개설등록 및 중개업무

학습포인트

- 공인중개사제도에 대해서는 과거에는 출제비중이 높지 않았으나, 제15회 시험부터는 공인중개사 제도의 관리에 대한 부분의 시험출제가 되고 있으며 1문제 정도가 출제되고 있다.
- 중개사무소의 개설등록은 시험에 평균 2문제 이상이 출제되는 필수적인 항목 중 하나이며, 등록절차 등 간단한 문제부터 개설등록요건을 이해해야 하는 깊은 난이도의 문제도 출제됨을 유의해야 한다.
- 법인의 겸업제한 업무와 관련하여 업무의 내용에 대해 묻는 문제들이 출제되므로, 법인의 업무범위에 대해 숙지해야 한다.
- 중개사무소의 설치기준은 출제가능성이 매우 높으므로 판례까지 함께 학습해야 한다.

CHAPTER 학습 & 출제되는 키워드

- ☑ 공인중개사 자격제도
- ☑ 부정행위자
- ☑ 합격자 결정 및 자격증의 교부
- ☑ 유사명칭의 사용금지
- ☑ 중개사무소 개설등록
- ☑ 등록의 효력상실 및 무등록
- ☑ 중개사무소의 설치기준
- ☑ 인장의 등록
- ☑ 공인중개사 시험제도
- ☑ 출제 및 채점
- ☑ 중개행위
- ☑ 공인중개사가 아닌 자
- ☑ 이중등록 및 이중소속
- ☑ 등록의 결격사유
- ☑ 명칭 및 성명 표기
- ☑ 등록증 등의 게시
- ☑ 자격취소자
- ☑ 시험방법
- ☑ 의무위반의 벌칙
- ☑ 의무위반의 벌칙
- ☑ 등록증 대여의 금지
- ☑ 업무범위
- ☑ 고용인의 신고 등
- ☑ 이전·휴업·폐업의 신고

CHAPTER 학습 & 출제되는 질문

- ☑ 공인중개사 시험시행기관이 아닌 것은?
- ☑ 공인중개사 시험위탁기관에 해당되지 않는 것은?
- ☑ 시험시행기관과 관련한 설명으로 틀린 것은?
- ☑ 자격증을 양도·대여한 경우 형벌은?
- ☑ 개설등록기준에 대한 설명으로 틀린 것은?
- ☑ 결격사유에 해당하지 않는 것은?

제2장 중개사무소개설 등록 및 중개업무

01 공인중개사

1 공인중개사 자격시험 ★★★

10·추가15회 출제
22·23회 출제

(1) 시행기관(법 제4조 참조)

1) 원칙

시·도지사(특별시장·광역시장·도지사·특별자치도지사)

2) 예외

국토교통부장관이 시험수준의 균형유지 등을 위하여 필요한 때 직접 시행 또는 출제(법 제4조 제2항).

Professor Comment

국토교통부장관이 직접 시험문제 출제 또는 시행하고자 하는 때에는 사전에 공인중개사 정책심의위원회의 의결을 거쳐야 한다(영 제3조).

3) 시험의 위탁

시험시행기관의 장은 공기업 또는 준정부기관, 협회에 위탁할 수 있다(영 제36조 제2항).

Professor Comment

① 위탁받은 기관의 명칭·대표자 및 소재지와 위탁업무의 내용 등을 관보에 고시한다.
② 시·도지사 또는 국토교통부장관을 시험시행기관의 장이라고 한다.

(2) 응시자격자

모든 국민 및 외국인(미성년자 응시 가능)

(3) 응시제한(법 제4조의3, 제6조)

시험 부정행위자(무효 처분이 있는 날부터 5년) 및 공인중개사 자격취소자(취소된 날부터 3년)

WIDE 공인중개사 자격제도의 특징

기본자격	부동산중개업은 원칙적으로 공인중개사인 자만이 등록할 수 있다.
일신전속	양도나 대여가 불가능하다.
국가자격	시·도에서 시행하나 국가자격이므로 대한민국 내 어느 지역에서라도 적용된다.
법정자격	법률에 의해 자격이 부여되며, 법률로서만 자격을 취소할 수 있다.
1인 1자격	1인에게 복수의 자격이 주어지더라도 1인은 1자격만 사용이 가능하다.
영속성	자격취득 후 일정기간 경과로 효력을 잃거나 갱신하는 제도는 없다.

2 공인중개사 자격시험의 시행 ★

(1) 시험방법 등

구 분	1차 시험	2차 시험	예 외
출제방법	선택형(기입형)	논문형(기입형)	동시 실시의 경우 1차 시험방법에 의해 시행
시험효력	합격자는 다음 회 시험 1차 면제	1차 시험 합격자의 시험만 유효	–
합격자 결정	매과목 40점 이상 전과목 평균 60점 이상 득점한 자	매과목 40점 이상 전과목 평균 60점 이상 득점한 자	• 선발예정 인원공고시 2차 시험은 상대평가 • 최소선발인원 또는 최소선발 비율로 선발가능

1) 시행주기
시험은 매년 1회 이상 시행한다. 다만, 시험시행기관장은 시험을 시행하기 어려운 부득이한 사정이 있는 경우에는 심의위원회의 의결을 거쳐 당해 연도의 시험을 시행하지 아니할 수 있다(영 제7조 제1항).

2) 시행예정공고
시험시행기관장은 시험을 시행하고자 하는 때에는 예정 시험일시·시험방법 등 시험시행에 관한 개략적인 사항을 매년 2월 말일까지 관보, 일간신문, 방송 중 하나 이상에 공고하여야 한다(영 제7조 제2항).

3) 시행 공고
시험시행기관장은 시험예정 공고 후 시험을 시행하고자 하는 때에는 시험일시, 시험장소, 시험방법, 합격자 결정방법 및 응시수수료의 반환에 관한 사항 등 시험의 시행에 관하여 필요한 사항을 시험시행일 90일 전까지 관보, 일간신문, 방송 중 하나 이상에 공고하여야 한다(영 제7조 제3항).

 합격자 결정

① 선발예정인원 공고
시험시행기관장이 공인중개사의 수급상 필요하다고 인정하여 시험위원회의 의결을 거쳐 선발예정인원을 미리 공고한 경우에는 매과목 40점 이상인 자 중에서 선발예정인원의 범위 안에서 전과목 총득점의 고득점자순으로 합격자를 결정한다.

② 최소선발인원 공고
최소선발인원 또는 최소선발비율을 공고한 경우 제2차시험에서 매과목 40점 이상, 전과목 평균 60점 이상 득점한 자가 최소선발인원 또는 최소선발비율에 미달되는 경우에는 매과목 40점 이상인 자 중에서 최소선발인원 또는 최소선발비율의 범위 안에서 전과목 총득점의 고득점자순으로 합격자를 결정한다.

③ 동점자 처리
선발예정인원을 정한 경우 합격자를 결정함에 있어서 동점자로 인하여 선발예정인원을 초과하는 경우에는 그 동점자 모두를 합격자로 한다.

(2) 응시수수료(법 제47조)

1) 지방자치단체의 조례로 정하는 수수료 납부

2) 국토교통부장관이 직접 시행하는 경우
국토교통부장관이 결정·공고하는 수수료 납부

3) 위탁한 경우
위탁받은 자가 위탁한 자의 승인을 얻어 결정·공고한 수수료 납부

4) 응시수수료 반환

과오납한 경우	과오납한 금액의 전부
시험시행기관의 귀책사유로 응시하지 못한 경우	수수료 전부
접수기간 내에 취소	수수료 전부
접수기간 마감일 다음날부터 7일 이내에 취소하는 경우	100분의 60
위의 7일 기간이 경과 후 시험시행일 10일 전까지 취소하는 경우	100분의 50

(3) 자격증의 교부 등(법 제5조) `20·33회 출제`

1) **합격자 공고**
   공인중개사자격시험을 시행하는 시험시행기관의 장은 공인중개사자격시험의 합격자가 결정된 때에는 이를 공고(公告)하여야 한다.

2) **자격증 교부**
   시·도지사는 시험합격자의 결정 공고일로부터 1월 이내에 시험합격자에 관한 사항을 공인중개사 자격증 교부대장에 기재한 후 시험합격자에게 공인중개사자격증을 교부하여야 한다.

3) **자격증의 재교부**
   공인중개사자격증을 교부받은 자는 공인중개사자격증을 잃어버리거나 못쓰게 된 경우에는 국토교통부령이 정하는 바에 따라 시·도지사에게 재교부를 신청할 수 있다.

4) 공인중개사자격증 교부대장은 전자적 처리가 불가능한 특별한 사유가 없으면 전자적 처리가 가능한 방법으로 작성·관리하여야 한다.

(4) 양도·대여 및 유사명칭의 사용금지 ★★ `19·24·28회 출제`

1) 다른 사람에게 자기의 성명을 사용하여 업무를 하게 하거나 양도·대여 또는 양수받아서는 아니되며 알선해서도 아니된다(법 제7조).

Professor Comment

공인중개사자격증을 양수·대여·양수알선한 자는 1년 이하의 징역 또는 1천만원 이하의 벌금에 처한다.

2) 공인중개사가 아닌 자는 공인중개사 또는 이와 유사한 명칭을 사용하지 못한다(법 제8조).

Professor Comment

공인중개사 또는 이와 유사한 명칭을 사용한 자는 1년 이하의 징역 또는 1천만원 이하의 벌금에 처한다.

02 중개사무소 개설등록

11·13·15·32·34회 출제

1 사무소 개설등록(법 제9조, 영 제13조) ★

14·29회 출제

(1) 중개사무소 개설등록의 특징

1) **적법요건** : 부동산중개업을 영위하고자 하는 자는 반드시 개설등록을 해야 한다.
2) **일신전속성** : 등록의 대여나 양도, 증여, 상속 등이 불가능하다(이전성이 없음).
3) **1인 1등록** : 이중등록금지
4) **1사무소** : 원칙적으로 1개 사무소만 두어야 한다(법인의 예외가 인정됨).
5) **법정등록** : 법률의 요건에 맞는 경우 등록되며, 법률에 근거해야 등록취소가 가능하다.
6) **영속성** : 폐업이나 법률에 의한 등록취소가 없는 한 등록의 효력은 영속적이다.

(2) 개설등록신청자

20·24회 출제

1) 중개사무소를 신규로 개설하려는 공인중개사 및 법인(소속공인중개사 제외)
2) 개업공인중개사의 종별을 변경하는 개업공인중개사(종전 제출서면 생략)

Professor Comment
소속공인중개사는 등록신청할 수 없다(이중소속 금지).

3) 「상법」상 허용되지 않는 중개법인의 조직변경(허용하는 조직변경 : 주식 ⇔ 유한, 합명 ⇔ 합자)
4) 중개법인의 임원이 공인중개사인 개업공인중개사가 되려는 경우
5) 개업공인중개사가 아닌 회사가 중개법인을 흡수합병하거나 중개법인과 신설 합병하는 경우
6) 「협동조합 기본법」에 의한 협동조합(사회적 협동조합 제외)으로 설립하는 경우

Professor Comment
부칙에 의한 개업공인중개사가 등록관청 관할구역에서 공인중개사인 개업공인중개사로 종별을 변경하는 경우에는 등록증 재교부 신청을 해야 한다.

(3) 개설등록 기준(영 제13조)

`18·20·24·33·34회 출제`

구 분	법인인 개업공인중개사	공인중개사인 개업공인중개사	비 고
1) 실무교육	사원 또는 임원 전원, 분사무소 책임자, 소속공인중개사가 되고자 하는 자	등록하고자 하는 자, 소속공인중개사가 되고자 하는 자	–
2) 사무실	건축물대장(가설건축물 대장 제외)에 기재된 건물(준공검사·사용승인 등을 받는 건물인 경우 제외) 중개사무소를 확보할 것	–	–
3) 형태	「상법」상 회사 또는 협동조합(사회적 협동조합 제외)으로서 자본금 5천만원 이상일 것	–	「상법」상 회사(합명·합자·유한책임·주식·유한회사) 또는 협동조합
4) 설립목적	법 제14조에서 규정된 업무만을 영위할 목적으로 설립될 것	–	–
5) 임원구성	대표자는 공인중개사이어야 하며 대표자를 제외한 임원 또는 사원의 3분의 1 이상이 공인중개사일 것	–	• 사원이란 합명회사 또는 합자회사의 무한책임사원을 말함 • 공인중개사가 아닌 자도 중개법인의 임원이나 사원이 될 수 있으나, 법인의 대표는 반드시 공인중개사이어야 함

Professor Comment

법인인 개업공인중개사의 겸업업무와 개업공인중개사의 매수신청대리인 등록에 관해서는 뒤의 중개업무의 범위에서 자세히 기술하고 있다.

 공인중개사가 중개사무소를 개설하고자 하는 경우의 개설등록 기준

① 등록을 신청한 공인중개사가 법 제34조 제1항의 규정에 따른 실무교육을 받았을 것
② 건축물대장(가설건축물대장 제외)에 기재된 건물(준공검사·사용승인을 받은 경우 제외)에 중개사무소를 확보할 것

(4) 개설등록 신청서면(규칙 제4조 제1항)

`34회 출제`

1) 실무교육의 수료확인증 사본(전자적으로 확인할 수 있는 경우 제외)
2) 여권용 사진
3) 사무실의 확보를 증명하는 서류(건축물대장이 없는 경우 기재가 지연되는 사유서 제출)
4) 결격사유가 없음을 증명하는 서류(외국인)
5) 영업소 등기를 증명하는 서류(외국법인)

Professor Comment

① 건축물대장, 법인등기사항증명서는 등록관청 담당공무원이 확인한다.
② 등록관청은 자격증을 발급한 시·도지사에게 등록하려는 자의 자격취득 여부를 확인한다.

(5) 개설등록 신청절차(법 제9조, 제11조, 제15조 내지 제17조 참조)   22·28회 출제

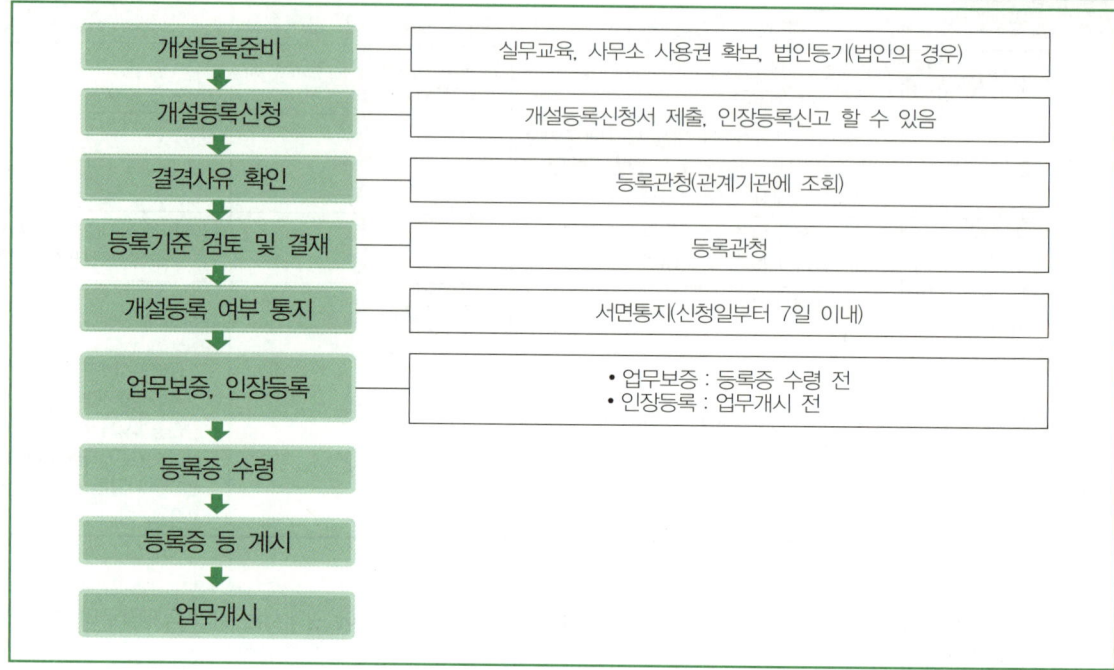

Professor Comment
등록증의 교부, 재교부 및 등록사항의 통보 등은 국토교통부령이 정하는 바에 따른다.

2 등록의 제한 및 무등록   27·33회 출제

(1) 이중등록 금지
개업공인중개사는 이중(二重)으로 중개사무소의 개설등록을 하여 중개업을 할 수 없다(법 제12조 제1항).

(2) 이중소속 금지
개업공인중개사·소속공인중개사·중개보조원·법인의 사원 또는 임원이 다른 개업공인중개사의 소속공인중개사·중개보조원 또는 법인의 사원 또는 임원이 될 수 없다(법 제12조 제2항).

Professor Comment
이중등록과 이중소속은 절대로 금지된다. 위반시 등록이 반드시 취소되며 1년 이하 징역 또는 1천만원 이하 벌금에 처한다.

(3) 양도·대여 및 양수·알선 금지 ★★   19·24·28회 출제
1) 다른 사람에게 자기의 성명을 사용하여 업무를 하게 하거나 양도·대여 또는 양수받아서는 아니되며 알선해서도 아니된다.
2) 이를 위반한 경우 1년이하 징역 또는 1천만원 이하의 벌금에 처하며 등록이 반드시 취소된다.

(4) 등록효력 소멸

1) **법정 사항**
   등록취소, 폐업신고(신고가 수리되어야 함)

2) **등록주체의 소멸**
   개인인 개업공인중개사의 사망, 중개법인의 해산

Professor Comment
결격사유에 해당하거나 개업공인중개사의 공인중개사자격이 취소된다고 하여도 등록효력이 소멸되는 것은 아니며, 이를 원인으로 등록취소처분이라는 행정행위가 있어야 한다.

(5) 무등록

1) **보수청구권**
   무등록업자는 보수청구권이 없음(보수약정은 무효)

2) **무등록업자의 유형**
   ① 등록하지 않고 중개업을 하는 자
   ② 등록의 효력이 소멸되고 중개업을 하는 자
   ③ 등록신청한 상태에서 중개업을 하는 자

3) **형벌**
   3년 이하 징역 또는 3천만원 이하 벌금

3 등록의 결격사유 ★★★
16·17·18·19·20·21·24·25·26·27·28·29·30회 출제

(1) 결격사유제도
「공인중개사법」에서 정한 결격사유 중 한 가지라도 포함되는 자는 개업공인중개사와 그 소속공인중개사나 중개보조원 또는 개업공인중개사인 법인의 임원이 될 수 없다.

Professor Comment
결격사유에 해당하는 자는 어떤 형태로도 중개업무에 종사할 수 없다.

(2) 결격사유 포함자의 불이익   **20회 출제**

1) 중개사무소 개설등록 불가능
2) 개업공인중개사의 고용인(소속공인중개사, 중개보조원)이나 중개법인의 임원으로 신규 취업 불가능
3) 중개사무소 개설등록 후에 결격사유에 포함될 경우에는 절대적 등록취소 사유(반드시 등록을 취소해야 하는 사유)에 해당
4) 개업공인중개사의 고용인이 결격사유에 해당된 경우에는 2개월 내에 그 사유를 해소하여야 함
5) 법인의 사원 또는 임원이 결격사유에 해당하는 경우 해당 법인의 중개사무소 개설등록 불가능
6) 법인 개설등록 이후에 결격사유에 포함될 경우에는 절대적 등록취소 사유에 해당하나, 2개월 이내에 그 사유를 해소한 경우에는 예외가 인정됨

Professor Comment

결격사유로 인해 등록취소된 경우 결격사유 3년의 규정은 적용되지 않는다.

(3) 중개사무소 개설등록의 결격사유(법 제10조) `10·23·26·26·33회 출제`

다음의 어느 하나에 해당하는 자는 중개사무소의 개설등록을 할 수 없다.

1) 미성년자
2) 피성년후견인 또는 피한정후견인
3) 파산선고를 받고 복권되지 아니한 자
4) 금고 이상의 실형의 선고를 받고 그 집행이 종료(집행이 종료된 것으로 보는 경우를 포함)되거나 집행이 면제된 날부터 3년이 경과되지 아니한 자
5) 금고 이상의 형의 집행유예를 받고 그 유예기간이 경과되고 2년이 경과되지 않은 자
6) 공인중개사의 자격이 취소된 후 3년이 경과되지 아니한 자
7) 공인중개사의 자격이 정지된 자로서 자격정지기간 중에 있는 자
8) 법 제38조 제1항 제2호·제4호 내지 제8호, 동조 제2항 제2호 내지 제10호에 해당하는 사유로 중개사무소의 개설등록이 취소된 후 3년(제40조 제3항의 규정에 의하여 등록이 취소된 경우에는 3년에서 동항 제1호의 규정에 의한 폐업기간을 공제한 기간을 말함)이 경과되지 아니한 자
9) 업무정지처분을 받고 폐업신고를 한 자로서 업무정지기간(폐업에 불구하고 진행되는 것으로 본다)이 경과되지 아니한 자
10) 업무정지처분을 받은 개업공인중개사인 법인의 업무정지의 사유가 발생한 당시의 사원 또는 임원이었던 자로서 당해 개업공인중개사에 대한 업무정지기간이 경과되지 아니한 자
11) 이 법을 위반하여 300만원 이상의 벌금형의 선고를 받고 3년이 경과되지 아니한 자(타법과 공인중개사법을 위반한 경합범인 경우 벌금형을 분리선고하여야 함)
12) 사원 또는 임원 중 위 1) 내지 11)의 어느 하나에 해당하는 자가 있는 법인

Professor Comment

위 1) 내지 11)의 어느 하나에 해당하는 자는 소속공인중개사 또는 중개보조원이 될 수 없다.

(4) 결격사유 비교

종 별	구 분	결격사유 포함기간
제한능력자	미성년자(성년의제가 되거나 법정대리인의 동의가 있어도 결격사유에 해당됨)	미성년자인 기간
	피성년후견인 및 피한정후견인	선고 취소 이전
경제적 무능력자	파산선고자	복권일 이전
수형인	금고 이상의 수형자	형집행 만료일 또는 형집행을 면제된 날부터 3년간
	금고 이상 형집행유예선고자	집행유예기간 종료후 2년간
공인중개사법 위반 경력자	공인중개사 자격취소자	3년간
	공인중개사 자격정지자	정지기간
	중개사무소 등록취소자	3년간
	• 재등록개업공인중개사가 폐업 전의 사유로 등록취소된 경우 폐업기간 제외 • 사망·해산, 기준미달, 결격사유로 등록취소되면 3년 적용 제외	
	업무정지기간 중에 폐업한 자	업무정지기간
	업무정지사유발생 당시의 법인의 사원 또는 임원이었던 자	
	300만원 이상의 벌금형 선고받은 자	3년
법인의 특칙	결격사유에 해당되는 임원이 있는 법인	임원 퇴임시까지

03 중개업무의 범위

1 업무의 범위 ★★★

(1) 법인 및 공인중개사인 개업공인중개사의 업무지역: 전국

(2) 부칙에 의한 개업공인중개사의 업무지역

1) 원칙

당해 중개사무소가 소재하는 특별시·광역시·도의 관할구역 안에 있는 중개대상물

2) 예외

부동산거래정보망에 가입하고 이를 이용하여 중개하는 경우, 당해 정보망에 공개된 관할구역 외의 중개대상물 중개 가능

Professor Comment

부칙에 의한 개업공인중개사가 소속공인중개사를 채용한 경우, 사무소를 공동으로 사용하는 경우에도 업무지역은 변하지 않음

(3) 개업공인중개사의 종별 비교 `16회 출제`

구 분	중개법인	공인중개사	부칙에 의한 개업공인중개사
1) 업무지역	전 국	전 국	시·도(거래정보망이용시 예외)
2) 사무소 이전			전 국
3) 신규등록	가 능	가 능	불가능
4) 분사무소		불가능	
5) 업무범위	법 제14조 업무	자유원칙[다른 법률에 의해 금지된 것은 불능(경매업무 제외)]	자유원칙[다른 법률에 의해 금지된 것은 불능(경매업무 등)]
6) 사무소 공동사용	가 능	가 능	가 능
7) 인장등록	「상업등기규칙」에 의해 신고한 인장	가족관계등록부 또는 주민등록표에 기재되어 있는 성명이 나타난 인장	가족관계등록부 또는 주민등록표에 기재되어 있는 성명이 나타난 인장
8) 거래계약서 서명 및 날인의무	대표자(분사무소 책임자) 및 업무를 한 소속공인중개사 공동	개업공인중개사 및 업무를 한 소속공인중개사 공동	좌 동
9) 중개대상물 확인설명서 서명 및 날인	대표자(분사무소 책임자) 및 업무를 한 소속공인중개사 공동	개업공인중개사 및 업무를 한 소속공인중개사 공동	
10) 업무보증금액	4억원(분사무소 2억원) 이상	2억원 이상	2억원 이상

2 법인인 개업공인중개사의 겸업업무(법 제14조 제1항) ★★★   `11·14·16·19·24·25·26·28·29·32회 출제`

(1) 주택 및 상가의 임대관리 등 부동산관리대행
(2) 부동산 이용·개발 및 거래에 관한 상담
(3) 개업공인중개사를 대상으로 한 중개업의 경영기법, 경영정보 제공

Professor Comment

개업공인중개사를 대상으로 하는 것에 주의!

---

(4) 상업용 건축물 및 주택의 분양대행
(5) 의뢰인의 의뢰에 따른 이사·도배업체의 알선업

Professor Comment

이사, 도배업을 하라는 것이 아님

---

(6) **경매 또는 공매대상 부동산에 대한 권리분석·취득의 알선 및 매수신청 또는 입찰대리**   `12·14·22회 출제`
(법 제14조 제2항)

1) 권리분석 및 취득알선

경매대상 부동산에 대하여 필요한 자료를 제시하고 그 권리관계나 거래 또는 이용제한사항 등을 확인·설명해주는 한편, 그 경제적 가치에 관하여 정보를 제공하고 조언하는 등의 방법으로 경매절차에 개입하지 않고 그 취득을 도와주는 것만을 의미한다.

2) 대리인 등록

경매의 매수신청대리 업무를 하고자 할 경우 대법원규칙에 의해 매수신청대리인 등록을 하여야 한다.

3) 부칙에 의한 개업공인중개사

경매대상 부동산의 권리분석 및 알선업무는 「변호사법」에서 금지하고 있으므로, 부칙에 의한 개업공인중개사는 경매대상 부동산의 권리분석 및 알선업무를 할 수 없다. → 이를 위반하면 「변호사법」 위반이다.

04 중개사무소의 관리

12·15·32·33회 출제

1 중개사무소의 설치 등 ★★

13·14·18·19·21·34회 출제

(1) 관할구역 소재원칙

중개사무소는 반드시 등록관청의 관할구역 안에 소재해야 한다(법 제13조 제1항).

(2) 1사무소 원칙(법 제13조)

1) 원칙
   ① 개업공인중개사는 2개 이상의 중개사무소를 둘 수 없으며, 반드시 1개의 중개사무소를 두어야 한다.
   ② 개업공인중개사는 천막 등 그 밖의 이동이 용이한 임시 중개시설물을 설치할 수 없다.

2) 예외 : 법인의 분사무소 설치

(3) 사무소 명칭 사용

18·22·28·29회 출제

1) 개업공인중개사

공인중개사 사무소 또는 부동산중개라는 명칭을 사용하여야 한다(법 제18조 제1항).

2) 부칙에 의한 개업공인중개사

공인중개사 사무소 명칭 사용금지

3) 개업공인중개사 아닌 자

공인중개사사무소·부동산중개 또는 이와 유사한 명칭을 사용하지 못한다(법 제18조 제2항). 이를 위반한 경우 1년 이하 징역 또는 1천만원 이하의 벌금에 처한다.

Professor Comment

사무소 명칭을 위반한 경우 등록관청은 그 간판 등에 대하여 철거명령을 할 수 있고 이에 응하지 않을 경우 행정대집행법에 의한 대집행할 수 있다.

4) 개업공인중개사 성명표기
   ① 옥외광고물 표기 : 옥외광고물(벽면이용간판, 돌출간판, 옥상간판)에 개업공인중개사(법인의 주된사무소는 대표자, 분사무소는 책임자)의 성명 표기(법 제18조 제3항)
   ② 표기방법 : 개업공인중개사의 성명을 인식할 수 있는 정도의 크기로 표기

5) 중개대상물의 표시·광고 및 모니터링 [32회 출제]

① **중개대상물 광고시 명시사항** : 개업공인중개사가 의뢰받은 중개대상물에 대하여 표시·광고를 하려면 중개사무소, 개업공인중개사에 관한 사항으로서 다음의 사항을 명시하여야 하며, 중개보조원에 관한 사항은 명시해서는 아니 된다(위반시 100만원 이하 과태료).
  ㉠ 개업공인중개사의 성명(법인인 경우에는 대표자의 성명)
  ㉡ 중개사무소의 명칭, 소재지 및 연락처, 개설등록번호

② **인터넷을 이용한 광고시 명시사항** : 개업공인중개사가 인터넷을 이용하여 중개대상물에 대한 표시·광고를 하는 때에는 위에서 정하는 사항 외에 중개대상물의 종류별로 대통령령으로 정하는 소재지, 면적, 가격, 종료, 거래형태 등의 사항을 명시하여야 한다(법 제18조의2 제2항). 이를 위반한 경우 100만원 이하의 과태료에 처한다.

③ **건축물 및 그밖의 토지의 정착물인 경우** : ㉠ 총 층수 ㉡ 사용승인·사용검사준공검사 등을 받은 날 ㉢ 건축물의 방향, 방의 개수, 욕실 개수, 입주가능일, 주차대수 및 관리비

④ **개업공인중개사가 아닌 자의 광고 금지** : 개업공인중개사가 아닌 자는 중개대상물에 대한 표시·광고를 하여서는 아니 된다(법 제18조의2 제3항). 이를 위반하여 개업공인중개사가 아닌 자가 중개업을 위하여 광고를 하는 경우 1년 이하 징역 또는 1천만원 이하의 벌금에 처한다.

⑤ **부당한 표시광고 금지** : 개업공인중개사는 중개대상물에 대하여 다음의 어느 하나에 해당하는 부당한 표시·광고를 하여서는 아니 된다(법 제18조의2 제4항). 이를 위반한 경우 500만원 이하의 과태료에 처한다.
  ㉠ 중개대상물이 존재하지 않아서 실제로 거래를 할 수 없는 중개대상물에 대한 표시·광고
  ㉡ 중개대상물의 가격 등 내용을 사실과 다르게 거짓으로 표시·광고하거나 사실을 과장되게 하는 표시·광고
  ㉢ 그 밖에 표시·광고의 내용이 부동산거래질서를 해치거나 중개의뢰인에게 피해를 줄 우려가 있는 것으로서 대통령령으로 정하는 내용의 표시·광고

6) 인터넷 표시·광고 모니터링

① 국토교통부장관은 인터넷을 이용한 중개대상물에 대한 표시·광고가 부당한 표시광고 금지 규정을 준수하는지 여부를 모니터링 할 수 있다.

② 국토교통부장관은 모니터링을 위하여 필요한 때에는 정보통신서비스 제공자(「정보통신망 이용촉진 및 정보보호 등에 관한 법률」에 따른 정보통신서비스 제공자를 말한다)에게 관련 자료의 제출을 요구할 수 있다. 이 경우 관련 자료의 제출을 요구받은 정보통신서비스 제공자는 정당한 사유가 없으면 이에 따라야 한다(법 제18조의 3 제2항). 이를 위반한 경우 500만원 이하의 과태료에 처한다.

③ 국토교통부장관은 모니터링 결과에 따라 정보통신서비스 제공자에게 이 법 위반이 의심되는 표시·광고에 대한 확인 또는 추가정보의 게재 등 필요한 조치를 요구할 수 있다. 이 경우 필요한 조치를 요구받은 정보통신서비스 제공자는 정당한 사유가 없으면 이에 따라야 한다(법 제18조의3 제3항). 이를 위반한 경우 500만원 이하의 과태료에 처한다.

7) 인터넷 표시·광고 모니터링 업무의 위탁

① **업무의 위탁** : 국토교통부장관은 모니터링 업무를 대통령령으로 정하는 기관에 위탁할 수 있다.

㉠ 「공공기관의 운영에 관한 법률」 제4조에 따른 공공기관
㉡ 「정부출연연구기관 등의 설립·운영 및 육성에 관한 법률」 제2조에 따른 정부출연연구기관
㉢ 「민법」 제32조에 따라 설립된 비영리법인으로서 인터넷 표시·광고 모니터링 또는 인터넷 광고 시장 감시와 관련된 업무를 수행하는 법인
㉣ 그 밖에 인터넷 표시·광고 모니터링 업무 수행에 필요한 전문인력과 전담조직을 갖췄다고 국토교통부장관이 인정하는 기관 또는 단체
② 위탁내용 고시 : 국토교통부장관은 업무를 위탁하는 경우에는 위탁받는 기관 및 위탁업무의 내용을 고시해야 한다.

8) 인터넷 표시·광고 모니터링 업무의 내용 및 방법 등(규칙 제10조의3 신설)
① 업무수행 : 모니터링 업무는 다음의 구분에 따라 수행한다.
㉠ 기본 모니터링 업무 : 모니터링 기본계획서에 따라 분기별로 실시하는 모니터링
㉡ 수시 모니터링 업무 : 부당·표시 광고 금지 규정을 위반한 사실이 의심되는 경우 등 국토교통부장관이 필요하다고 판단하여 실시하는 모니터링
② 계획서의 제출 : 모니터링 업무 수탁기관(모니터링 기관)은 업무를 수행하려면 다음의 구분에 따라 계획서를 국토교통부장관에게 제출해야 한다.
㉠ 기본 모니터링 업무 : 모니터링 대상, 모니터링 체계 등을 포함한 다음 연도의 모니터링 기본계획서를 매년 12월 31일까지 제출할 것
㉡ 수시 모니터링 업무 : 모니터링의 기간, 내용 및 방법 등을 포함한 계획서를 제출할 것
③ 결과보고서의 제출 : 모니터링 기관은 업무를 수행한 경우 해당 업무에 따른 결과보고서를 다음의 구분에 따른 기한까지 국토교통부장관에게 제출해야 한다.
㉠ 기본 모니터링 업무 : 매 분기의 마지막 날부터 30일 이내
㉡ 수시 모니터링 업무 : 해당 모니터링 업무를 완료한 날부터 15일 이내
④ 조치요구 및 통보, 고시
㉠ 국토교통부장관은 제출받은 결과보고서를 시·도지사 및 등록관청에 통보하고 필요한 조사 및 조치를 요구할 수 있다.
㉡ 시·도지사 및 등록관청은 요구를 받으면 신속하게 조사 및 조치를 완료하고, 완료한 날부터 10일 이내에 그 결과를 국토교통부장관에게 통보해야 한다.
㉢ 여기서 규정한 사항 외에 모니터링의 기준, 절차 및 방법 등에 관한 세부적인 사항은 국토교통부장관이 정하여 고시한다.

2 법인의 분사무소 ★★★

`17·23·24·25·26회 출제`

(1) 설치지역

`16·22·27회 출제`

주된 사무소의 소재지가 속한 시·군·구를 제외한 시·군·구별 1개소까지 가능하다(영 제15조).

Professor Comment

모든 등록관청에 분사무소를 둘 수 있는 것은 아니다.

(2) 분사무소 확보

건축물대장(가설건축물대장 제외)에 기재된 건물(준공검사, 사용승인 등을 받은 건물 제외)에 사무소 확보

(3) 책임자

`29회 출제`

1) **원칙**
   법인의 분사무소에는 공인중개사를 책임자로 두어야 한다.

2) **예외**
   다른 법률의 규정에 의하여 중개업을 할 수 있는 법인의 분사무소의 경우에는 공인중개사를 책임자로 두지 않아도 된다.

3) **제한**
   중개행위를 실질적으로 운영하는 자이므로 법인의 집행을 담당하는 동일법인의 대표이사나 사원 또는 임원은 분사무소 책임자를 겸임할 수 없을 것이다.

(4) 실무교육

분사무소 책임자가 되고자 하는 자는 사무소 설치 신고일 기준으로 1년 이내에 실무교육을 받아야 한다.

(5) 제출서류

1) 사무소확보 증명서류(건축물대장이 없는 경우 사유서 제출)
2) 실무교육수료증 사본
3) 업무보증설정 서류

   * 등록관청은 자격증을 발급한 시·도지사에게 분사무소 책임자가 되려는 자의 자격취득 여부를 확인하여야 한다.

(6) 설치절차

`28회 출제`

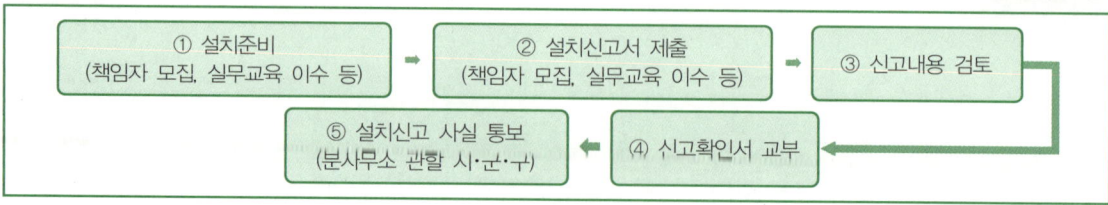

(7) 분사무소 관련 행정업무의 관할관청 비교

대상업무	행정관청
분사무소 설치신고	주된 사무소 관할 등록관청
분사무소 이전신고	
분사무소 인장등록	
분사무소에 대한 감독상의 명령 등	등록관청 및 분사무소 소재지 시장·군수·구청장
분사무소 소속 고용인의 불법행위에 대한 행정처분	주된 사무소 관할 등록관청
분사무소 소속 고용인의 불법행위에 대한 과태료처분	

3 사무소 공동사용 ★

13·추가15회 출제

(1) 설치목적
중개업무의 효율적인 수행을 위하여 필요한 경우(법 제13조 제6항)

(2) 설치방법
1) 기존의 개업공인중개사
공동사용하고자 하는 사무소로 이전신고

2) 신규등록 개업공인중개사
기존의 개업공인중개사의 중개사무소에 공동사용을 목적으로 중개사무소 개설등록 가능

(3) 사용승낙서 제출
등록신청 또는 이전신고시 사용승낙서를 첨부하여 제출(영 제16조)

(4) 사무소는 공동사용하나 개별적으로 등록

(5) 업무정지기간 중인 개업공인중개사의 제한
업무정지처분을 받고 그 정지기간 중인 개업공인중개사는 다른 개업공인중개사에게 사용승낙서를 줄 수 없고 다른 개업공인중개사의 사무소에 공동사용을 하지 못한다.

Professor Comment
업무책임 및 각종 의무부담(업무보증설정의무, 인장등록의무 등)은 구성개업공인중개사 별로 각자 부담한다.

4 개업공인중개사의 고용인 ★★★

> 14·19·20·28·32·34회 출제

(1) 개업공인중개사의 고용인

1) **중개보조원**

   공인중개사가 아닌 자로서 개업공인중개사에 소속되어 중개대상물에 대한 현장안내 및 일반서무 등 개업공인중개사의 중개업무와 관련한 단순한 업무를 보조하는 자(법 제2조 제6호)

2) **소속공인중개사**

   개업공인중개사에 소속된 공인중개사로서 중개업무를 수행하거나 개업공인중개사의 중개업무를 보조하는 자(법 제2조 제5호)

(2) 소속공인중개사와 중개보조원 비교

구 분	소속공인중개사	중개보조원
구분기준	공인중개사 자격취득자	공인중개사가 아닌 자
업무내용	중개업무 수행, 중개업무의 보조 부동산거래신고 대행	중개업무의 보조
의 무	• 거래계약서의 서명 및 날인 • 중개대상물확인·설명서 서명 및 날인 • 인장등록 • 고용신고일 전 1년 이내 실무교육	고용신고일 전 1년 이내 직무교육
채용제한	없음	개업공인중개사 및 소속공인중개사를 합한 숫자의 5배 초과 금지(위반시 절대등록취소, 1-1)
고지의무	없음	의뢰인에게 고지(위반시 : 중개보조원, 개업공인중개사 각각 500만원 이하 과태료)
신 고	채용 시 업무개시 전까지, 고용관계 종료시 10일 이내 – 등록관청에 신고	

Professor Comment

소속공인중개사는 부동산거래신고를 대행하여 할 수 있으나 중개보조원은 하지 못한다.

(3) 고용인의 업무범위

1) **보조업무범위**

   경리, 현장안내, 관련 장부정리 등 중개업무와 관련된 모든 업무

2) **업무의 제한**

   중개대상물 확인·설명서 및 거래계약서 작성 등 중요한 중개행위는 개업공인중개사와 소속공인중개사가 직접 수행하여야 한다. 중개보조원은 이러한 업무를 하지 못한다.

3) **위반의 제재**

   중개보조원이 실질적이고 중요한 중개업무를 수행하였다면 중개보조원은 무등록중개행위로 처벌받게 되며, 개업공인중개사는 등록증 또는 자격증 대여행위로 보아 등록취소나 자격취소가 될 수 있다.

제2장 중개사무소개설 등록 및 중개업무

(4) 고용인 고용과 고용관계 종료

1) 결격사유
「공인중개사법」에서 규정된 결격사유에 해당하는 자는 개업공인중개사는 물론 그 소속공인중개사·중개보조원 또는 개업공인중개사인 법인의 임원이 될 수 없다고 규정하고 있다(법 제10조 제2항 참조).

2) 등록관청의 결격사유 고용인을 고용한 개업공인중개사에 대한 업무정지
제10조 제2항의 규정을 위반하여 개업공인중개사가 등록의 결격사유가 있는 자를 소속공인중개사 또는 중개보조원으로 둔 경우 등록관청은 개업공인중개사에 대해 6월의 범위 안에서 기간을 정하여 업무의 정지를 명할 수 있다. 다만, 그 사유가 발생한 날부터 2월 이내에 그 사유를 해소한 경우에는 그러하지 아니하다(법 제39조 제1항 제1호).

(5) 고용인의 신고 **17·20·27회 출제**

1) 개업공인중개사는 소속공인중개사 또는 중개보조원을 고용하거나 고용관계가 종료된 때에는 국토교통부령이 정하는 바에 따라 등록관청에 신고하여야 한다(법 제15조 제1항). 전자문서에 의한 신고 포함

2) 개업공인중개사는 소속공인중개사 또는 중개보조원을 고용한 경우 업무개시 전까지 종료된 때에는 법 제15조 제1항의 규정에 따라 고용관계가 종료된 날부터 10일 이내에 등록관청에 신고하여야 한다(규칙 제8조 제1항).

(6) 고용인에 대한 고용자 책임 **20회 출제**
소속공인중개사 또는 중개보조원의 업무상 행위는 그를 고용(雇傭)한 개업공인중개사의 행위로 본다(법 제15조 제2항).

(7) 중개보조원의 제한

1) **중개보조원 수 제한** : 개업공인중개사가 고용할 수 있는 중개보조원의 수는 개업공인중개사와 소속공인중개사를 합한 수의 5배를 초과하여서는 아니 된다. 위반시 등록을 취소하여야 하며 1년이하 징역 또는 1천만원 이하의 벌금에 처한다.

2) **중개보조원 사실 고지의무** : 중개보조원은 현장안내 등 중개업무를 보조하는 경우 중개의뢰인에게 본인이 중개보조원이라는 사실을 미리 알려야 한다. 이를 위반한 경우 해당 중개보조원과 그를 채용한 개업공인중개사는 각각 500만원 이하의 과태료에 처한다. 다만, 개업공인중개사가 그 위반행위를 방지하기 위하여 해당 업무에 관하여 상당한 주의와 감독을 게을리하지 아니한 경우는 제외한다.

(8) 중개보조원의 업무상 행위에 대한 책임의 귀속

구 분	소속공인중개사, 중개보조원	개업공인중개사
행정처분	• 소속공인중개사 : 자격취소, 자격정지 • 중개보조원 : 없음	행정처분(등록취소, 업무정지)
민사책임	손해배상책임	부진정연대채무 및 구상권 발생
형사책임	행정형벌 부과	양벌규정 적용(동일한 벌금형)

5 인장등록의무 ★★

12·14·추가15·17·19·21·24·28·30·34회 출제

(1) 인장등록의무(법 제16조 제1항)

1) **중개사무소 개설등록시** : 업무개시 전까지 인장등록의무
   개업공인중개사는 등록신청시에, 소속공인중개사는 고용인신고시에 등록할 수 있다.

2) **인장변경시** : 변경인장 등록의무
   인장변경 후 7일 이내에 변경등록해야 한다.

(2) 개업공인중개사별 인장등록방법(규칙 제9조)

23회 출제

구 분	등록인장	등록방법	등록처
공인중개사 및 부칙에 의한 개업공인중개사, 소속공인중개사	가족관계등록부 또는 주민등록표에 기재된 성명이 나타난 인장으로서 가로·세로 각각 7mm 이상 30mm 이내인 인장	인장등록신고서 제출	등록관청
법인의 주된 사무소	「상업등기규칙」에 의하여 신고한 법인의 인장	「상업등기규칙」에 의한 인감증명서 제출로 갈음	등록관청
법인의 분사무소	「상업등기규칙」에 의한 인장 또는 「상업등기규칙」 제35조 제3항의 규정에 따라 법인의 대표자가 보증하는 인장	「상업등기규칙」에 의한 인감증명서 제출	주된 사무소 등록관청

(3) 등록인장 사용의무
개업공인중개사가 중개행위를 함에 있어서는 등록된 인장을 사용해야 한다.

Professor Comment

겸업업무에는 등록된 인장을 사용할 의무가 없다.

(4) 개업공인중개사의 등록인장으로 서명·날인해야 하는 서면 비교

대상서면	서명 및 날인, 서명 또는 날인
거래계약서	개업공인중개사 및 당해 업무수행 소속공인중개사 ⇒ 서명 및 날인
일반중개계약서	개업공인중개사 ⇒ 서명 또는 날인
전속중개계약서	
중개대상물 확인·설명서	개업공인중개사 및 당해 업무수행 소속공인중개사 ⇒ 서명 및 날인
부동산거래신고서	개업공인중개사 ⇒ 서명 또는 날인

제2장 중개사무소개설 등록 및 중개업무

6 중개사무소등록증 등의 게시의무(법 제17조) ★   19·20·23·32회 출제

(1) 게시장소
중개사무소 안의 보기 쉬운 곳

(2) 게시할 사항
1) 중개사무소등록증 원본(법인인 개업공인중개사의 분사무소의 경우에는 분사무소설치신고확인서 원본을 말함)
2) 개업공인중개사 및 소속공인중개사의 공인중개사자격증 원본(해당되는 자가 있는 경우에 한함)
3) 중개보수·실비의 요율 및 한도액표
4) 업무보증의 설정을 증명할 수 있는 서류
5) 사업자등록증

7 중개사무소의 이전신고 ★★★   14·18·21·26·28·29·32·34회 출제

(1) 사후신고
중개사무소를 이전한 때에는 이전한 날부터 10일 이내에 신고한다(법 제20조 제1항).

Professor Comment
모든 개업공인중개사는 등록관청 관할구역 내외를 불문하고 이전 후 신고만 하면 된다.

(2) 신고관청   23회 출제
다른 시·군·구 지역으로 이전할 경우 이전신고는 이전 후 등록관청에 해야 한다. 다만, 법인의 분사무소는 주된 사무소의 등록관청에 신고한다.

(3) 제출서류(규칙 제11조 제1항)   16회 출제
1) 중개사무소등록증(분사무소의 경우 분사무소 설치신고확인서)
2) 중개사무소 확보 증명서류(건축물대장이 없는 경우 기재가 지연되는 사유서 제출)

(4) 중개사무소 이전신고절차   16회 출제
등록관청 이외의 지역으로 사무소를 이전할 경우

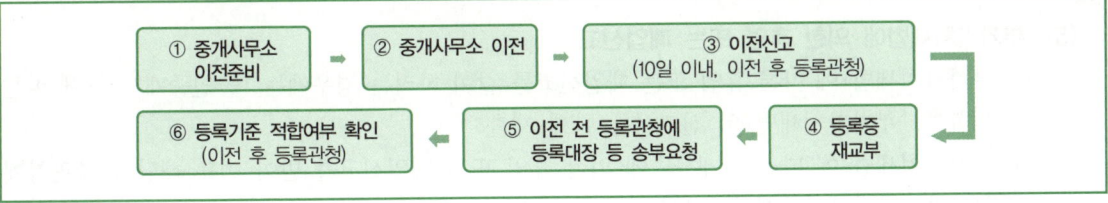

Professor Comment
송부되는 서류는 등록대장, 등록신청서류, 최근 1년간 행정처분된 서류 및 행정처분이 진행되는 서류이다.

(5) 사무소 이전신고위반시 제재
100만원 이하의 과태료

8 휴·폐업의 신고 ★★

`17·18·19·21·22·24·25·29·30·32·34회 출제`

(1) 휴업신고(법 제21조 제1항)

Professor Comment
휴업이란 폐업을 하지 않고 일정 기간 중개업을 영위하지 않는 것을 의미하는 것으로, 현행 「공인중개사법」에서는 중개사무소의 개설등록 후 업무를 개시하지 아니하는 경우도 휴업과 동일하게 처리하고 있다.

1) **기한** : 휴업 전(하고자 할 때 미리 신고)
2) **기간** : 3월을 초과하여 휴업하고자 할 때
3) **6월초과 금지** : 휴업은 6월을 초과할 수 없음(부득이한 사유 제외 : 요양, 입영, 취학, 임신또는 출산, 이에 준하는 사유를 말함)
4) **방법** : 등록증을 첨부해 신고

(2) 휴업기간 변경신고(법 제21조 제2항)

`20·23회 출제`

1) **기한** : 만료 전
2) **기간** : 제한없음
3) **방법** : 휴업기간 변경신고서 작성 제출(전자문서도 가능)
4) **변경신고 요건** : 부득이한 사유인 경우(요양, 입영, 취학, 이에 준하는 사유를 말함)

(3) 업무재개신고

1) **기한** : 재개업하고자 할 때
2) **방법** : 업무재개신고서 작성 제출(전자문서도 가능) 및 등록증 수령

(4) 폐업신고

1) **기한** : 폐업하고자 할 때
2) **방법** : 중개사무소등록증을 첨부해 신고
3) **효력** : 신고서 수리시 발생, 신고반려의 경우 효력이 발생하지 않는다.

(5) 부가가치세법에 의한 휴업 또는 폐업신고

1) 「부가가치세법」에 따른 휴업 또는 폐업신고를 같이 하려는 경우에는 「공인중개사법」에 따른 신고서와 함께 「부가가치세법」의 신고서를 함께 제출
2) 「부가가치세법」에 따라 중개사법에 의한 휴업 또는 폐업신고를 받아 이를 해당 등록관청에 송부한 경우에는 휴업 또는 폐업신고서가 제출된 것으로 봄

(6) 위반시 제재

1) 휴업·폐업신고·기간변경신고·업무재개신고 위반 : 100만원 이하 과태료
2) 정당한 사유없이 6월을 초과하여 휴업한 경우 : 상대적 등록취소사유

9 사무소 간판 등의 철거

`26·27회 출제` `32회 출제`

(1) 개업공인중개사는 다음의 어느 하나에 해당하는 경우에는 지체없이 사무소의 간판을 철거하여야 한다(법 제21조의2).

1) 등록관청에 중개사무소의 이전사실을 신고한 경우
2) 등록관청에 폐업사실을 신고한 경우
3) 중개사무소의 개설등록 취소처분을 받은 경우

(2) 등록관청은 간판의 철거를 개업공인중개사가 이행하지 아니하는 경우에는 「행정대집행법」에 따라 대집행을 할 수 있다.

CHAPTER 03 개업공인중개사의 의무

학습포인트

- 전속중개계약은 중개업계의 발전을 위해 반드시 필요한 제도인 점을 감안하여 출제빈도가 높으므로 전속중개계약서의 내용과 함께 학습해야 한다.
- 중개대상물의 확인·설명의무는 중개업자의 신의·성실의무 등을 구체적이고 적극적으로 표현한 의무로서 각각의 상세의무에 대한 이해가 필요하다.
- 중개대상물의 확인·설명사항은 총 8가지로 각각의 확인·설명사항을 암기함은 물론 그 뜻을 명확히 이해해야 한다.
- 중개대상물 확인·설명의무는 중개실무 중 중요한 부분을 차지하는 것으로, 중개실무부문과 연계하여 많은 문제가 출제됨을 유의해야 한다.
- 금지행위는 가장 핵심적인 출제분야이므로 반드시 숙지하도록 한다.
- 금지행위는 공인중개사법의 제정목적과 부합하는 제도 중 하나로서 각 호의 내용을 깊이 이해하여 응용문제 풀이능력을 길러야 한다.

CHAPTER 학습 & 출제되는 키워드

- ☑ 일반중개계약
- ☑ 전속중개계약
- ☑ 부동산거래정보망의 지정
- ☑ 거래정보망을 통한 공동중개
- ☑ 사설정보망을 이용한 부당경쟁
- ☑ 중개대상물의 확인·설명의무
- ☑ 확인·설명서의 작성 및 보관
- ☑ 거래계약서의 작성의무
- ☑ 교부할 서면
- ☑ 보관할 서면
- ☑ 거래계약서에 포함될 내용
- ☑ 서명 및 날인의무
- ☑ 기본윤리
- ☑ 실무교육
- ☑ 직무교육
- ☑ 연수교육
- ☑ 금지행위
- ☑ 중개업무 규율
- ☑ 투기방지
- ☑ 손해배상책임의 보장
- ☑ 계약금 등의 반환이행보장
- ☑ 보증보험
- ☑ 공제
- ☑ 공탁

CHAPTER 학습 & 출제되는 질문

- ☑ 전속중개계약에 대한 설명으로 옳지 않은 것은?
- ☑ 개업공인중개사의 확인·설명 의무에 대한 설명으로 옳지 않은 것은?
- ☑ 개업공인중개사 등의 금지행위에 대한 설명으로 옳지 않은 것은?
- ☑ 개업공인중개사의 업무보증 설정에 관한 설명으로 옳은 것은?
- ☑ 계약금등의 예치제도에 대한 설명으로 옳지 않은 것은?

제3장 개업공인중개사의 의무

01 중개계약과 부동산거래정보망 `15·17·18회 출제`

1 일반중개계약 ★ `11·14·추가15·24·25·28회 출제`

(1) 일반중개계약서 작성요청권의 특징
  1) 일반중개계약서 작성요청권(법 제22조)
     중개의뢰인에게 부여된 <u>권리</u> → 의무가 아니므로 반드시 요청해야 할 필요는 없다.

Professor Comment
중개계약서 작성을 요청할 수 있다.

  2) 임의규정
     중개의뢰인의 요청에 대하여 개업공인중개사가 응할 의무가 없다.
  3) 표준서식 `21·24·26회 출제`
     <u>국토교통부장관</u>은 일반중개계약의 표준이 되는 서식을 정하여 이의 <u>사용을 권장할 수 있다</u>.

(2) 중개계약서의 필수항목 `33회 출제`
  1) 중개대상물의 위치 및 규모
  2) 거래예정가격
  3) 거래예정가격에 대한 중개보수
  4) 그 밖에 개업공인중개사와 중개의뢰인이 준수하여야 할 사항

2 전속중개계약 ★★ `14·15·19·20·22·24·33회 출제`

(1) 전속중개계약 `21·27회 출제`
  중개의뢰인이 <u>특정한 개업공인중개사를 정하여 그 개업공인중개사에 한하여</u> 당해 중개대상물을 중개하도록 하는 계약을 말한다(법 제23조 제1항).

(2) 전속중개계약체결에 따른 개업공인중개사의 권리와 의무 `12·21·26·28회 출제`
  1) 개업공인중개사의 권리
     ① 전속적 중개권한(계약유효기간 이내)
     ② 중개보수청구권 보장(중개의뢰인의 위약시)
     ③ 소요비용청구권 보장

Professor Comment
중개의뢰인이 자기가 만난 상대방과 거래한 경우 중개보수 50% 범위 내에서 개업공인중개사가 소요한 비용을 지불한다.

  2) 개업공인중개사의 의무(법 제23조 제2항)
     ① 전속중개계약서 사용의무
     ② 중개대상물정보 공개의무(7일 이내)
     ③ 정보공개 내용통지의무(지체없이, 문서 통지)
     ④ 업무처리상황 통지의무(2주 1회 이상, 문서 통지)
     ⑤ 중개대상물 확인·설명의무의 성실한 이행의무

(3) 전속중개계약에 따른 중개업무절차　　　　　　　　　　　　　　　　23회 출제

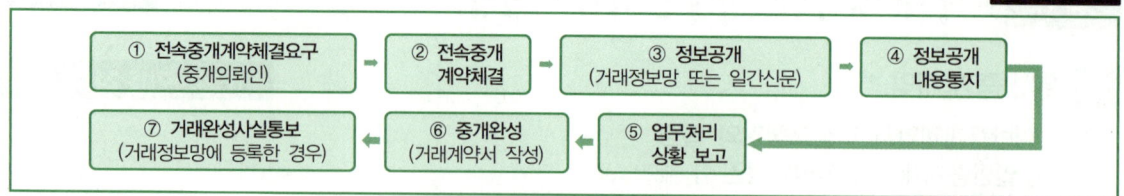

(4) 전속중개계약시 공개하여야 하는 정보와 중개대상물의 확인·설명사항 대비　　21·26·32회 출제

전속중개계약시 공개정보	중개대상물 확인·설명사항
중개대상물의 종류·소재지·지목 및 면적·건축물의 용도·구조 및 건축연도 등 당해 중개대상물을 특정하기 위하여 필요한 사항	중개대상물의 종류·소재지·지번·지목·면적·구조·건축연도 등 당해 중개대상물에 관한 기본적인 사항
벽면 및 도배의 상태	벽면, 바닥면 및 도배의 상태
수도·전기·가스·소방·열공급·승강기, 오수·폐수·쓰레기처리시설 등의 상태	수도·전기·가스·소방·열공급·승강기 및 배수 등 시설물의 상태
	관리비 금액과 산출내역
도로 및 대중교통수단과의 연계성, 시장·학교 등과의 근접성, 지형 등 입지조건	도로 및 대중교통수단과의 연계성, 시장·학교 등과의 근접성 등 입지조건
일조·소음·진동 등 환경조건	
소유권·전세권·저당권·지상권·임차권 등 중개대상물의 권리관계에 관한 사항. 다만, 각 권리자의 주소·성명 등 인적사항에 관한 정보는 공개하여서는 아니 된다.	소유권·전세권·저당권·지상권·임차권 등 당해 중개대상물에 대한 권리관계에 관한 사항
공법상 이용제한 및 거래규제에 관한 사항	토지이용계획, 공법상 거래규제 및 이용제한사항
-	당해 중개대상물에 관한 권리를 취득함에 따라 부담하여야 할 조세의 종류 및 세율
중개대상물의 거래예정금액 및 공시지가. 다만, 임대차의 경우에는 공시지가를 공개하지 아니할 수 있다.	거래예정금액, 중개보수 및 실비의 금액과 산출내역
	주택임대차 중개시 설명사항 ㉠ 임대인의 정보제시의무 및 보증금중 일정액의 보호에 관한 사항 ㉡ 전입세대확인서의 열람 또는 교부에 관한 사항 ㉢ 임대보증금에 관한 보증에 관한 사항(민간임대주택특별법에 의한 민간임대주택에 한함)

(5) 기타 주요사항　　　　　　　　　　　　　　　　　　　　　　12·16·26·29회 출제
　1) 전속중개계약서 보관의무 : 3년
　2) 전속중개계약의 유효기간 : 3월 원칙(약정이 있는 경우 약정에 따름)
　3) 정보의 공개의무 : 부동산거래정보망 또는 일간신문에 7일 이내 공개

3 부동산거래정보망의 지정 및 이용 ★★★　　10·14·후기15·17·19·10·22·24·27·30회 출제

(1) 부동산거래정보사업자 지정제도
　1) 지정대상
　　부동산거래정보망을 설치·운영할 자

2) 지정목적

개업공인중개사 상호간에 부동산매매 등에 관한 정보의 공개와 유통을 촉진하고 공정한 부동산거래 질서를 확립하기 위한 것이다(법 제24조 제1항).

Professor Comment
국토교통부장관이 지정할 수 있다.

(2) 거래정보사업자 지정절차

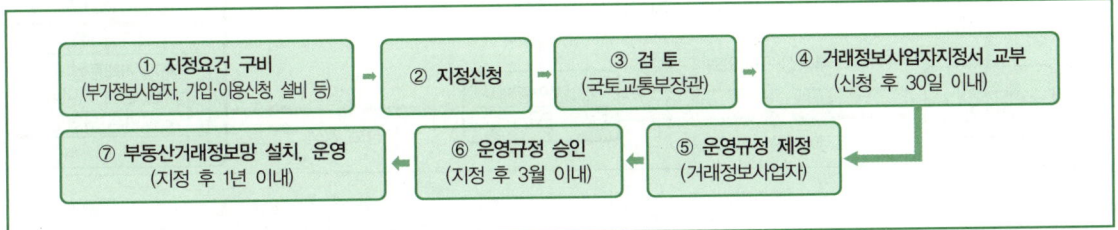

(3) 거래정보사업자 지정요건 및 제출서면

21·32회 출제

구 분	지정요건	제출서면
기본요건	전기통신사업법에 의한 부가통신사업자	부가통신사업자신고서를 제출하였음을 증명하는 서류
가입·이용 신청자	전국적으로 500명 이상, 2개 이상의 시·도에서 각 30인 이상의 개업공인중개사가 가입·이용신청을 할 것	개업공인중개사로부터 받은 부동산거래정보망가입·이용신청서 및 당해 개업공인중개사의 등록증 사본
정보처리기사	정보처리기사 1명 이상을 확보	정보처리기사 자격증 사본
공인중개사	공인중개사 1명 이상을 확보	공인중개사 자격증 사본
컴퓨터설비	부동산거래정보망의 가입자가 이용하는데 지장이 없는 정도로서 국토교통부장관이 정하는 용량 및 성능을 갖춘 컴퓨터설비	주된 컴퓨터의 용량 및 성능 등을 알 수 있는 서류
기 타	개인이나 법인	

(4) 거래정보사업자 및 개업공인중개사의 정보공개 관련 의무 (법 제24조 제4항, 제7항)

23회 출제

거래정보사업자		개업공인중개사(이용자)	
1) 정보공개제한	개업공인중개사로부터 의뢰받은 중개대상물의 정보만을 공개해야 한다.	1) 거래사실통보 의무	거래정보망에 공개한 중개대상물의 거래가 완성된 때에는 이를 지체없이 당해 거래정보사업자에게 통보하여야 한다.
2) 정보변경금지	개업공인중개사로부터 의뢰받은 중개대상물의 정보를 의뢰받은 내용과 다르게 공개하여서는 아니 된다.	2) 거짓정보공개 금지	부동산거래정보망에 중개대상물에 관한 정보를 거짓으로 공개하여서는 아니 된다.
3) 차별공개금지	정보를 차별적으로 공개해서는 아니 된다.		

1편 공인중개사법령

▶ 부동산거래정보망과 중개업무 흐름도 ◀ **15회 출제**

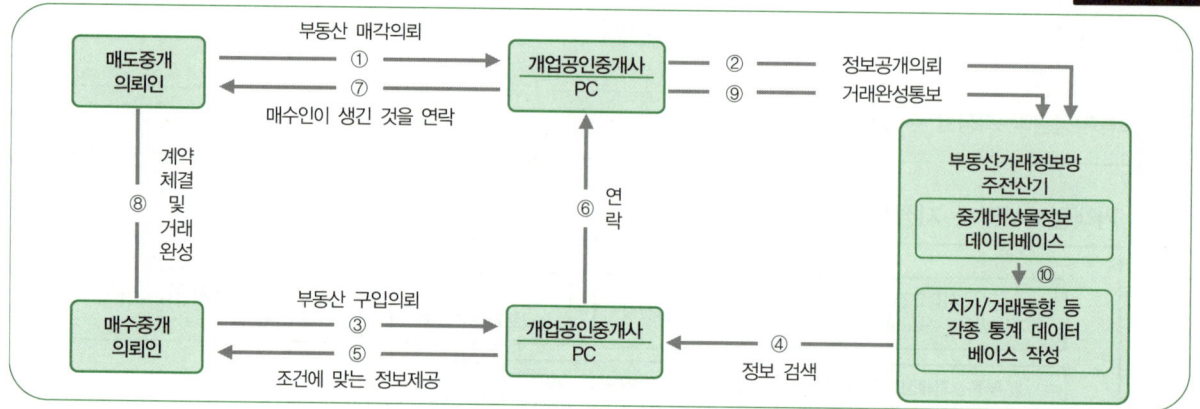

(5) 의무위반의 벌칙
1) 거래정보사업자에 대한 벌칙   **33회 출제**
① 거래정보사업자는 개업공인중개사로부터 의뢰받은 중개대상물의 정보에 한하여 이를 공개하여야 하며, 의뢰받은 내용과 다르게 정보를 공개하거나 정보를 차별적으로 공개해서는 아니 된다.

Professor Comment
이를 위반한 경우 지정이 취소될 수 있으며 1년 이하의 징역 또는 1천만원 이하의 벌금형에 처한다.

② 운영규정에 대해 승인받지 않고 운영하거나 내용에 위반하여 부동산거래정보망을 운영한 자에 대해서는 500만원 이하의 과태료에 처한다.
③ 감독상의 명령에 위반하거나 정당한 사유없이 관계공무원의 검사 및 질문에 불응한 거래정보사업자는 500만원 이하의 과태료에 처한다.

2) 개업공인중개사에 대한 처분   **13회 출제**
등록관청은 중개대상물의 정보를 거짓으로 공개하거나 거래완성사실을 통보하지 아니한 개업공인중개사에게 6월 이하의 업무정지처분에 명할 수 있다.

Professor Comment
거래성립 때 통보하는 것이 아니고 거래가 완성되었을 때 통보한다.

4 사설정보망 등을 이용한 부당경쟁금지

(1) 사업자단체의 금지행위
1) 부당한 공동행위의 금지행위에 의하여 부당하게 경쟁을 제한하는 행위
2) 일정한 거래분야에 있어서 현재 또는 장래의 사업자 수를 제한하는 행위
3) 구성사업자(사업자단체의 구성원인 사업자를 말한다)의 사업내용 또는 활동을 부당하게 제한하는 행위
4) 사업자에게 「독점규제 및 공정거래에 관한 법률」 제23조(불공정거래행위의 금지) 제1항 각호의 1의 규정에 의한 불공정거래행위 또는 제29조(재판매가격유지행위의 제한)의 규정에 의한 재판매가격유지행위를 하게 하거나 이를 방조하는 행위

(2) 시정조치
공정거래위원회는 금지행위를 위반한 경우 해당 행위의 중지 등 시정조치를 명할 수 있다.

(3) 과징금
공정거래위원회는 금지행위를 한 경우 과징금을 부과할 수 있다.

02 개업공인중개사의 일반의무

1 개업공인중개사의 의무구분

구 분	사의무(사적 의무)	공의무(공적 의무)
구분기준	개업공인중개사가 중개행위과정에서 중개의뢰인을 대상으로 이행해야 할 의무	개업공인중개사가 등록관청 등을 대상으로 이행해야 할 의무
대상의무 (예시)	신의·성실·공정중개, 거래계약서작성, 비밀준수, 중개대상물 확인·설명, 손해배상 및 업무보증, 전속중개계약체결에 따른 의무 관련 의무 등	업무범위준수, 부동산거래신고의무, 이중등록금지, 2사무소 설치금지, 사무소이전신고, 인장등록·사용, 관리·감독에 응할 의무 등
위반효과	민사책임(손해배상), 행정처분, 행정형벌, 과태료 등	행정처분, 행정형벌, 과태료 등

2 중개대상물 확인·설명의무

Professor Comment
① 중개대상물의 확인·설명의무는 개업공인중개사의 신의·성실의무 등을 구체적이고 적극적으로 표현한 의무로서 총 8개의 의무로 세분될 수 있으므로, 각각의 상세 의무에 대한 이해가 필요하다.
② 중개대상물의 확인·설명사항은 총 8가지로 각각의 확인·설명사항을 암기함은 물론 그 뜻을 명확히 이해해야 한다.
③ 중개대상물 확인·설명의무는 중개실무 중 중요한 부분을 차지한 것으로, 중개실무부문과 연계하여 많은 문제가 출제됨을 유의해야 한다.

(1) 중개대상물 확인·설명의무의 내용(법 제25조)
1) 중개대상물의 확인·설명사항에 대한 확인의무
2) 확인된 사항의 성실·정확한 설명의무 및 근거자료제시 의무(위반시 개업공인중개사 500만원 이하 과태료)
3) 자료요구 불응사실 설명 및 기재의무
4) 중개대상물 확인·설명서 작성의무
5) 중개대상물 확인·설명서 서명 및 날인의무
6) 중개대상물 확인·설명서 교부의무
7) 중개대상물 확인·설명서 보관의무(3년)
8) 중개대상물 확인·설명서 법정서식 사용의무

(2) 개업공인중개사의 상태 자료요구 및 신분증명서 제시요구 ★★

1) 상태 자료요구권(법 제25조 제2항)
① 자료요구 대상자 : 매도의뢰인이나 임대의뢰인과 같은 권리를 이전하는 중개의뢰인
② 임의성 : 개업공인중개사가 반드시 자료를 요구해야 하는 것은 아니며, 중개의뢰인도 반드시 자료요구에 응해야 하는 것은 아니다.
③ 요구대상 자료(중개대상물의 상태에 관한 자료) : 벽면 및 도배의 상태, 수도·전기·가스·소방·열공급·승강기설비·배수시설물의 상태·일조·소음·진동 등 환경조건
④ 자료요구 불응시의 조치
  ㉠ 자료요구 불응사실 기재의무(영 제21조 제2항)
    매수 또는 임차의뢰인에게 설명하고 중개대상물의 확인·설명서에 기재하여야 한다.

Professor Comment
자료요구시가 아니고 불응시라는 것을 주의할 것

  ㉡ 권리이전 중개의뢰인이 자료를 제공하지 않은 경우 개업공인중개사가 직접 조사해야 한다.

2) 신분증명서 제시요구권(법 제25조의2)
개업공인중개사는 확인·설명을 위하여 의뢰인에게 신분증명서를 제시할 것을 요구할 수 있다.

(3) 확인·설명내용(영 제21조 제1항) ★★★ `11·17·18·22·27회 출제`

구 분	내 용
기본사항	중개대상물의 종류·소재지·지번·지목·면적·용도·구조·건축연도 등 당해 중개대상물에 관한 기본적인 사항
권리관계	소유권·전세권·저당권·지상권·임차권 등 당해 중개대상물에 대한 권리관계에 관한 사항
중개보수	거래예정금액, 중개보수 및 실비의 금액과 그 산출내역
관 리 비	관리비 금액과 산출내역
공법상 규제	토지이용계획, 공법상 거래규제 및 이용제한에 관한 사항
시설상태	수도·전기·가스·소방·열공급·승강기·배수시설 등의 상태
벽면·도배	벽면, 바닥면 및 도배상태
환경조건	일조·소음·진동 등 환경조건
입지여건	도로 및 대중교통수단과의 연계성, 시장·학교 등과의 근접성 등 입지조건
조 세	중개대상물에 대한 권리를 취득함에 따라 부담하여야 할 조세의 종류 및 세율
주택임대차	주택임대차 중개시 설명사항 ㉠ 임대인의 정보제시의무 및 보증금중 일정액의 보호에 관한 사항 ㉡ 전입세대확인서의 열람 또는 교부에 관한 사항 ㉢ 임대보증금에 관한 보증에 관한 사항(민간임대주택특별법에 의한 민간임대주택에 한함) ㉣ 관리비 금액과 산출내역

1) 취득에 따른 조세
① 해당 조세 : 취득세, 취득세액에 대한 농어촌특별세 및 지방교육세
② 기타 조세 : 부가가치세는 포함되지 않으며, 면허세의 경우 취득에 따른 조세에 포함될 수 있을 것이다.

2) 거래예정금액
개업공인중개사가 개략적으로 산정한 가격을 말한다.

3) 주택임대차 중개시 설명의무 : 개업공인중개사는 주택의 임대차계약을 체결하려는 중개의뢰인에게 다음의 사항을 설명하여야 한다.
① 확정일자부여기관에 정보제공을 요청할 수 있다는 사항
② 임대인이 납부하지 아니한 국세 및 지방세의 열람을 신청할 수 있다는 사항

(4) 확인·설명서의 작성 및 보관(영 제25조 제3항) ★

`12·13·14·28회 출제`

1) 확인·설명서 서식

중개대상물 확인·설명서

2) 확인·설명서 작성
   ① 작성시점 : 거래계약서를 작성하는 때(작성시점 현재의 내용이 기재되어야 함)
   ② 확인·설명서 작성자 : 개업공인중개사 및 소속공인중개사의 업무

Professor Comment
중개보조원이 대행 작성할 수 없다.

3) 확인·설명서의 서명 및 날인 의무자 비교

`15·20·23회 출제`

구 분		서명 및 날인 의무자
개인	• 공인중개사 • 부칙에 의한 개업공인중개사	개업공인중개사 및 그 업무를 수행한 소속공인중개사가 서명 및 날인을 할 의무가 있다.
법인	주된 사무소	대표자와 당해 업무를 수행한 공인중개사가 함께 서명 및 날인을 해야 한다.
	분사무소	분사무소의 책임자와 당해 업무를 수행한 공인중개사가 함께 서명 및 날인을 해야 한다.

4) 확인·설명서의 교부

거래당사자 쌍방에게 교부를 하고 당사자 쌍방의 서명 또는 날인을 받는다.

5) 확인·설명서의 보관

`32회 출제`

확인·설명서를 3년간 보관하여야 한다. 다만, 공인전자문서센터에 보관된 경우에는 그러하지 아니하다.

3 거래계약서 작성 관련 의무 ★★★

`10·12·14·추가15·18·19·20·22·23·24·25·26·28·29회 출제`

(1) 개업공인중개사의 거래계약서 작성의무 내용(법 제26조 제1항, 제2항)

1) 거래계약서 작성의무
2) 필요사항 기재의무
3) 서명 및 날인의무
4) 거래계약서 교부의무 : 거래당사자 쌍방
5) 거래계약서 보관의무 : 5년
6) 거짓기재금지의무

(2) 중개완성(거래계약 체결)시 개업공인중개사가 교부하여야 할 서면

1) 거래계약서
2) 중개대상물 확인·설명서
3) 업무보증 관계증서 사본

Professor Comment
전속중개계약서 및 일반중개계약서는 중개계약체결시 작성하는 서류들이다.

(3) 개업공인중개사가 보관하여야 할 서면 비교

보관 서면	보관기간
거래계약서	5년
전속중개계약서	3년
중개대상물 확인·설명서	3년

⇨ 일반중개계약서는 보관의무가 없다.

(4) 거래계약서에 포함되어야 할 사항(영 제22조 제1항) `10·18·20·23·24·26회 출제`
1) 거래당사자의 인적사항
2) 물건의 표시
3) 계약일
4) 거래금액·계약금액 및 그 지급일자 등 지급에 관한 사항
5) 물건의 인도일시
6) 권리이전의 내용
7) 계약의 조건이나 기한이 있는 경우 조건이나 기한
8) 중개대상물 확인·설명서 교부일자
9) 그 밖의 약정내용

(5) 계약서의 서명 및 날인 `20·27회 출제`
1) 서명 및 날인의무

거래계약서에는 거래계약서를 작성한 개업공인중개사(법인인 개업공인중개사인 경우에는 대표자 또는 분사무소의 책임자를 말함)와 당해 업무를 수행한 공인중개사가 함께 서명 및 날인하여야 한다.

Professor Comment

분사무소에서는 분사무소 책임자가 개업공인중개사로서 서명 및 날인을 한다.

2) 거래계약서의 서명 및 날인의무자
   ① 개인인 개업공인중개사 : 개업공인중개사와 중개행위를 한 공인중개사
   ② 중개법인의 주사무소 : 법인의 대표자와 중개행위를 한 공인중개사
   ③ 중개법인의 분사무소 : 분사무소 책임자와 중개행위를 한 공인중개사

3) 개업공인중개사와 소속공인중개사의 인장

거래계약서에 서명 및 날인하는 개업공인중개사의 인장은 등록관청에 등록한 인장이어야 한다.

Professor Comment

거래계약서에 함께 서명 및 날인할 소속공인중개사의 인장 또한 등록관청에 등록한 인장이어야 한다.

4) 개업공인중개사와 소속공인중개사의 날인방법

거래계약서는 개업공인중개사 또는 소속공인중개사가 반드시 작성하고 함께 서명 및 날인을 해야 한다.

4 개업공인중개사의 기본윤리(법 제29조) ★ `14·19회 출제`

(1) 품위유지의무

전문직업인으로서의 품위를 유지해야 한다는 의무로서, 국가에서 자격을 부여한 전문직업인인 개업공인중개사에 대한 윤리적이고 일반론적인 의무

제3장 개업공인중개사의 의무

Professor Comment
부동산중개사무소에서의 도박행위로 인해 「형법」에 의한 과태료처분을 받은 경우에도 품위유지의무에 위반되는지 여부는 그 사건에 대한 상황등을 참작하여 등록관청에서 판단해야 할 사항으로 해석이 되고 있다.

(2) 신의성실의무
중개의뢰인의 이익을 배려하여 형평에 어긋나거나 신뢰를 저버리는 내용 또는 방법으로 권리를 행사하거나 의무를 이행하여서는 아니된다는 추상적 규범

(3) 공정중개의무
거래상의 이해가 대치되는 양 당사자간의 부동산거래를 알선해주는 지위에 있는 개업공인중개사와 소속공인중개사에게, 일방 당사자의 이익에만 치우치는 중개행위를 금지하는 것

Professor Comment
위 3가지 의무는 개업공인중개사와 소속공인중개사에게 부여되는 의무이다.

(4) 선관주의의무(판례상 나타난 의무) **16회 출제**
개업공인중개사와 중개의뢰인과의 법률관계는 「민법」상의 위임관계와 같으므로 「민법」 제681조에 의하여 개업공인중개사는 중개의뢰의 본지에 따라 선량한 관리자의 주의로써 의뢰받은 중개업무를 처리하여야 할 의무

Professor Comment
개업공인중개사가 품위유지, 신의성실, 공정 중개의무를 위반한 경우 행정처분(업무정지 처분사유)의 대상이 될 수 있다.

(5) 비밀준수의무 ★★
1) **준수의무자**
   개업공인중개사 등
2) **준수대상비밀**
   업무상 알게 된 모든 비밀
3) **준수기간**
   중개자 등의 지위에서 벗어난 이후에도 계속 비밀 준수
4) **면책사항**
   이 법 또는 다른 법률에 특별한 규정이 있는 경우(「민·형사소송법」상 증인으로 채택된 경우, 당사자의 사전 승낙이 있는 경우 등)
5) **위반시**
   1년 이하 징역 또는 1천만원 이하 벌금(반의사불벌죄) → 피해자의 의사에 반하여 처벌할 수 없는 범죄, 즉 피해자와 합의하면 처벌되지 않는다.
6) **비밀준수의무규정의 취지**
   중개의뢰인의 보호, 개업공인중개사의 신뢰성 제고

(6) 반의사불벌죄(법 제49조 제2항)
비밀준수의무에 위반한 자는 피해자의 명시한 의사에 반하여 벌하지 아니한다.

1) **의의**
   피해자가 처벌을 희망하지 않는다는 의사표시가 있으면 이에 반해서 처벌할 수 없는 범죄를 말한다.

2) 공소제기의 조건

처벌을 희망하지 아니하는 의사표시(또는 처벌희망 의사표시의 철회)의 부존재를 공소제기의 조건으로 한다.

3) 처벌의 철회시한

반의사불벌죄에 있어서 처벌을 희망하는 의사표시의 철회는 제1심 판결선고 전까지 할 수 있도록 되어 있으므로 그 후에는 철회하더라도 그 효력이 없다.

5 개업공인중개사등의 교육(법 제34조) ★★

<small>11·12·14·19·24·25·28·29·34회 출제</small>
<small>20·21·23·27회 출제</small>

(1) **실무교육**(실시권자: 시·도지사)

1) 실무교육 대상과 시기
  ① 실무교육 대상자: 개설등록을 하고자 하는 자, 법인의 사원 또는 임원이 되고자 하는 자, 분사무소 책임자가 되고자 하는 자, 소속공인중개사가 되고자 하는 자
  ② 실무교육 시기: 등록신청일 전 1년 이내(분사무소 책임자가 되고자 하는 자는 설치신고일부터 1년 이내, 소속공인중개사가 되고자 하는 자는 고용신고일 전 1년 이내)
  ③ 실무교육의 예외: 폐업신고 후 1년 이내에 개설등록을 다시 신청하고자 하는 자나 소속공인중개사가 되고자 하는 자, 고용관계가 종료된 후 1년 이내에 소속공인중개사가 되고자 하는 자나 등록을 하고자 하는 자

2) 실무교육의 내용 및 시간
  ① 실무교육의 내용: 개업공인중개사 및 소속공인중개사의 직무수행에 필요한 법률지식과 부동산중개 및 경영 실무, 직업윤리 등
  ② 교육시간: 28시간 이상 32시간 이하

(2) **직무교육**(실시권자: 시·도지사 또는 등록관청)

<small>26회 출제</small>

1) 직무교육 대상

중개보조원은 고용신고일 전 1년 이내에 시·도지사 또는 등록관청이 실시하는 직무교육을 받아야 한다. 다만, 고용관계 종료 신고 후 1년 이내에 고용신고를 다시 하려는 자는 그러하지 아니하다.

2) 교육내용 및 시간

직무교육은 중개보조원의 직업윤리 등으로 구성하며 교육시간은 3시간 이상 4시간 이하로 한다.

(3) **연수교육**(실시권자: 시·도지사)

1) 연수교육 대상

실무교육을 받은 개업공인중개사 및 소속공인중개사는 실무교육을 받은 후 2년마다 시·도지사가 실시하는 연수교육을 받아야 한다.

2) 교육내용 및 시간

연수교육은 법제도의 변경사항과 부동산중개 및 경영실무, 직업윤리 등을 그 내용으로 구성하고, 교육시간은 12시간 이상 16시간 이하로 한다.

3) 대상자에 통지

시·도지사는 연수교육을 실시하려는 경우 실무교육 또는 연수교육을 받은 후 2년이 되기 2개월 전까지 연수교육의 일시·장소·내용 등을 대상자에게 통지하여야 한다.

(4) 거래사고 예방교육

1) 실시권자 및 대상
국토교통부장관, 시·도지사 및 등록관청은 필요하다고 인정하면 대통령령으로 정하는 바에 따라 개업공인중개사등의 부동산거래사고 예방을 위한 교육을 실시할 수 있다.

2) 개업공인중개사등에 대한 교육비 지원 등
국토교통부장관, 시·도지사 및 등록관청은 개업공인중개사등이 부동산거래사고 예방 등을 위하여 교육을 받는 경우에는 대통령령으로 정하는 바에 따라 필요한 비용을 지원할 수 있다.

3) 교육의 통지
교육일 10일 전까지 교육일시·교육장소 및 교육내용, 그 밖에 교육에 필요한 사항을 공고하거나 교육대상자에게 통지하여야 한다.

(5) 교육의 지침마련
국토교통부장관은 시·도지사가 실시하는 실무교육, 직무교육 및 연수교육의 전국적인 균형유지를 위하여 필요하다고 인정하면 해당 교육의 지침을 마련하여 시행할 수 있다. 교육지침에 관하여 필요한 사항은 대통령령으로 정한다.

6 금지행위 ★★★

15·16·17·18·19·20·24·25·27·29회 출제

(1) 개업공인중개사등의 금지행위

1) 행위금지 의무자
개업공인중개사 등(개업공인중개사 및 중개보조원, 소속공인중개사, 법인의 사원 또는 임원)은 누구도 법 제33조에서 정한 금지행위를 하여서는 아니 된다.

2) 금지의무 위반 비교

주목적	구 분	행정형벌	행정처분
중개업무규율	① 중개대상물의 매매를 업으로 하는 행위 ② 무등록개업공인중개사와의 협력행위 ③ 중개보수 또는 실비의 과다수수 행위 ④ 거짓 언행으로 판단을 그르치게 하는 행위	1년 이하의 징역 또는 1천만원 이하의 벌금	① 등록취소 할 수 있음 ② 6월 이하 업무정지
투기방지	① 분양·임대 등 관련 증서 등 중개·매매행위 ② 직접 거래 또는 쌍방대리행위 ③ 미등기전매의 중개 등 부동산투기 조장행위	3년 이하의 징역 또는 3천만원 이하의 벌금	① 등록취소 할 수 있음 ② 6월 이하 업무정지
거래질서교란행위	① 시세부당영향 : 거짓거래하는 등 ② 중개제한 : 단체구성하여		

3) 1년 이하 징역 또는 1천만원 이하 벌금행위

① 중개대상물의 매매를 업으로 하는 행위(법 제33조 제1호)
  ㉠ 매매업의 범위 : 매매를 업(業)으로 한다는 것은 부동산의 거래 태양(態樣)이나 규모, 횟수, 보유기간 등에 비추어 보면 사회통념상 사업활동으로 볼 수 있을 정도의 계속성, 반복성이 있을 경우에 해당한다.
  ㉡ 금지장소 : 중개사무소에서의 매매업은 물론 기타의 장소에서도 매매업에 종사하지 못한다.
  ㉢ 매매업에 포함되지 않는 사례 : 자신이 거주하기 위한 주택이나 중개업을 영위하기 위한 사무소를 거래하는 행위, 중개대상물의 임대업을 영위하거나 중개대상물의 분양대행업 등을 영위하는 행위 등

Professor Comment
중개대상물의 매매는 금지행위가 아니다.

② 무등록개업공인중개사와의 거래행위(법 제33조 제2호) **12회 출제**
  ㉠ 중개를 의뢰받는 행위 : 권리취득중개의뢰인이나 권리이전중개의뢰인을 소개받는 행위
  ㉡ 자기의 명의를 이용하게 하는 행위 : 무등록개업공인중개사가 자신의 중개사무소에 소속되게 하거나, 무등록개업공인중개사가 자신의 중개사무소에 소속된 것처럼 활동하는 것을 방치하는 행위 등

Professor Comment
무등록개업공인중개사인 것을 알지 못한 경우에는 적용되지 않으나, 알지 못한 것에 대해서 개업공인중개사의 과실이 없어야 한다.

③ 중개보수 또는 실비의 과다수수 행위(법 제33조 제3호) **26·29회 출제**
  ㉠ 초과금품의 범위 : 공인중개사 법령 및 조례에서 정한 중개보수 및 실비의 상한액을 초과한 금품(고가의 물건도 포함됨)
  ㉡ 초과금품의 판단
    ⓐ 중개보수 미달의 경우 : 중개보수를 할인하거나 면제하는 것은 자기의 권리를 포기한 것으로 금지사항이 아니다.
    ⓑ 일방의 중개보수 부담 : 중개의뢰인 당사자 간의 합의에 의하여 일방 당사자가 중개보수 전액을 지불할 경우 중개보수 총액의 범위 이내면 금지의무를 위반한 것은 아니다.
  ㉢ 초과금품의 사례 : 개업공인중개사가 부동산의 거래를 중개한 후 사례비나 수고비 등의 명목으로 금원을 받은 경우 또는 협박하여 초과금품을 받은 경우
  ㉣ 초과금품에 포함되지 않는 사례 : 상가분양 대행비, 경·공매 부동산의 권리분석 및 알선 수수료, 상가 권리금의 거래에 대한 알선 수수료, 중개보수에 대한 부가가치세

Professor Comment
현행 공인중개사법에서는 순가중개계약을 금지하고 있지 않으나, 순가중개계약에 따라 받은 중개보수가 법정중개보수를 초과할 경우에는 금지행위 위반이 된다.

판례 ■ 법령에서 정한 한도를 초과하는 부동산 중개보수 약정이 강행법규 위반으로 무효인지 여부

부동산 중개보수에 관한 규정들은 중개보수 약정 중 소정의 한도를 초과하는 부분에 대한 사법상의 효력을 제한하는 이른바 강행법규에 해당하고, 따라서 구「부동산중개업법」등 관련 법령에서 정한 한도를 초과하는 부동산 중개보수 약정은 그 한도를 초과하는 범위 내에서 무효이다(대판 2007.12.20. 2005다32159).

Professor Comment

한도초과의 중개보수 약정의 효력에 관하여 기존의 대법원의 견해는 중개보수에 관한 규정들이 단속규정에 불과하고 효력규정은 아니라고 하여 유효라고 본 견해(대판 2001.3.23. 2000다70972)와 강행법규위반으로 그 한도액을 초과하는 부분은 무효라고 본 견해(대판 2002.9.4. 2000다54406)로 나뉘어 혼선을 초래하였는데, 위 전원합의체 판결을 통하여 법령에 정한 한도액을 초과하는 부분은 강행법규 위반으로 무효라고 견해를 정리하였다.

④ 거짓언행으로 중개의뢰인의 판단을 그르치게 하는 행위(법 제33조 제4호)
  ㉠ 거래상 중요사항 : 중개의뢰인이 그 사실을 안다면 중개대상물의 거래를 하지 않을 정도로 중요한 사항
  ㉡ 거짓된 언행이나 기타의 방법 : 개업공인중개사 등으로서 중개의뢰인에게 지켜야 할 신의와 성실의 의무를 저버리는 모든 적극적 또는 소극적 행위(작위 또는 부작위행위)

Professor Comment

침묵도 금지행위에 해당된다.

  ㉢ 의무준수 시한 : 의뢰인이 상대방과 중개대상물에 관한 권리변동의 계약을 체결함으로써 중개가 완료되는 때까지에 한정된다.

4) 3년 이하 징역 또는 3천만원 이하 벌금행위 **33회 출제**
  ① 분양·임대 등 관련 증서 등 중개·매매행위(법 제33조 제5호) **20회 출제**
    ㉠ 분양·임대 등과 관련있는 증서 : 분양계약 체결된 분양권은 포함되지 않으며, 상가의 분양계약서는 상가의 매매계약서일 뿐 분양계약 관련 증서로 볼 수 없다.
    ㉡ 매매 등이 허용된 증서 : 관련 부동산을 직접 관장하는 다른 법률에 의거 분양권 등의 매매·전매 등이 허용된 경우에는 금지되지 않는다.
    ㉢ 증서의 사례 : 입주자저축증서(주택청약 저축·예금·부금)와 주택상환사채, 시장 등이 발행한 무허가건물확인서·건물철거예정증명서 또는 건물철거확인서, 공공사업의 시행으로 인한 이주대책에 의하여 주택을 공급받을 수 있는 이주대책대상자확인서 등 증서의 형태를 갖춘 경우
  ② 직접 거래 또는 쌍방대리행위(법 제33조 제6호) **11·23회 출제**
    ㉠ 직접 거래의 상대방 : 중개대상물의 소유자뿐만 아니라 그 소유자로부터 거래에 관한 대리권을 수여받은 대리인이나 거래에 관한 사무의 처리를 위탁받은 수임인 등도 포함된다.
    ㉡ 직접 거래에 포함되지 않는 사례 : 다른 개업공인중개사의 중개로 거래한 경우나, 개업공인중개사의 중개 하에 배우자가 거래상대방이 된 경우
    ㉢ 거래당사자 중 일방만을 대리하여 거래계약을 체결하는 것은 금지되지 않는다.

Professor Comment

본인이 허락하였어도 직접거래 및 쌍방대리는 이 법에 위반된다.

③ 미등기전매의 중개 등 부동산투기 조장행위(법 제33조 제7호) **18회 출제**
  ㉠ 미등기전매의 범위 : 전매차익이 없는 미등기전매도 포함된다.
  ㉡ 전매 등 권리의 변동이 제한된 부동산
    전매 등 권리의 변동을 금지하는 부동산을 의미하며, 토지거래허가제와 같이 권리의 변동이 일정한 목적으로 제한되나 거래를 금지하는 것이 아닌 경우는 해당되지 않는다.
④ 부당한 이익을 얻거나 제3자에게 부당한 이익을 얻게 할 목적으로 거짓으로 거래가 완료된 것처럼 꾸미는 등 중개대상물의 시세에 부당한 영향을 주거나 줄 우려가 있는 행위
⑤ 단체를 구성하여 특정 중개대상물에 대하여 중개를 제한하거나 단체 구성원 이외의 자와 공동중개를 제한하는 행위

5) 개업공인중개사등의 업무방해금지행위(거래질서 교란행위)
누구든지 시세에 부당한 영향을 줄 목적으로 다음 각 호의 어느 하나의 방법으로 개업공인중개사등의 업무를 방해해서는 아니 된다.
① 안내문, 온라인 커뮤니티 등을 이용하여 특정 개업공인중개사등에 대한 중개의뢰를 제한하거나 제한을 유도하는 행위
② 안내문, 온라인 커뮤니티 등을 이용하여 중개대상물에 대하여 시세보다 현저하게 높게 표시·광고 또는 중개하는 특정 개업공인중개사등에게만 중개의뢰를 하도록 유도함으로써 다른 개업공인중개사등을 부당하게 차별하는 행위
③ 안내문, 온라인 커뮤니티 등을 이용하여 특정 가격 이하로 중개를 의뢰하지 아니하도록 유도하는 행위
④ 정당한 사유 없이 개업공인중개사등의 중개대상물에 대한 정당한 표시·광고행위를 방해하는 행위
⑤ 개업공인중개사등에게 중개대상물을 시세보다 현저하게 높게 표시·광고하도록 강요하거나 대가를 약속하고 시세보다 현저하게 높게 표시·광고하도록 유도하는 행위

7 부동산거래질서교란행위 신고센터

(1) 국토교통부장관은 부동산 시장의 건전한 거래질서를 조성하기 위하여 부동산거래질서교란행위 신고센터를 설치·운영할 수 있다.

(2) 신고센터의 업무
부동산거래질서교란행위 신고의 접수 및 상담, 신고사항 확인 또는 조사 및 조치 요구, 신고사항 처리 결과 통보

(3) 신고센터의 위탁 : 한국부동산원(운영규정을 정하여 국토교통부장관의 승인)

(4) 신고사항
누구든지 부동산중개업 및 부동산 시장의 건전한 거래질서를 해치는 부동산거래질서교란행위를 발견하는 경우 그 사실을 신고센터에 신고할 수 있다.
㉠ 자격증 양도·대여·양수알선, 등록증 양도·대여·양수알선
㉡ 이중등록, 이중소속, 이중사무소·임시중개시설물
㉢ 무등록, 거짓·부정 등록
㉣ 공인중개사가 아닌 자의 유사명칭 사용금지, 개업공인중개사가 아닌 자의 유사명칭사용금지
㉤ 개업공인중개사 명칭표시 의무위반, 법인의 겸업제한, 게시의무

ⓑ 중개보조원 채용제한, 중개보조원의 고지의무
　　ⓢ 비밀준수 의무위반
　　ⓞ 확인·설명의무위반, 거래계약서 거짓기재·이중계약서
　　ⓩ 개업공인중개사 등의 금지행위, 업무방해 금지행위를 위반하는 행위
　　ⓒ 「부동산 거래신고 등에 관한 법률」상 부동산거래신고, 해제신고, 금지행위

(5) 서면의 제출
부동산거래질서교란행위 신고센터에 부동산거래질서교란행위를 신고하려는 자는 다음의 사항을 서면(전자문서를 포함)으로 제출해야 한다.

1) 신고인 및 피신고인의 인적사항
2) 부동산거래질서교란행위의 발생일시·장소 및 그 내용
3) 신고 내용을 증명할 수 있는 증거자료 또는 참고인의 인적사항
4) 그 밖에 신고 처리에 필요한 사항

(6) 보완요청 및 조사
신고받은 사항에 보완을 요청할 수 있으며 신고사항에 대해 시·도지사 및 등록관청 등에 조사 및 조치를 요구해야 한다.

(7) 신고사항의 처리 종결
1) 신고내용이 명백히 거짓인 경우
2) 신고인이 보완을 하지 않은 경우
3) 정당한 사유 없이 다시 신고한 경우로서 새로운 사실이나 증거자료가 없는 경우
4) 신고내용이 이미 수사기관에서 수사 중이거나 재판에 계류 중이거나 법원의 판결에 의해 확정된 경우

(8) 결과의 통보
1) 시·도지사 및 등록관청 등은 신속하게 조사 및 조치를 완료하고, 완료한 날부터 10일 이내에 그 결과를 신고센터에 통보
2) 신고센터는 시·도지사 및 등록관청 등으로부터 처리결과를 통보받은 경우 신고인에게 신고사항 처리결과를 통보
3) 신고센터는 매월 10일까지 직전 달의 신고사항 접수 및 처리결과 등을 국토교통부장관에게 제출

03 손해배상책임과 계약금 등의 반환이행의 보장 `14·15·추가15·25·29회 출제`

1 손해배상책임 ★★ `10·추가15·16·19·21·27회 출제`

(1) **손해배상책임의 요건**(법 제30조 제1항)
  1) 개업공인중개사 등의 행위로 인한 손해이어야 한다.
  2) 중개행위로 인한 손해이어야 한다.
  3) 고의 또는 과실로 인한 손해이어야 한다.
  4) 거래당사자에 대한 손해이어야 한다.
  5) 재산상의 손해이어야 한다.

Professor Comment
정신적 손해는 민사상 책임을 지지만 업무보증에 의해 배상하지 않는다.

  6) 확정된 손해이어야 한다.
  7) 개업공인중개사의 행위와 중개의뢰인의 손해 사이에는 인과관계가 인정되어야 한다.
  8) 개업공인중개사의 행위는 적법하지 않은 행위이어야 한다.

(2) **손해배상책임의 범위**
  1) 손해발생기간
     중개계약체결시점부터 중개완성시점까지
  2) 손해의 범위
     거래당사자에게 발생된 손해액
  3) 손해배상 청구의 시효
     손해가 발생한 중개의뢰인이 그 손해를 안 날로부터 3년, 개업공인중개사의 고의·과실의 중개행위가 이루어진 날부터 10년이 경과하면 시효로 소멸한다.

(3) **타인에게 사무실을 제공한 경우의 손해배상**
     다른 사람의 중개행위의 장소로 제공함으로써 거래당사자에게 재산상의 손해를 발생하게 한 때(무과실책임)(법 제30조 제2항)

2 손해배상책임의 보장 ★★★ 10·11·21·24·32·34회 출제

(1) 업무보증의 설정의무
개업공인중개사는 손해배상책임을 보장하기 위하여 대통령령이 정하는 바에 의하여 보증보험 또는 공제에 가입하거나 공탁을 하여야 한다(법 제30조 제3항).

(2) 업무보증의 종류
1) **보증보험** : 개업공인중개사의 손해배상의 보장을 목적으로 보증보험회사와 개업공인중개사가 체결한 보험계약(타인을 위한 손해보험계약)
2) **공제** : 개업공인중개사가 그의 불법행위 또는 채무불이행으로 인하여 거래당사자에게 부담하게 되는 손해배상책임을 보증하는 보증보험적 성격을 가진 것으로, 공제사업자(협회)와 공제계약을 체결한다.
3) **공탁** : 개업공인중개사의 업무보증을 위한 공탁의 경우 공탁은 현금 또는 국공채를 법원에 공탁하여야 한다.

(3) 보증설정금액 및 방법 비교(영 제24조 제1항) 14·18·23회 출제

구 분		보증설정금액(하한액)	보증방법
개 인	공인중개사 및 부칙에 의한 개업공인중개사	2억원	보증보험 공제 공탁 중 1가지 선택
법 인	법인(분사무소가 없는 경우)	4억원	
	법인(분사무소가 있는 경우)	4억원 + (분사무소 숫자 × 2억원)	
	다른 법률에 의한 법인	2천만원	

(4) 보증설정 관련 신고의무
1) 개업공인중개사는 업무개시 전 보증설정을 하고 증명서류를 갖추어 등록관청에 신고하여야 한다. 그리고 보증을 변경하거나 갱신하는 경우에도 신고하여야 한다.
2) 다만 보증기관이 등록관청에 직접 통보한 경우 신고를 생략할 수 있다.
3) 보증설정 관련 신고의무 비교

구 분	의무발생	기 한	신고방법
신규설정신고	중개사무소 개설등록	개설등록일부터 업무개시 전까지	보증을 설정한 후 그 증빙서를 갖추어 등록관청에 신고
변경신고	보증을 변경한 때	이미 설정한 보증의 효력이 있는 기간 중	변경설정하고 등록관청에 신고
갱신신고	보증기간 만료	보증기간 만료일	재설정하고 등록관청에 신고

(5) 공탁금의 회수제한
업무보증 공탁금은 개업공인중개사가 폐업 또는 사망한 날부터 3년 이내에는 이를 회수할 수 없다.

3 손해배상책임의 고지의무(법 제30조 제5항) ★

> 13·23회 출제

(1) 관계증서사본 교부의무
  중개완성시 거래당사자에 대한 관계증서사본을 교부해야 할 의무

(2) 보증설정 설명의무
  업무보증에 대하여 ① 보증금액 ② 보증보험회사, 공제사업을 행하는 자, 공탁기관 및 그 소재지 ③ 보장기간의 내용을 중개의뢰인에게 설명해야 하는 의무

Professor Comment
위반시 100만원 이하 과태료에 처한다.

▶ 중개완성시 개업공인중개사가 중개의뢰인에게 지급해야 하는 서면 비교 ◀

지급서면	지급대상자	보관기간	서명 및 날인의무자	위반시
거래계약서	거래당사자 쌍방	5년	• 개인 개업공인중개사 : 개업공인중개사와 당해 업무수행 공인중개사 • 중개법인 : 대표자(분사무소책임자)와 당해 업무수행 공인중개사	업무정지
중개대상물 확인·설명서		3년	• 개인 개업공인중개사 : 개업공인중개사와 그 업무를 수행한 소속공인중개사 • 중개법인 : 대표자(분사무소책임자)와 당해 업무수행 공인중개사	
업무보증 관계 증서 사본		없음	서명 및 날인의무 없음	100만원 이하 과태료

4 보증보험금의 지급 등 ★

(1) 보증보험금의 지급절차

  1) **지급청구권자**
     중개의뢰인(단독 청구)

  2) **지급의무자**
     손해배상발생 원인 행위 당시의 보증기관(보증보험회사, 공제기관, 공탁법원)

  3) **첨부서류**
     당해 중개의뢰인과 개업공인중개사 간의 손해배상합의서, 화해조서, 확정된 법원의 판결문 사본 또는 기타 이에 준하는 효력이 있는 서류(조정조서, 인낙조서, 중재판정서)

  4) **청구원인**
     「공인중개사법」에 의한 개업공인중개사의 손해배상책임의 발생

  5) **청구금액**

  > 22회 출제

  총 손해배상청구액 중 개업공인중개사가 가입한 보증설정의 한도액(보증설정 한도액을 초과하는 금액은 개업공인중개사에게만 배상을 청구할 수 있음)

Professor Comment
중개법인의 주된 사무소 또는 분사무소에서 중개사고로 인한 손해배상청구권의 대상이 된 경우 법인 전체의 보증설정한 도 내에서 손해배상금의 지급청구를 할 수 있다.

(2) 보증보험금의 지급 이후의 업무

28회 출제

1) 보증 재설정
손해배상을 한 때에는 15일 이내에 보증보험 또는 공제에 다시 가입하거나 공탁금 중 부족하게 된 금액을 보전하여야 한다(영 제26조 제2항).

2) 구상권
개업공인중개사를 대신하여 피해자에게 손해배상금을 지급한 보증기관은 해당 손해배상금을 개업공인중개사에게 청구할 수 있는 구상권이 발생된다.

(3) 업무보증 관련 업무흐름도

11·13·추가15·16·17·18·19·21회 출제

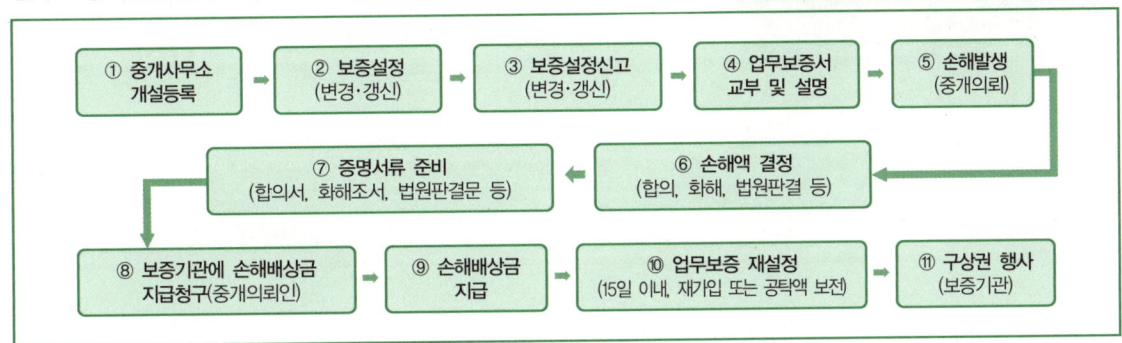

5 계약금 등의 반환채무이행의 보장제도(법 제31조, 영 제27조) ★★★

11·13·추가15·16·17·18·19·21회 출제

(1) 권고사유
개업공인중개사가 거래의 안전을 보장하기 위하여 필요하다고 인정하는 경우(의무는 아님)에 거래당사자에게 권고할 수 있다.

(2) 계약금 등의 예치명의자

24·34회 출제

1) 계약금 등
계약금·중도금 또는 잔금

2) 예치명의자
개업공인중개사 또는 은행, 보험회사, 신탁업자, 체신관서, 공제사업을 하는 자, 전문회사

(3) 예치기관
금융기관, 공제사업을 하는 자, 「자본시장과 금융투자업에 관한 법률」에 따른 신탁업자

Professor Comment
예치명의자의 금융기관은 「은행법」에 의한 은행이며 예치기관의 금융기관은 금융실명법상의 금융기관이다.

(4) 예치기간

1) 원칙
거래계약의 이행이 완료될 때까지

2) 예외
금융기관 또는 보증보험회사가 발행하는 보증서를 예치명의자에게 교부하고 계약금 등을 미리 수령

(5) 개업공인중개사가 예치한 경우의 의무
1) 인출동의방법, 실비, 필요사항 약정
2) 자기소유의 예치금과 분리, 거래당사자의 동의없이 인출금지
3) 예치금액에 대한 보증을 설정하고 사본교부 또는 전자문서 제공

Professor Comment
이를 위반한 경우 업무정지처분을 받을 수 있다.

CHAPTER 04 중개보수 및 실비

학습포인트

- 중개보수 부문에서는 중개보수청구권의 성립 및 소멸 등에 관한 사항을 묻는 문제들이 출제되고 있으며, 중개보수 초과수수 금지의무와 함께 출제되는 경우도 있다.
- 중개보수 규정은 각 시·도 조례가 각각 다르므로 시행규칙의 내용과 판례 내용을 숙지한다.
- 중개보수 계산문제는 교환이나 월세의 계산방법과 같이 계산방법을 알아야 하는 문제들이 출제되는 경향이 높다.

CHAPTER 학습 & 출제되는 키워드

- ☑ 중개보수청구권
- ☑ 행사(지급시기)
- ☑ 유효한 중개계약의 존재
- ☑ 중개보수 청구권 소멸
- ☑ 중개보수
- ☑ 거래금액의 계산
- ☑ 실비청구권
- ☑ 중개보수·실비의 과다징수

- ☑ 중개보수의 의미
- ☑ 중개보수청구권
- ☑ 거래당사자 간의 계약의 성립
- ☑ 중개보수 산정
- ☑ 중개보수 계산방식
- ☑ 주택과 기타 부동산의 교환
- ☑ 실비의 범위
- ☑ 과다징수의 벌칙

- ☑ 발생
- ☑ 중개보수 발생요건
- ☑ 중개행위로 거래계약 체결
- ☑ 중개보수의 한도액
- ☑ 중개보수·실비 관련 규정 비교
- ☑ 분양권매매
- ☑ 실비의 지불시기
- ☑ 행정처분·행정형벌

CHAPTER 학습 & 출제되는 질문

- ☑ 중개보수 및 실비에 대한 설명으로 옳지 않은 것은?
- ☑ 주택임대차 중개에서 개업공인중개사 甲이 임차인 乙에게 받을 수 있는 중개보수의 최고한도액은?
- ☑ 甲은 개업공인중개사 乙을 통하여 다음과 같은 조건으로 주택을 임차하였다. 甲이 乙에게 지불하여야 할 중개보수는?

01 중개보수청구권   13·14·19·33·33회 출제

1 중개보수의 의의
개업공인중개사에 의해 부동산 거래계약이 체결되면 당연히 중개보수의 약정 여부에 불구하고 의뢰인에게 보수를 청구할 수 있다.

2 중개보수청구권의 발생   16회 출제
개업공인중개사의 중개보수청구권은 중개계약에 의하여 발생한다.

3 중개보수청구권의 행사(지급시기)
지급시기는 중개가 완성되면 받을 수 있으며 그 시기는 개업공인중개사와 중개의뢰인 간의 약정에 따르되, 약정이 없을 때에는 중개대상물의 거래대금지급이 완료된 날로 한다.

4 중개보수청구권 소멸
개업공인중개사의 고의 또는 과실로 인하여 중개의뢰인간의 거래행위가 무효, 취소 또는 해제된 경우에는 받을 수 없다.

02 중개보수 산정 ★★★   13·14·17·18·21·22·23·24·25·27·28·33·34회 출제

1 중개보수의 한도액(규칙 제20조 제1항)

(1) 주택중개의 경우(주택이 있는 토지는 주택에 준함)
국토교통부령이 정하는 범위 내에서 시·도조례로 정한다. 시·도조례로 정한 범위 내에서 협의하여 받는다(주택의 면적이 1/2 이상인 경우 주택 적용).

WIDE 국토교통부령이 정하는 범위(시행규칙 제20조 제1항 관련)

거래내용	거래금액	상한요율	한도액
1. 매매·교환	5천만원 미만	1천분의 6	25만원
	5천만원 이상 2억원 미만	1천분의 5	80만원
	2억원 이상 9억원 미만	1천분의 4	
	9억원 이상 12억원 미만	1천분의 5	
	12억원 이상 15억원 미만	1천분의 6	
	15억원 이상	1천분의 7	
2. 임대차 등	5천만원 미만	1천분의 5	20만원
	5천만원 이상 1억원 미만	1천분의 4	30만원
	1억원 이상 6억원 미만	1천분의 3	
	6억원 이상 12억원 미만	1천분의 4	
	12억원 이상 15억원 미만	1천분의 5	
	15억원 이상	1천분의 6	

(2) 주택 이외의 부동산(규칙 제20조 제4항)
1) 거래금액의 1천분의 9 이내에서 중개의뢰인과 개업공인중개사가 서로 협의하여 결정한다.

Professor Comment

매매·교환·임대차 등이 모두 동일하다는 것에 주의할 것

2) 오피스텔
① 전용면적 85m² 이하, 입식부엌, 화장실, 욕실을 갖춘 경우에 한한다.
② 매매·교환 1천분의 5, 임대차 등 1천분의 4 범위 내에서 받는다.

3) 자기가 받을 중개보수요율을 사무소에 게시하는 요율표에 명시하고 초과수수 금지(규칙 제20조 제7항)

2 중개보수 계산방식 `17·19·20·22·23·28회 출제`

구 분	중개보수 계산방법
매 매	거래가액 × 중개보수율(당사자 쌍방으로부터 각각 수수, 이하 동일)
교 환	교환 대상부동산 중 높은 거래가액 × 중개보수율
전세 및 유사계약	전세보증금 × 중개보수율
임대 및 유사계약	월세보증금 + (월세 × 100) 위와 같이 계산한 금액이 5천만원 미만인 경우 다시 월세보증금 + (월세 × 70)으로 계산

※ 동일부동산에 대하여 동일당사자가 매매포함하여 2 이상의 거래를 하는 경우 매매중개보수만 받아야 한다.

Professor Comment

상가는 권리금이 포함되지 않으나 분양권은 프리미엄이 포함된다.

3 주택과 기타 부동산의 교환의 경우

중개보수율이 높은 것을 적용하는 것이 합리적일 것으로 생각된다.

▶ 중개보수 및 실비 관련 규정 비교 ◀

구 분	중개보수	실 비
청구원인 행위	중 개	권리관계 등의 확인, 개업공인중개사 명의로 계약금등의 예치
청구대상자	중개의뢰인 쌍방 각각 부담	① 권리이전 중개의뢰인 ② 권리취득 중개의뢰인
지급조건	중개완성	-
계산기준	부동산의 종류 및 거래금액	규정된 금액

4 분양권 매매의 중개보수 계산기준

분양권 전매시 분양금액은 거래가액을 말하는 것이 아니므로 거래당시의 거래금액(계약금, 중도금, 프리미엄 등)을 기준으로 요율을 적용한다.

03 실비청구권 ★

1 실비의 범위(규칙 제20조 제2항)

(1) 권리관계 등의 확인에 소요된 비용(권리이전의뢰인에게 청구)
(2) 개업공인중개사 명의로 계약금 등을 예치하는 경우 그 비용(권리취득의뢰인에게 청구)

Professor Comment
실비는 일방에게만 받을 수 있다.

2 실비와 중개보수청구

실비청구는 중개완성과는 무관하게 청구할 수 있으며, 실비와 중개보수는 별개이므로 각각 청구가 가능하다.

3 실비의 지불시기

실비의 지불시기는 개업공인중개사와 중개의뢰인 간의 약정에 의한다.

04 중개보수·실비 과다징수에 대한 벌칙

1 행정처분

상대적 등록취소사유

2 행정형벌

1년 이하 징역 또는 1천만원 이하 벌금

CHAPTER 05 지도·감독 등

학습포인트

- 감독상의 명령 등(제37조의2) 관련 문제는 감독권한자에 대한 내용을 숙지한다.
- 등록의 취소(제38조)는 기속등록취소와 재량등록취소별 등록취소의 성격을 이해해야 하며, 각 등록취소요건은 해당 규정의 해석과 함께 출제될 가능성이 높다. 이는 업무정지처분(제39조)도 유사하다.
- 행정제재처분효과의 승계 등(제40조)은 정확한 법률의 의미를 판단하고 활용할 수 있어야 한다.
- 포상금(제46조)은 지급대상 위법행위에 대해 숙지해야 할 것이다.

CHAPTER 학습 & 출제되는 키워드

- ☑ 지도·감독
- ☑ 의무위반에 대한 벌칙
- ☑ 지정취소
- ☑ 자격취소의 효력
- ☑ 업무위탁
- ☑ 고유식별정보의 처리
- ☑ 상대등록취소
- ☑ 업무의 정지처분
- ☑ 감독상의 명령 등의 내용·요건
- ☑ 행정처분
- ☑ 지정취소에 대한 청문
- ☑ 자격취소의 절차와 청문
- ☑ 포상금
- ☑ 자격정지
- ☑ 행정처분과 과태료처분
- ☑ 업무정지처분의 시효
- ☑ 중개사무소출입·검사
- ☑ 기속행위와 재량행위
- ☑ 자격취소
- ☑ 자격증 반납
- ☑ 행정수수료
- ☑ 절대등록취소
- ☑ 등록취소 관련 행정절차
- ☑ 행정제재처분효과의 승계

CHAPTER 학습 & 출제되는 질문

- ☑ 지도감독에 대한 설명으로 옳지 않은 것은?
- ☑ 자격취소 사유가 아닌 것은?
- ☑ 등록취소 사유가 아닌 것은?
- ☑ 행정처분 승계에 대한 설명으로 옳지 않은 것은?
- ☑ 포상금 제도에 대한 설명으로 옳지 않은 것은?

01 지도·감독 및 행정처분

1 감독상의 명령 등 ★★

(1) 감독상의 명령 등의 내용(법 제37조 제1항)

감독상의 명령 등의 권리자	국토교통부장관, 시·도지사, 등록관청(법인의 경우 분사무소 소재지의 시장·군수 또는 구청장 포함)
감독상의 명령 등의 대상자	개업공인중개사, 거래정보사업자, 중개사무소의 개설등록을 하지 아니하고 중개업을 하는 자(공인중개사협회에 대해서는 법 제44조에서 별도로 규정)
감독상의 명령 등의 범위	• 업무에 관한 사항을 보고하게 하거나 자료의 제출 기타 필요한 명령을 할 수 있음 • 중개사무소에 출입하여 장부·서류 등을 조사 또는 검사하게 할 수 있음

Professor Comment
무등록업자는 사무실에 출입만 할 수 있고 필요한 명령은 규정이 없다.

(2) 감독상의 명령 등의 권리자와 행정처분권자 비교

대상자	행정처분	행정처분권자	감독권자
공인중개사	자격취소, 자격정지	자격증 교부 시·도지사	등록관청, 분사무소 소재지 시·군·구청장, 시·도지사, 국토교통부장관
개업공인중개사	등록취소, 업무정지	등록관청	
거래정보사업자	지정취소	국토교통부장관	

(3) 감독상의 명령 등의 요건
1) 부동산투기 등 거래동향의 파악을 위하여 필요한 경우
2) 이 법 위반행위 확인, 공인중개사의 자격취소·정지 및 개업공인중개사에 대한 등록취소·업무정지 등 행정처분을 위하여 필요한 경우

(4) 중개사무소출입·검사 공무원의 의무
그 권한을 나타내는 증표를 지니고 이를 관계인에게 내보여야 한다(법 제37조 제2항).

(5) 협조요청
국토교통부장관, 시·도지사, 등록관청은 불법 중개행위 등에 대한 단속을 함에 있어 관계기관 또는 공인중개사협회에 협조를 요청할 수 있다. 이 경우 공인중개사협회는 이에 따라야 한다.

2 개업공인중개사의 불법행위에 대한 행정처분과 행정형벌 ★   `11·18회 출제`

(1) 「공인중개사법」 위반자에 대한 처분

대상자	처벌 등의 구분		처벌 등의 내용
거래정보사업자	행정처분	지정취소	지정취소
	행정벌	행정형벌	1년 이하의 징역 또는 1천만원 이하의 벌금
공인중개사	행정처분	자격취소	자격취소 및 3년간 재취득 금지
		자격정지	소속공인중개사(6월 범위)
	행정벌	행정형벌	1년 이하의 징역 또는 1천만원 이하의 벌금
		행정질서벌	100만원 이하의 과태료
개업공인중개사	행정처분	등록취소	기속등록취소
			재량등록취소
		업무정지	6월 이하의 업무정지
	행정벌	행정형벌	3년 이하의 징역 또는 3천만원 이하의 벌금
			1년 이하의 징역 또는 1천만원 이하의 벌금
		행정질서벌	100만원 이하의 과태료
			500만원 이하의 과태료

(2) 중개사무소 등록취소의 특징   `13회 출제`

1) 기속등록취소(등록을 취소해야 되는 경우)와 재량등록취소(등록을 취소할 수 있는 경우)로 구분된다.
2) 등록취소는 장래를 향하여 중개사무소의 개설등록을 취소시키는 별개의 행정행위이다(등록의 철회로서의 의미).

Professor Comment
행정처분과 행정형벌은 중복처벌이 가능하다.

(3) 행정처분의 기준

1) **등록취소와 업무정지처분의 귀속**
   개업공인중개사에게만 귀속된다(분사무소에 대한 독자적 업무정지처분 가능).

2) **행정처분 권한**
   개업공인중개사의 등록관청에 처분권한이 있다(법인의 분사무소의 행위로 인한 분사무소의 별도처분 가능).

3) **행정처분 집행 시한**
   과태료나 등록취소 등 행정처분은 위법행위가 적발되었다면, 해당 위법행위가 종료되었더라도 행정관청이 처분을 할 수 있다.

(4) 공인중개사법상 행정처분의 구분

대상자	행정처분	기속성	관련규정	처분권자
거래정보사업자	지정취소	재량행위	국토교통부장관은 거래정보사업자가 법 제24조 제5항 각호의 1에 해당하는 때에는 그 지정을 취소할 수 있다.	국토교통부장관
공인중개사	자격취소	기속행위	시·도지사는 공인중개사가 법 제35조 제1항 각호의 1에 해당하는 경우에는 그 자격을 취소하여야 한다.	자격증 교부한 시·도지사
공인중개사	자격정지	재량행위	시·도지사는 소속공인중개사로서 제36조 각호에 해당하는 경우 6월 범위 안에서 자격정지를 명할 수 있다.	자격증 교부한 시·도지사
개업공인중개사	등록취소	기속행위	등록관청은 개업공인중개사가 법 제38조 제1항 각호의 1에 해당하는 경우에는 중개사무소의 개설등록을 취소하여야 한다.	등록관청
개업공인중개사	등록취소	재량행위	등록관청은 개업공인중개사가 법 제38조 제2항 각호의 1에 해당되는 경우에는 등록을 취소할 수 있다.	등록관청
개업공인중개사	업무정지	재량행위	등록관청은 개업공인중개사가 법 제39조 제1항 각호의 1에 해당하는 경우에는 6월의 범위 안에서 기간을 정하여 업무의 정지를 명할 수 있다.	등록관청

(5) 청 문 ★

23회 출제

1) 청문대상
   ① 거래정보사업자의 지정취소(사망·해산 제외)
   ② 중개사무소 개설등록의 취소(사망·해산 제외)
   ③ 공인중개사자격의 취소

2) 청문불실시 및 청문절차 위반의 효과
   해당 행정처분의 무효

3 거래정보사업자 지정취소 (법 제24조 제5항)

11·18·26회 출제

(1) 거짓 그 밖의 부정한 방법으로 지정받은 경우
(2) 운영규정 관련 의무위반 경우
(3) 개업공인중개사가 아닌 자의 물건을 공개하거나 의뢰받은 내용대로 공개하지 않은 경우, 개업공인중개사별로 차별적으로 공개한 경우
(4) 지정받은 날부터 1년 이내 운영하지 않은 경우
(5) 개인인 거래정보사업자 사망, 법인의 해산으로 운영이 불가능한 경우

4 공인중개사 자격취소 ★★★

10·19·21·24·25·27·30·33·34회 출제

(1) 자격취소 사유(법 제35조 제1항)

32회 출제

1) 부정한 방법으로 취득
2) 자격증을 다른 사람에게 양도 또는 대여하거나 부정하게 사용한 경우
3) 자격정지기간 중에 업무를 하거나 이중소속을 한 경우
4) 이 법 또는 공인중개사의 직무와 관련하여「형법」범죄단체조직(제114조), 사문서의 위조·변조(제231조), 위조문서등의 행사(제234조), 사기(제347조), 횡령·배임(제355조), 업무상 횡령과 배임(제356조)을 위반하여 금고 이상의 형(집행유예를 포함한다)을 선고받은 경우

(2) 자격취소 처분권자

26회 출제

당해 공인중개사의 자격증서를 교부한 시·도지사(영 제29조 제1항)

Professor Comment

사무소 소재지와 교부한 소재지가 다른 경우 사무소 소재지 시·도지사가 자격취소 절차를 모두 이행한 후 자격증을 교부한 시·도지사에게 통보하여야 한다.

---

(3) 자격증 반납

19회 출제

자격취소처분을 받은 날부터 7일 이내에 그 자격증을 교부한 시·도지사에게 자격증을 반납하여야 한다. 반납할 수 없는 경우 그 사유서를 제출하여야 한다(규칙 제21조).

Professor Comment

이를 위반한 경우 100만원 이하의 과태료에 처한다.

---

(4) 자격취소의 행정절차

16회 출제

1) 청문
   자격취소처분을 하고자 하는 경우에는 청문을 실시하여야 한다.

2) 기속성
   자격취소요건에 해당되면 시·도지사는 반드시 자격을 취소해야 한다.

3) 자격취소처분 보고 및 통보
   자격취소처분을 한 때에는 5일 이내에 이를 국토교통부장관에게 보고하고, 다른 시·도지사에게 통보해야 한다(영 제29조 제3항).

5 공인중개사 자격정지 ★★   22·23·25·26·27·28·29·30·32·34회 출제

(1) 시·도지사는 공인중개사가 <u>소속공인중개사로서</u> 업무를 수행하는 기간 중에 다음에 해당하는 경우에는 <u>6월의 범위</u> 안에서 기간을 정하여 그 자격을 <u>정지할 수 있다</u>(법 제36조 제1항).

   1) 2 이상의 중개사무소에 소속된 경우
   2) 인장등록을 하지 아니하거나 등록하지 아니한 인장을 사용한 경우
   3) 성실·정확하게 중개대상물의 확인·설명을 하지 아니하거나 설명의 근거자료를 제시하지 아니한 경우
   4) 중개대상물 확인·설명서에 서명 및 날인을 하지 아니한 경우

Professor Comment
중개대상물 확인·설명서의 교부 및 보관은 소속공인중개사의 의무가 아니다.

   5) 거래계약서에 서명 및 날인을 하지 아니한 경우

Professor Comment
거래계약서의 교부 및 보관은 소속공인중개사의 의무가 아니다.

   6) 거래계약서에 거래금액 등 거래내용을 거짓으로 기재하거나 서로 다른 2 이상의 거래계약서를 작성한 경우
   7) 금지행위를 한 경우

(2) 사무소 소재지와 교부한 소재지가 다른 경우 사무소 소재지 시·도지사가 자격정지 절차를 모두 이행한 후 자격증을 교부한 시·도지사에게 통보하여야 한다.
(3) 등록관청은 공인중개사가 자격정지사유에 해당하는 사실을 알게 된 때에는 지체없이 그 사실을 시·도지사에게 통보하여야 한다(법 제36조 제2항).
(4) 시·도지사는 위반행위의 동기·결과·횟수 등을 참작하여 자격정지기간의 2분의 1의 범위 안에서 가중 또는 감경할 수 있다. 가중하는 때 6월을 초과할 수 없다(규칙 제22조 제2항).

6 절대등록취소(법 제38조 제1항) ★★★   13·14·추가15·16·19·21·22·24·25·29·30·32회 출제

(1) 개업공인중개사 자격 관련요건
   1) **사망 또는 법인의 해산**
      개인인 개업공인중개사가 사망하거나 법인인 경우 당해 법인이 해산한 경우
   2) **거짓·부정한 개설등록**
      거짓 그 밖의 부정한 방법으로 중개사무소의 개설등록을 한 경우
   3) **등록의 결격사유**
      개업공인중개사가 결격사유에 해당하게 된 경우

▶ 기속등록취소(당연등록취소, 필수등록취소) 처분의 구분 ◀

구 분	처분요건	법 률
개업공인중개사 자격 관련 요건	개업공인중개사 사망 또는 법인 해산	제1호
	거짓 부정한 개설등록	제2호
	개업공인중개사등의 결격사유	제3호
사무실 개설 관련 요건	이중등록	제4호
	이중소속	제5호
	등록증 양도·대여 등	제6호
감독 효력 확보 관련 요건	업무정지처분기간 중의 업무 수행	제7호
	자격정지기간 중에 있는 공인중개사에게 업무를 하게 한 경우	제7호
	「공인중개사법」 위반 누적	제8호

Professor Comment
법인인 개업공인중개사의 사원 또는 임원 중 결격사유에 해당하는 자가 있는 경우 그 사유가 발생한 날부터 2월 이내에 그 사유를 해소하는 경우는 제외된다.

(2) 사무실개설 관련 요건

1) 이중개설등록
이중으로 중개사무소의 개설등록을 한 경우

Professor Comment
중개사무소를 이중으로 개설등록을 받은 개업공인중개사는 1년 이하의 징역 또는 1천만원 이하의 벌금에 처한다(법 제49조 제1항 제3호).

2) 이중소속
개업공인중개사가 이중소속한 경우

Professor Comment
이중소속된 개업공인중개사도 중개사무소를 이중으로 개설등록을 받은 개업공인중개사와 같이 1년 이하의 징역 또는 1천만원 이하의 벌금에 처한다(법 제49조 제1항 제3호).

3) 등록증 양도·대여
등록증을 다른 사람에게 양도 또는 대여한 경우

Professor Comment
중개사무소 등록증을 양도하거나 대여한 개업공인중개사에 대해서는 상기와 같은 등록취소처분 이외에, 1년 이하의 징역 또는 1천만원 이하의 벌금에 처한다(법 제49조 제1항 제7호).

4) 중개보조원 채용제한
중개보조원 채용제한을 위반하여 중개보조원을 채용한 경우

(3) 감독 효력 확보 관련요건
1) 업무정지기간 중에 업무를 수행하거나 자격정지 중 소속공인중개사에게 업무를 하게 한 경우
2) 공인중개사법 위반 누적
   최근 1년 이내에 2회 이상의 업무정지처분을 받고 다시 업무정지처분에 해당하는 행위를 한 경우

7 상대등록취소 (법 제38조 제2항) ★★
`26·27·32회 출제`

(1) 등록기준에 미달하게 된 경우
(2) 2이상의 중개사무소를 둔 경우

Professor Comment

개업공인중개사가 2개의 사무소를 둔 경우에는 중개사무소 개설등록 취소 이외에도 1년 이하의 징역 또는 1천만원 이하의 벌금에 처한다(법 제49조 제1항 제4호).

(3) 임시 중개시설물을 설치한 경우

Professor Comment

개업공인중개사가 임시 중개시설물을 설치한 경우에는 중개사무소 개설등록 취소 이외에도 1년 이하의 징역 또는 1천만원 이하의 벌금에 처한다(법 제49조 제1항 제5호).

(4) 법인인 개업공인중개사가 법 제14조에 규정된 업무 이외의 겸업을 한 경우
(5) 휴업신고 또는 기간변경신고를 하지 않고 계속하여 6월을 초과하여 휴업한 경우
(6) 전속중개계약체결 후 중개대상물에 관한 정보를 공개하지 아니하거나 중개의뢰인의 비공개요청에도 불구하고 정보를 공개한 경우
(7) 거래계약서에 거래금액 등 거래내용을 거짓으로 기재하거나 서로 다른 2 이상의 거래계약서를 작성한 경우
(8) 손해배상책임을 보장하기 위한 조치를 이행하지 아니하고 업무를 개시한 경우
(9) 금지행위를 한 경우
(10) 개업공인중개사가 조직한 사업자단체 또는 그 구성원인 개업공인중개사가 독점규제법을 위반하여 시정조치나 과징금 처분을 최근 2년 이내에 2회 이상 받은 경우
(11) 최근 1년 이내에 이 법에 의하여 3회 이상 업무정지 또는 과태료의 처분을 받고 다시 업무정지 또는 과태료의 처분에 해당하는 행위를 한 경우

제5장 지도·감독 등

8 업무의 정지처분 ★★
22·24·25·29·32회 출제

(1) 업무정지 사유(법 제39조 제1항)

소멸시효 3년, 분사무소 개별적으로 업무정지처분할 수 있다.

1) 결격사유에 해당하는 자를 소속공인중개사 또는 중개보조원으로 둔 경우

Professor Comment
그 사유가 발생한 날부터 2월 이내에 그 사유를 해소한 경우에는 그러하지 아니하다.

2) 인장등록을 하지 아니하거나 등록하지 아니한 인장을 사용한 경우
3) 전속중개계약체결 후 국토교통부령이 정하는 전속중개계약서에 의하지 아니하고 전속중개계약을 체결하거나 계약서를 보존하지 아니한 경우
4) 부동산거래정보망에 중개대상물에 관한 정보를 거짓으로 공개하거나 거래정보사업자에게 공개를 의뢰한 중개대상물의 거래가 완성된 사실을 당해 거래정보사업자에게 통보하지 아니한 경우
5) 중개대상물 확인·설명서를 교부하지 아니하거나 보존하지 아니한 경우
6) 중개대상물 확인·설명서에 서명 및 날인을 하지 아니한 경우
7) 적정하게 거래계약서를 작성·교부하지 아니하거나 보존하지 아니한 경우
8) 거래계약서에 서명 및 날인을 하지 아니한 경우
9) 지도·감독상 명령에 의한 보고, 자료의 제출, 조사 또는 검사를 거부·방해 또는 기피하거나 그 밖의 명령을 이행하지 아니하거나 거짓으로 보고 또는 자료제출을 한 경우
10) 등록이 취소될 수 있는 사유에 해당하는 경우
11) 최근 1년 이내에 이 법에 의하여 2회 이상 업무정지 또는 과태료의 처분을 받고 다시 과태료의 처분에 해당하는 행위를 한 경우
12) 개업공인중개사가 조직한 사업자단체 또는 그 구성원인 개업공인중개사가 「독점규제 및 공정거래에 관한 법률」을 위반하여 시정조치나 과징금 처분을 받은 경우
13) 그 밖에 이 법 또는 이 법에 의한 명령이나 처분에 위반한 경우

(2) 가중 또는 감경
29회 출제

1) 연속 처분받은 것에 대한 기간 계산은 위반행위에 대하여 업무정지처분 또는 과태료 부과처분을 받은 날과 그 처분 후 다시 같은 위반행위를 하여 적발된 날을 기준으로 한다.
2) 위반행위가 둘 이상인 경우에는 각 업무정지기간을 합산한 기간을 넘지 않는 범위에서 가장 무거운 처분기준의 2분의 1의 범위에서 가중한다. 다만, 가중하는 경우에도 총 업무정지기간은 6개월을 넘을 수 없다.

9 행정처분의 승계 (법 제40조) ★★★

`17·23·25·29·32·33·34회 출제`

(1) **개업공인중개사 지위승계**
폐업 후 재등록개업공인중개사는 폐업 전의 개업공인중개사 지위를 승계한다. → 폐업 전 행위에 대해 행정처분 가능

(2) **폐업 전 행위에 대해 행정처분 하지 못하는 경우**
  1) 등록취소행위 폐업기간 3년 초과 → 취소 못함
  2) 업무정지행위 폐업기간 1년 초과 → 정지처분 못함

(3) **업무정지, 과태료 처분한 것의 승계**
처분한 날부터 1년간 폐업 후 재등록업자에게 승계

(4) **법인인 개업공인중개사**
대표자에게 승계

02 보칙

1 업무위탁 ★

`13회 출제`

(1) **업무위탁권자**
국토교통부장관, 시·도지사, 등록관청

(2) **시험위탁**
시험시행기관의 장, 공기업·준정부기관, 협회에 위탁

(3) **교육위탁**(실무교육, 연수교육, 직무교육)
시·도지사가 위탁, 부동산관련학과가 설치된 전문대학 또는 대학, 공기업·준정부기관, 협회에 위탁

(4) **위탁한 때**
관보에 고시

(5) **교육 위탁받을 수 있는 기관의 시설 및 인력기준**
  1) 강사확보
  교육과목별로 다음의 어느 하나에 해당하는 자를 강사로 확보할 것
  ① 교육과목과 관련된 분야의 박사학위 소지자
  ② 「고등교육법」에 따른 학교에서 전임강사 이상으로 교육과 관련된 과목을 2년 이상 강의한 경력이 있는 자
  ③ 교육과목과 관련된 분야의 석사학위 취득 후 연구 또는 실무경험이 3년 이상인 자
  ④ 변호사 자격이 있는 사람으로서 실무경력이 2년 이상인 사람
  ⑤ 7급 이상의 공무원으로 6개월 이상 부동산중개업 관련 업무를 담당한 경력이 있는 사람
  ⑥ 그 밖에 공인중개사·감정평가사·주택관리사·건축사·공인회계사·법무사 또는 세무사 등으로서 부동산 관련분야에 근무경력이 3년 이상인 사람

2) 강의실 확보
   강의실을 1개소 이상 확보하되 그 면적은 50m² 이상일 것

2 위반행위 신고와 포상금 지급 ★★★ `17·18·19·20·24·25·27·28·30회 출제`

(1) 신고 또는 고발하는 곳 및 대상(법 제46조 제1항)
   1) 신고 또는 고발하는 곳
      등록관청이나 수사기관

   2) 신고 또는 고발하는 대상 `32·33회 출제`
      무등록, 거짓부정등록, 양도·대여·양수(등록, 자격)

(2) 포상금 지급(영 제37조 제1항) `21·22·26회 출제`
   1) 포상금의 범위
      포상금은 1건당 50만원, 일부를 국고에서 보조(100분의 50 이내)

   2) 포상금 지급조건 및 절차
      ① 지급조건 : 행정기관에 의하여 발각되기 전에 등록관청이나 수사기관에 신고 또는 고발한 자에 대하여 신고 또는 고발사건에 대하여 검사가 공소제기 또는 기소유예의 결정을 한 경우
      ② 포상금 지급 : 처분내용을 조회한 후 포상금 지급을 결정하고, 그 결정일부터 1월 이내에 포상금을 지급

Professor Comment
지급신청일이 아니고 지급결정일로부터 1월 이내라는 것에 주의할 것!

      ③ 배분방법 : 등록관청은 하나의 사건에 대하여 신고 또는 고발한 자가 2인 이상인 경우에는 먼저 신고한 자에게 지급 `23회 출제`

3 행정수수료(지방자치단체의 장이 정하는 수수료) `19·20·27·30회 출제`

수수료 납부	납부하지 않는 경우
1) 공인중개사 시험응시(응시) 2) 자격증 재교부신청시(자재) 3) 개설등록신청시(등신) 4) 등록증 재교부신청시(등재) 5) 분사무소 설치신고시(분신) 6) 분사무소 설치신고확인서 재교부시(분재)	1) 휴·폐업신고 등 2) 거래정보사업자 지정신청 3) 자격증 교부신청

CHAPTER 06 공인중개사협회

학습포인트

- 공인중개사협회에 관한 규정은 법률개정으로 대폭 축소되었으나 최근에는 1문제 내외 정도가 출제되고 있다.
- 공인중개사협회에 대해서는 협회의 설립과 특징, 업무, 공제사업 등에 대하여 숙지해야 할 것이다.

CHAPTER 학습 & 출제되는 키워드

- ☑ 협회의 정의
- ☑ 법인
- ☑ 설립임의주의
- ☑ 발기인총회
- ☑ 협회의 조직
- ☑ 협회의 인가 취소
- ☑ 운용실적공시
- ☑ 조사 또는 검사

- ☑ 협회의 회원
- ☑ 사법인
- ☑ 가입임의주의
- ☑ 창립총회
- ☑ 지부와 지회
- ☑ 공제사업
- ☑ 공제사업 감독
- ☑ 공제사업 운영의 개선명령

- ☑ 협회의 특징
- ☑ 사단법인
- ☑ 협회의 설립
- ☑ 설립인가
- ☑ 협회의 업무
- ☑ 공제규정
- ☑ 운영위원회
- ☑ 재무건전성

CHAPTER 학습 & 출제되는 질문

- ☑ 협회에 대한 설명으로 옳지 않은 것은?
- ☑ 공제제도에 대한 설명으로 옳지 않은 것은?

제6장 공인중개사협회

01 공인중개사협회의 개념

추가15·25·32회 출제

1 협회의 정의

개업공인중개사(主體)가 자신들의 자질향상 및 품위유지와 중개업에 관한 제도의 개선 및 운용에 관한 업무를 효율적으로 수행할 목적으로 「공인중개사법」에 의한 절차를 거쳐 자율적으로 결성한 개업공인중개사의 단체(법 제41조 제1항)

Professor Comment

공인중개사협회는 개업공인중개사만이 가입할 수 있다.

2 협회의 특징 ★

23회 출제

(1) 「민법」상 법인, 사법인(私法人), 사단법인, 비영리법인, 인가주의, 설립등기주의, 설립임의주의, 가입임의주의
(2) 이 법에서 규정된 것 이외에는 민법 중 사단법인 규정 준용

02 협회의 설립절차 ★★

17회 출제

순번	구분	요건
1	발기인총회	회원(개업공인중개사) 300인 이상이 발기인이 되어 정관을 작성하여 서명·날인
2	창립총회	발기인 총회에서 작성·서명·날인된 정관을 회원(개업공인중개사) 600인 이상이 출석한 창립총회에서 출석한 개업공인중개사 과반수의 동의 획득(서울 100인 이상, 광역시 및 도에서 각 20인 이상)의 개업공인중개사 참석할 것
3	설립인가	국토교통부장관의 설립인가
4	설립등기	주된 사무소의 소재지에서 설립등기를 함으로써 성립

03 지부 및 지회의 설치 및 총회

1 지부·지회 설치신고

지부 또는 지회를 설치한 때에는 그 지부는 시·도지사에게, 지회는 등록관청에 신고하여야 한다(영 제32조 제2항).

2 총회 의결내용 보고의무

19·27회 출제

협회는 총회(대의원총회 포함)의 의결내용을 지체없이 국토교통부장관에게 보고하여야 한다(영 제32조 제1항).

Professor Comment

사후신고라는 것에 주의할 것

04 협회의 업무 ★★

32·34회 출제

1 고유업무(영 제31조)

협회는 법 제41조 제1항의 규정에 의한 목적을 달성하기 위하여 다음의 업무를 수행할 수 있다.

Professor Comment
수행하여야 하는 것은 아니다.

(1) 회원의 품위유지를 위한 업무
(2) 부동산중개제도의 연구·개선에 관한 업무
(3) 회원의 자질향상을 위한 지도 및 교육·연수에 관한 업무
(4) 회원의 윤리헌장 제정 및 그 실천에 관한 업무
(5) 부동산 정보제공에 관한 업무
(6) 법 제42조의 규정에 따른 공제사업(이 경우 공제사업은 비영리사업으로서 회원간의 상호부조를 목적으로 함)
(7) 그 밖에 협회의 설립목적달성을 위하여 필요한 업무

2 수탁업무

(1) **실무교육**
   시·도지사가 위탁(영 제36조 제1항)

(2) **시험시행**
   시험시행기관의 장이 위탁(영 제36조 제2항)

05 공제사업 ★★

16·19·25·32·33·34회 출제

1 공제사업의 목적 및 범위

21·24회 출제

(1) **목 적**
   거래당사자에게 재산상의 손해를 발생하게 한 때는 그 손해배상책임을 보장하기 위하여 공제사업을 할 수 있다(법 제42조 제1항).

(2) **범 위**
   공제기금의 조성, 공제금의 지급에 관한 사업, 공제사업의 부대업무(영 제32조)

2 공제규정의 제정 및 승인

22회 출제

공제사업을 하고자 할 때뿐만 아니라 변경하고자 할 때도 국토교통부장관의 승인을 얻어야 한다(법 제42조 제2항).

3 운용실적 공시

매 회계연도 종료 후 3개월 이내에 일간신문 또는 협회보, 협회 홈페이지에 게시(법 제42조 제5항)

Professor Comment
이를 위반한 경우 500만원 이하의 과태료에 처한다.

4 운영위원회 **25회 출제**

(1) 운영위원회의 설치(법 제42조의2)
1) 공제사업에 관한 사항을 심의하고 그 업무집행을 감독하기 위하여 협회에 운영위원회를 둔다.
2) 운영위원회의 위원은 협회의 임원, 중개업·법률·회계·금융·보험·부동산 분야 전문가, 관계 공무원 및 그 밖에 중개업 관련 이해관계자로 구성하되, 그 수는 19명 이내로 한다.

(2) 운영위원회의 구성과 운영(영 제35조의2)
1) 운영위원회는 성별을 고려하여 다음의 사람으로 구성한다. 이 경우 ② 및 ③에 해당하는 위원의 수는 전체 위원 수의 3분의 1 미만으로 한다.
   ① 국토교통부장관이 소속 공무원 중에서 지명하는 사람 1명
   ② 협회의 회장
   ③ 협회 이사회가 협회의 임원 중에서 선임하는 사람
   ④ 협회의 회장이 추천하여 국토교통부장관의 승인을 받아 위촉하는 사람
2) 운영위원회 위원의 임기는 2년으로 하되 1회에 한하여 연임할 수 있으며, 보궐위원의 임기는 전임자 임기의 남은 기간으로 한다.
3) 운영위원회에는 위원장과 부위원장 각각 1명을 두되, 위원장 및 부위원장은 위원 중에서 각각 호선(互選)한다.

5 금융감독원의 검사
금융감독원의 원장은 국토교통부장관의 요청이 있는 경우에는 공제사업에 관하여 조사 또는 검사를 할 수 있다(법 제42조의3).

6 개선명령 **29회 출제**
국토교통부장관은 협회의 공제사업 운영에 적정하지 아니하거나 자산상황이 불량하여 중개사고 피해자 및 공제 가입자 등의 권익을 해칠 우려가 있다고 인정하면 다음의 조치를 명할 수 있다(법 제42조의4).

(1) 업무집행방법의 변경
(2) 자산예탁기관의 변경
(3) 자산의 장부가격의 변경
(4) 불건전한 자산에 대한 적립금의 보유
(5) 가치가 없다고 인정되는 자산의 손실 처리
(6) 그 밖에 이 법 및 공제규정을 준수하지 아니하여 공제사업의 건전성을 해할 우려가 있는 경우 이에 대한 개선명령

7 재무건전성 유지 및 기준

(1) 재무건전성 유지의무(법 제42조의6)
협회는 공제금 지급능력과 경영의 건전성을 확보하기 위하여 다음의 사항에 관하여 대통령령으로 정하는 재무건전성 기준을 지켜야 한다.

1) 자본의 적정성에 관한 사항
2) 자산의 건전성에 관한 사항
3) 유동성의 확보에 관한 사항

(2) 재무건전성 기준(영 제35조의3)
1) 협회는 다음의 재무건전성기준을 모두 준수하여야 한다.
   ① 지급여력비율은 100분의 100 이상을 유지할 것
   ② 구상채권 등 보유자산의 건전성을 정기적으로 분류하고 대손충당금을 적립할 것
2) 지급여력비율은 지급여력금액을 지급여력기준금액으로 나눈 비율로 한다(영 제35조의3 제2항).
3) **지급여력금액과 지급여력기준금액**
   ① **지급여력금액** : 자본금, 대손충당금, 이익잉여금, 그 밖에 이에 준하는 것으로서 국토교통부장관이 정하는 금액을 합산한 금액에서 영업권, 선급비용 등 국토교통부장관이 정하는 금액을 뺀 금액
   ② **지급여력기준금액** : 공제사업을 운영함에 따라 발생하게 되는 위험을 국토교통부장관이 정하는 방법에 따라 금액으로 환산한 것

8 임원에 대한 제재

국토교통부장관은 협회의 임원이 다음의 어느 하나에 해당하여 공제사업을 건전하게 운영하지 못할 우려가 있는 경우 그 임원에 대한 징계·해임을 요구하거나 해당 위반행위를 시정하도록 명할 수 있다(법 제42조의5).

(1) 공제규정을 위반하여 업무를 처리한 경우
(2) 개선명령을 이행하지 아니한 경우
(3) 재무건전성 기준을 지키지 아니한 경우

06 지도·감독 등(법 제44조) ★

1 지도·감독 등의 권한자
국토교통부장관

2 지도·감독 등의 대상
협회 및 지부, 지회

3 지도·감독 권한
감독상 필요한 때에는 그 업무에 관한 사항을 보고하게 하거나 자료의 제출 기타 필요한 명령을 할 수 있으며, 소속 공무원으로 하여금 그 사무소에 출입하여 장부·서류 등을 조사 또는 검사하게 할 수 있다(법 제44조 제1항).

CHAPTER 07

벌 칙

학습포인트

- 행정형벌(제48조, 제49조)은 각 행정형벌에 처하는 사유의 내용을 이해해야 하며, 행정형벌 대상 규정의 해석과 함께 출제될 가능성이 높은 점을 감안해야 한다.
- 행정질서벌(제51조) 역시 과태료 대상 규정의 해석과 함께 출제될 가능성이 높은 점을 감안해야 한다.
- 양벌규정(제50조)은 중개업자의 고용인 규정과 연관되어 이해해야 한다.

CHAPTER 학습 & 출제되는 키워드

- ☑ 행정벌
- ☑ 벌 금
- ☑ 3년 이하의 징역 등
- ☑ 양도·알선 등이 금지된 부동산
- ☑ 1년 이하의 징역 등
- ☑ 이중등록자와 이중소속자
- ☑ 양벌규정
- ☑ 100만원 이하의 과태료
- ☑ 행정형벌
- ☑ 행정질서벌
- ☑ 무등록업자
- ☑ 중개의뢰인과 직접 거래 등
- ☑ 자격증 대여
- ☑ 2 이상의 중개사무소 설치
- ☑ 벌금형의 분리선고
- ☑ 과태료 부과·징수
- ☑ 징 역
- ☑ 이중처벌금지
- ☑ 부정한 개설등록
- ☑ 부동산투기 조장
- ☑ 공인중개사 명칭 등 사용
- ☑ 중개사무소 유사명칭 사용자
- ☑ 500만원 이하의 과태료
- ☑ 2분의 1 범위 안에서 가중·감경

CHAPTER 학습 & 출제되는 질문

- ☑ 3년 이하 징역 또는 3천만원 이하 벌금에 해당하지 않는 것은?
- ☑ 형벌에 대한 설명이다. 옳지 않은 것은?
- ☑ 과태료에 대한 설명이다. 옳지 않은 것은?

01 행정벌 ★

1 행정벌의 개념

(1) **행정형벌**: 그 위반이 직접적으로 행정목적과 사회공익을 침해하는 경우 그 반사회성에 대한 제재로서 일반적으로 법원이 형사소송절차에 의하여 「형법」에 형명(刑名)이 규정되어 있는 형벌을 과하는 것

(2) **행정질서벌**: 그 위반이 행정상의 질서에 장애를 주는 경우 의무이행의 확보를 위하여 일반적으로 행정기관이 행정적 절차에 의하여 부과·징수하는 금전벌, 즉 주로 과태료를 의미한다.

2 공인중개사법상 행정형벌의 특징

(1) 과실범에 대해서는 적용되지 않는다(형사상의 과실정상의 주의를 태만함으로 인하여 죄의 성립요소인 사실을 인식하지 못한 행위).
(2) 행정형벌의 범죄의 음모 또는 예비행위에 대해서는 처벌할 수 없다.
(3) 행정형벌의 미수범에 대해서는 처벌할 수 없다.
(4) 개업공인중개사에 대해서는 양벌규정이 적용된다.

Professor Comment
징역형과 벌금형이 함께 부과되지 않는다.

---

02 행정형벌 (법 제48조) ★★★   14·15·17·19·22·25·26·27·34회 출제

1 3년 이하의 징역 또는 3천만원 이하의 벌금

(1) 중개사무소의 개설등록을 하지 아니하고 중개업을 한 자
(2) 거짓 그 밖의 부정한 방법으로 중개사무소의 개설등록을 한 자
(3) 부동산의 분양·임대 등과 관련 있는 증서 등의 매매·교환 등을 중개하거나 그 매매를 업으로 하는 행위
(4) 중개의뢰인과 직접 거래를 하거나 거래당사자 쌍방을 대리하는 행위
(5) 관계법령을 위반할 목적으로 소유권보존등기 또는 이전등기를 하지 아니한 부동산이나 관계법령의 규정에 의하여 전매 등 권리의 변동이 제한된 부동산의 매매를 중개하는 등 부동산투기를 조장하는 행위
(6) 부당한 이익을 얻거나 제3자에게 부당한 이익을 얻게 할 목적으로 거짓으로 거래가 완료된 것처럼 꾸미는 등 중개대상물의 시세에 부당한 영향을 주거나 줄 우려가 있는 행위
(7) 단체를 구성하여 특정 중개대상물에 대하여 중개를 제한하거나 단체 구성원 이외의 자와 공동중개를 제한하는 행위
(8) 안내문, 온라인 커뮤니티 등을 이용하여 특정 개업공인중개사등에 대한 중개의뢰를 제한하거나 제한을 유도하는 행위

(9) 안내문, 온라인 커뮤니티 등을 이용하여 중개대상물에 대하여 시세보다 현저하게 높게 표시·광고 또는 중개하는 특정 개업공인중개사등에게만 중개의뢰를 하도록 유도함으로써 다른 개업공인중개사등을 부당하게 차별하는 행위
(10) 안내문, 온라인 커뮤니티 등을 이용하여 특정 가격 이하로 중개를 의뢰하지 아니하도록 유도하는 행위
(11) 정당한 사유 없이 개업공인중개사등의 중개대상물에 대한 정당한 표시·광고 행위를 방해하는 행위
(12) 개업공인중개사등에게 중개대상물을 시세보다 현저하게 높게 표시·광고하도록 강요하거나 대가를 약속하고 시세보다 현저하게 높게 표시·광고하도록 유도하는 행위

2 1년 이하의 징역 또는 1천만원 이하의 벌금(법 제49조 제1항) 〈10·13·14·추가15·18·24·28·29회 출제〉

(1) 다른 사람에게 자기의 성명을 사용하여 중개업무를 하게 하거나 공인중개사자격증을 양도·대여한 자 또는 다른 사람의 공인중개사자격증을 양수·대여받은 자, 알선한 자
(2) 공인중개사가 아닌 자로서 공인중개사 또는 이와 유사한 명칭을 사용한 자
(3) 이중으로 중개사무소의 개설등록을 하거나 2 이상의 중개사무소에 소속된 자
(4) 2 이상의 중개사무소를 둔 자
(5) 임시 중개시설물을 설치한 자
(6) 개업공인중개사가 아닌 자로서 "공인중개사사무소", "부동산중개" 또는 이와 유사한 명칭을 사용한 자
(7) 개업공인중개사가 아닌 자가 중개업을 하기 위하여 중개대상물에 대한 표시·광고를 한 자
(8) 다른 사람에게 자기의 성명 또는 상호를 사용하여 중개업무를 하게 하거나 중개사무소등록증을 다른 사람에게 양도·대여한 자 또는 다른 사람의 성명·상호를 사용하여 중개업무를 하거나 중개사무소등록증을 양수·대여받은 자, 알선한 자
(9) 거래정보사업자가 개업공인중개사가 아닌 자의 정보를 공개하거나 사실과 다르게 정보를 공개, 차별적으로 공개한 경우
(10) 업무상 비밀을 누설한 자(피해자의 명시한 의사에 반하여 벌하지 않음) 〈32회 출제〉
(11) 중개보조원 채용 제한을 위반하여 중개보조원을 채용한 경우
(12) 중개대상물의 매매를 업으로 하는 행위
(13) 개설등록을 하지 아니하고 중개업을 영위하는 자인 사실을 알면서 그를 통하여 중개를 의뢰받거나 그에게 자기의 명의를 이용하게 하는 행위
(14) 사례·증여 그 밖의 어떠한 명목으로라도 중개보수 또는 실비를 초과하여 금품을 받는 행위
(15) 당해 중개대상물의 거래상의 중요사항에 관하여 거짓된 언행 그 밖의 방법으로 중개의뢰인의 판단을 그르치게 하는 행위

3 양벌규정(법 제50조) ★

21회 출제

(1) 행위주체
개업공인중개사인 법인의 사원 또는 임원이나 개업공인중개사가 고용한 소속공인중개사 및 중개보조원이 행한 행위

(2) 대상행위
중개업무에 관한 제48조, 제49조의 규정에 해당하는 위반행위

(3) 적용방법
행위자를 벌하는 외에 그 개업공인중개사(법인 포함)에 대하여도 동조에 규정된 벌금형을 과한다.

(4) 적용제외
개업공인중개사가 상당한 주의와 감독을 게을리 하지 않은 경우

(5) 적용형량
  1) **행위자**
  징역형이나 벌금형 중 선택 적용
  2) **개업공인중개사**
  벌금형(행위자의 벌금형량보다 많거나 적을 수 있음)

Professor Comment
개업공인중개사가 부담한 벌금을 행위자에게 청구할 수 없다.

---

03 행정질서벌 ★★

10·14·15·21·28·32회 출제

1 500만원 이하의 과태료(법 제51조 제2항)

(1) 부당한 표시·광고를 한 개업공인중개사
(2) 모니터링을 위한 자료제출 요구를 위반한 정보통신서비스 제공자
(3) 모니터링 결과 필요한 조치 요구를 위반한 정보통신서비스 제공자
(4) 운영규정의 승인 또는 변경승인을 얻지 아니하거나 운영규정의 내용에 위반하여 부동산거래정보망을 운영한 자(거래정보사업자)
(5) 성실·정확하게 확인·설명을 하지 아니하거나 근거자료를 제시하지 않는 자
(6) 연수교육을 정당한 사유없이 받지 아니한 자(개업공인중개사, 소속공인중개사)
(7) 감독상 명령에 의한 보고, 자료의 제출, 조사 또는 검사를 거부·방해 또는 기피하거나 그 밖의 명령을 이행하지 아니하거나 거짓으로 보고 또는 자료제출을 한 거래정보사업자(거래정보사업자)
(8) 공제사업 운용실적을 공시하지 아니한 자(공제사업자)
(9) 개선명령을 이행하지 아니한 자(공제사업자)

제7장 벌 칙

(10) 임원 등에 대하여 징계·해임요구 등을 이행하지 아니하거나 시정명령을 이행하지 아니한 자(협회)
(11) 감독상 명령에 의한 보고, 자료의 제출, 조사 또는 검사를 거부·방해 또는 기피하거나 그 밖의 명령을 이행하지 아니하거나 거짓으로 보고 또는 자료제출을 한 자(협회)
(12) 중개보조원의 고지 의무를 위반한 개업공인중개사 및 중개보조원(다만, 개업공인중개사가 그 위반행위를 방지하기 위하여 해당 업무에 관하여 상당한 주의와 감독을 게을리하지 아니한 경우는 제외한다.)

2 100만원 이하의 과태료(법 제51조 제3항) ★

`22·26·34회 출제`

(1) 중개사무소등록증 등을 게시하지 아니한 자
(2) 사무소의 명칭에 "공인중개사사무소", "부동산중개"라는 문자를 사용하지 아니한 자 또는 옥외광고물에 성명을 표기하지 아니하거나 거짓으로 표기한 자
(3) 중개대상물의 중개에 관한 표시·광고를 위반한 자
(4) 중개사무소의 이전신고를 하지 아니한 자
(5) 휴업, 폐업, 휴업한 중개업의 재개 또는 휴업기간의 변경신고를 하지 아니한 자
(6) 손해배상책임에 관한 사항을 설명하지 아니하거나 관계증서의 사본 또는 관계증서에 관한 전자문서를 교부하지 아니한 자
(7) 공인중개사자격증을 반납하지 아니하거나 공인중개사자격증을 반납할 수 없는 사유서를 제출하지 아니한 자 또는 거짓으로 공인중개사자격증을 반납할 수 없는 사유서를 제출한 자
(8) 등록취소 당한 자가 중개사무소등록증을 반납하지 아니한 자

3 과태료 부과·징수권자

`23·27·29회 출제`

부과·징수권자	대 상
국토교통부장관	거래정보사업자, 공인중개사협회
시·도지사	공인중개사, 연수교육 미교육자
등록관청	개업공인중개사

4 과태료 부과·징수절차 ★★

`24회 출제`

당해 위반행위의 동기와 그 결과 및 횟수 등을 고려하여 금액의 500만원 이하 과태료, 100만원 이하 과태료는 1/2 범위 안에서 가중하거나 감경할 수 있다.

Professor Comment
과태료를 가중하여 부과할 때 해당금액을 초과할 수 없다.

PART 02 부동산거래신고 등에 관한 법률

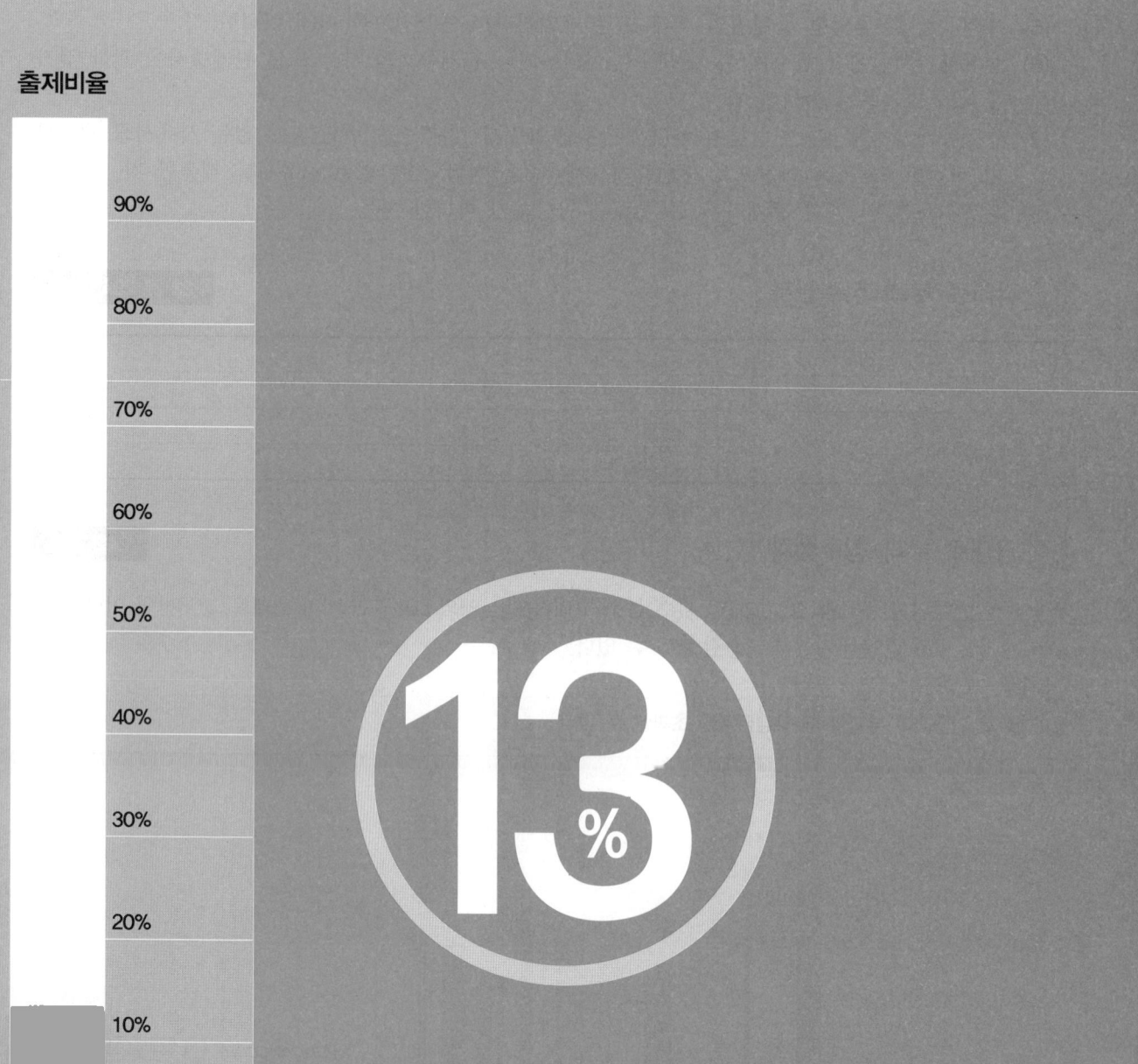

출제비율

90%
80%
70%
60%
50%
40%
30%
20%
10%

13%

구 분		25회	26회	27회	28회	29회	30회	31회	32회	33회	34회	계	비율(%)
부동산 거래 신고 등에 관한 법률	제1장 총칙	0	0	0	0	0	0	0	0	1	0	1	0.3
	제2장 부동산거래신고	1	2	2	1	2	3	2	2	1	3	19	4.8
	제3장 외국인등의 부동산취득의 특례	0	1	1	1	1	1	1	1	1	1	9	2.3
	제4장 토지거래허가	0	0	0	1	1	2	2	3	4	3	16	4.0
	제5장 부동산 정보 관리 및 보칙	0	0	0	0	0	1	0	1	1	1	4	1.0
	제6장 벌칙	0	0	0	1	0	0	0	1	1	1	4	1.0
소 계		1	3	3	4	4	7	5	8	9	9	53	13.3

CHAPTER 01

총 칙

학습포인트

- 「부동산거래신고 등에 관한 법률」의 제정 목적을 기억해야 한다.
- 부동산거래신고 대상 및 용어의 정의를 기억해야 한다.

CHAPTER 학습 & 출제되는 키워드

- ☑ 부동산
- ☑ 거래당사자
- ☑ 외국인등
- ☑ 목적
- ☑ 부동산등

CHAPTER 학습 & 출제되는 질문

- ☑ 부동산과 부동산등에 대한 설명으로 옳지 않은 것은?
- ☑ 거래당사자에 대한 설명으로 옳은 것은?
- ☑ 외국인등에 해당하지 않는 것은?

제1장 총 칙

01 제정목적

이 법은 부동산거래 등의 신고 및 허가에 관한 사항을 정하여 건전하고 투명한 부동산 거래질서를 확립하고 국민경제에 이바지함을 목적으로 한다(법 제1조).

02 용어의 정의

이 법에서 사용하는 용어의 뜻은 다음과 같다(법 제2조).

(1) "부동산"이란 토지 또는 건축물을 말한다.
(2) "부동산등"이란 부동산 또는 부동산을 취득할 수 있는 권리를 말한다.
(3) "거래당사자"란 부동산등의 매수인과 매도인을 말하며, 외국인등을 포함한다.
(4) "임대차계약당사자"란 임대인과 임차인을 말하며 외국인등을 포함한다.
(5) "외국인등"이란 다음의 어느 하나에 해당하는 개인·법인 또는 단체를 말한다. **33회 출제**

   1) 대한민국의 국적을 보유하고 있지 아니한 개인
   2) 외국의 법령에 따라 설립된 법인 또는 단체
   3) 사원 또는 구성원의 2분의 1 이상이 1)에 해당하는 자인 법인 또는 단체
   4) 업무를 집행하는 사원이나 이사 등 임원의 2분의 1 이상이 1)에 해당하는 자인 법인 또는 단체
   5) 외국인이나 외국법인 또는 단체가 자본금의 2분의 1 이상이나 의결권의 2분의 1 이상을 가지고 있는 법인 또는 단체
   6) 국제연합과 그 산하기구·전문기구
   7) 정부간 기구
   8) 준정부간 기구
   9) 비정부간 국제기구

CHAPTER 02

부동산거래신고

학습포인트
- 부동산거래신고 절차를 학습하여야 한다.
- 정정신청 및 변경신고 사항 등을 학습하여야 한다.

CHAPTER 학습 & 출제되는 키워드

- ☑ 부동산 거래의 신고
- ☑ 등록관청에 신고
- ☑ 부동산거래가격 검증체계
- ☑ 거래계약의 해제 등
- ☑ 부동산 거래신고에 관한 금지행위
- ☑ 개업공인중개사의 신고
- ☑ 신고의 대행
- ☑ 신고대상 거래
- ☑ 신고사항·신고절차
- ☑ 부동산거래가격 검증
- ☑ 정정신청
- ☑ 검인의제
- ☑ 거래당사자 의무면제
- ☑ 신고의무자
- ☑ 신고내역 조사
- ☑ 시·도지사에게 보고
- ☑ 변경신고
- ☑ 신고의무 부적용
- ☑ 신고필증의 교부

CHAPTER 학습 & 출제되는 질문

- ☑ 부동산거래계약에 관하여 신고하여야 하는 사항으로 보기 어려운 것은?
- ☑ 부동산거래신고 등에 관한 법률상 부동산거래의 신고절차 등에 관한 설명 중 옳은 것은?
- ☑ 부동산거래신고 등에 관한 법률상 부동산거래신고에 관한 설명으로 옳은 것은?

01 부동산거래신고 대상 및 시기

1 부동산거래신고 대상

(1) 부동산의 매매계약

(2) 다음의 법률에 따른 부동산에 대한 공급계약 및 공급받는 자로 선정된 지위의 매매계약

   1) 「건축물의 분양에 관한 법률」
   2) 「공공주택 특별법」
   3) 「도시개발법」
   4) 「도시 및 주거환경정비법」
   5) 「빈집 및 소규모 주택정비에 관한 특례법」
   6) 「산업입지 및 개발에 관한 법률」
   7) 「주택법」
   8) 「택지개발촉진법」

(3) 「도시 및 주거환경정비법」에 따른 관리처분계획인가 및 「빈집 및 소규모 주택정비에 관한 특례법」에 따른 사업시행인가로 취득한 입주자로 선정된 지위의 매매계약

※ 부동산거래신고는 매매계약에 한해 적용되며 교환이나 임대차 등 각종 권리설정(저당권, 전세권, 지상권, 지역권)은 거래신고 대상이 아님을 유의하여야 한다. 또한 입목, 광업재단, 공장재단의 거래 또한 거래신고 대상이 아니다.

2 거래신고시기 및 장소

계약체결일로부터 30일 이내에 부동산 소재지를 관할하는 시·군·구청장(신고관청)에 신고하여야 한다(법 제3조 제1항).

02 부동산거래신고의무 및 금지행위

1 거래당사자의 거래신고의무

(1) **거래당사자** : 일방이 국가등인 경우
   1) 거래당사자 중 일방이 국가, 지방자치단체, 대통령령으로 정하는 자의 경우(국가등)에는 국가등이 신고를 하여야 한다
   2) 이때 국가등은 부동산거래계약 신고서에 단독으로 서명 또는 날인하여 신고관청에 제출하여야 한다.

(2) **거래당사자의 의무** : 거래당사자는 거래계약서를 작성한 때에는 공동으로 신고하여야 한다.

(3) 일방이 제출 : 부동산거래의 신고를 하고자 하는 거래당사자는 부동산거래계약신고서에 공동으로 서명 또는 날인(전자인증의 방법을 포함)을 하여 거래당사자 중 일방이 신고관청에게 제출(전자문서에 의한 제출 포함)하여야 한다.

(4) 신고를 거부하는 경우 : 상대방이 단독으로 신고할 수 있다. 이때 사유서와 계약서 사본 제출하여야 하며 이 경우 담당공무원은 단독신고 사유에 해당하는지 여부를 확인하여야 한다.

(5) 신분증명서 제시 : 부동산거래의 신고를 하고자 하는 거래당사자는 주민등록증 등 신고인의 신분을 확인할 수 있는 신분증명서를 신고관청에 내보여야 한다.

(6) 신고의 대행 : 부동산거래계약신고서의 제출을 위임한 거래당사자는 신분증명서 사본이 첨부된 위임장을 제출하여야 하며 이 경우 위임장에는 자필서명(법인은 인감 날인)을 하여야 한다.

(7) 전자문서에 의한 신고 : 거래당사자는 전자문서로 부동산거래계약신고를 할 수 있다. 전자문서로 신고하는 경우 신분확인은 전자인증방법에 의한다.

2 개업공인중개사의 거래신고의무

(1) 거래신고의무
개업공인중개사가 매매 거래계약서를 작성·교부한 때에는 부동산거래계약신고서에 서명 또는 날인(전자인증의 방법을 포함)을 하여 신고관청에 신고를 하여야 한다.

(2) 공동 중개인 경우
부동산거래계약신고를 공동으로 하여야 한다. 신고를 거부하는 경우 단독으로 신고할 수 있다. 이 경우 사유서와 계약서 사본을 제출하여야 한다.

(3) 신분증명서 제시
개업공인중개사는 주민등록증 등 신고인의 신분을 확인할 수 있는 신분증명서를 신고관청에 내보여야 한다.

(4) 소속공인중개사의 대행
부동산거래의 신고서의 제출(전자문서에 의한 신고는 제외)은 개업공인중개사의 위임을 받은 소속공인중개사가 대행할 수 있다.

3 법인신고서등의 제출

(1) 법인주택거래계약신고서(법인신고서)의 제출 : 법인이 주택을 거래하는 경우 법인이 신고관청에 부동산거래신고서와 함께 제출해야 한다(거래당사자가 국가등 포함, 공급계약, 분양권 제외).

  1) 법인의 등기현황
  2) 법인과 거래상대방간의 관계가 다음의 어느 하나에 해당하는지 여부
   ① 거래상대방이 개인인 경우 : 그 개인이 해당 법인의 임원이거나 법인의 임원과 친족관계가 있는 경우
   ② 거래상대방이 법인인 경우 : 거래당사자인 매도법인과 매수법인의 임원 중 같은 사람이 있거나 거래당사자인 매도법인과 매수법인의 임원 간 친족관계가 있는 경우

(2) 자금조달·입주계획서의 제출

  1) **제출대상** : 법인이 주택을 매수하는 경우(거래당사자중 국가 등 포함 제외), 투기과열지구 또는 조정대상지역에 소재하는 주택을 매수하는 경우, 실제 거래가격이 6억원 이상인 주택을 매수하는 경우 **[32회 출제]**

  2) **매수인이 제출** : 매수인이 단독으로 서명 또는 날인하여 부동산거래신고서와 함께 제출해야 하며, 신고 전에 거래대금이 모두 지급된 경우 자금조달방법으로 한다(매수인 중 국가 등이 포함되어 있는 경우는 제외).

  3) **자금조달 증명서류 제출**
   ① 투기과열지구에 소재하는 주택의 거래계약을 체결한 경우에는 자금의 조달계획을 증명하는 서류로서 국토교통부령으로 정하는 서류를 첨부해야 한다.
   ② 제출일을 기준으로 취득에 필요한 자금의 대출이 실행되지 않았거나 본인 소유 부동산의 매매계약이 체결되지 않은 경우 항목별 금액 증명 등이 어려운 경우에는 사유서를 제출하여야 한다.

(3) 자금조달·토지이용계획서의 제출

  1) **제출대상** : 수도권등에 소재하는 토지 지분 매수 또는 1억원 이상 토지매수, 수도권등 외의 지역에 소재하는 6억원 이상 토지 또는 토지지분 매수하는 경우

  2) **매수인이 제출** : 매수인이 단독으로 서명 또는 날인하여 부동산거래신고서와 함께 제출해야 한다(매수인 중 국가 등이 포함되어 있는 경우는 제외, 토지거래허가지역 제외).

(4) 별도제출 가능 : 법인신고서 등을 부동산거래계약 신고서와 분리하여 제출하기를 희망하는 경우 별도로 제출할 수 있다.

(5) 법인 또는 매수인 외의 자가 제출하는 경우 : 법인 또는 매수인 외의 자가 법인 신고서 등을 제출하는 경우 부동산거래계약을 신고하려는 자에게 계약체결일로부터 25일 이내에 법인신고서등을 제공하여야 하며, 이 기간 내에 제공하지 아니한 경우에는 법인 또는 매수인이 별도로 법인신고서등을 제출하여야 한다.

4 신고의 간주

부동산거래계약 관련 정보시스템(이하 "부동산거래계약시스템"이라 한다)을 통하여 부동산거래계약을 체결한 경우에는 부동산거래계약이 체결된 때에 부동산거래계약 신고서를 제출한 것으로 본다.

5 부동산거래의 해제 등 신고

(1) 계약해제등 신고

1) 거래당사자는 부동산거래신고를 한 후 해당 거래계약이 해제, 무효 또는 취소된 경우 해제등이 확정된 날부터 30일 이내에 해당 신고관청에 공동으로 신고하여야 한다(일방이 신고를 거부하는 경우에는 단독으로 신고할 수 있다).

2) 개업공인중개사가 부동산거래신고를 한 경우에는 해당 거래계약이 해제, 무효 또는 취소된 경우 해제등이 확정된 날부터 30일 이내에 신고(공동으로 중개를 한 경우에는 해당 개업공인중개사가 공동으로 신고하는 것을 말한다)를 할 수 있다. 다만, 개업공인중개사 중 일방이 신고를 거부한 경우에는 다만, 개업공인중개사 중 일방이 신고를 거부하는 경우에는 국토교통부령으로 정하는 바에 따라 단독으로 신고할 수 있다.

(2) 해제등 신고서 제출 : 부동산 거래계약의 해제, 무효 또는 취소를 신고하려는 거래당사자 또는 개업공인중개사는 부동산거래계약 해제등 신고서에 공동으로 서명 또는 날인하여 신고관청에 제출해야 한다. 이 경우 거래당사자 중 일방이 국가등인 경우 국가등이 단독으로 서명 또는 날인하여 신고관청에 제출할 수 있다.

(3) 신고를 거부하는 경우 단독신고 : 거래계약 해제등 신고서에 단독으로 서명 또는 날인한 후 신고관청에 제출해야 한다. 이 경우 신고관청은 단독신고 사유에 해당하는지 여부를 확인해야 한다.

(4) 해제등 확인서 발급 : 해제등 확인서를 신고인에게 지체 없이 발급해야 한다.

(5) 전자계약으로 한 경우 : 부동산거래계약시스템을 통하여 부동산 거래계약 해제등을 한 경우에는 부동산 거래계약 해제등이 이루어진 때에 부동산거래계약 해제등 신고서를 제출한 것으로 본다.

5 금지행위

(1) 개업공인중개사에게 부동산거래계약신고를 하지 아니하게 하거나 거짓으로 신고하도록 요구하는 행위
(2) 부동산거래계약신고 의무자가 아닌 자가 거짓으로 부동산거래신고를 하는 행위
(3) 거짓으로 부동산거래계약신고 또는 계약해제등 신고를 하는 행위를 조장하거나 방조하는 행위
(4) 계약을 체결하지 아니하였음에도 불구하고 거짓으로 부동산거래신고를 하는 행위
(5) 부동산거래신고 후 해당 계약이 해제등이 되지 아니하였음에도 불구하고 거짓으로 해제등 신고를 하는 행위

03 부동산거래신고 절차

18·19·30회 출제

1 거래신고 내용 및 신고필증 발급

(1) 거래신고 할 내용(영 제3조 제1항)   **28회 출제**

1) 거래당사자의 인적사항
2) 계약일, 중도금 지급일 및 잔금 지급일
3) 거래대상 부동산등의 소재지·지번·지목 및 면적
4) 거래대상 부동산의 종류
5) 실제 거래가격
6) 계약의 조건이나 기한이 있는 경우에는 그 조건 또는 기한
7) 개업공인중개사의 인적사항 및 중개사무소 개설등록한 사무소의 상호·전화번호 및 소재지(개업공인중개사가 거래계약서를 작성·교부한 경우에만 해당)

(2) 신고필증 발급

1) 신고관청은 그 신고내용을 확인한 후 신고필증을 신고인에게 지체없이 발급하여야 한다.
2) 부동산거래신고필증을 교부받은 때는 매수인은「부동산등기 특별조치법」에 따른 검인을 받은 것으로 본다.

2 가격의 검증

(1) 검증체계 구축·운영

1) 국토교통부장관은 부동산거래가격 검증체계를 구축·운영하여야 한다.
2) 국토교통부장관은 부동산거래가격 검증체계의 구축·운영을 위하여 시장·군수 또는 구청장에게 신고가격의 적정성 검증결과, 신고내용의 조사결과, 그 밖에 검증체계의 구축·운영을 위하여 필요한 사항 등에 관한 자료의 제출을 요구할 수 있다.

(2) 가격검증 및 검증결과의 통보 및 보고

1) **가격검증** : 신고관청은 부동산거래신고를 받은 때에는 부동산거래가격 검증체계에 의하여 그 적정성을 검증하여야 한다.
2) **세무서 통보** : 신고관청은 검증결과를 해당 부동산 소재지 관할 세무관서의 장에게 통보하여야 한다(세무관서의 장은 과세자료로 활용할 수 있다).

3 부동산거래 신고내용의 조사

22·27회 출제

(1) 보완 또는 자료제출 요구

신고관청은 부동산거래신고, 계약해제 등 신고·외국인등의 취득보유신고에 따라 신고받은 내용이 누락되어 있거나 정확하지 아니하다고 판단되는 경우 신고인에게 신고내용을 보완하게 하거나, 신고한 내용의 사실 여부를 확인하기 위하여 소속공무원으로 하여금 거래당사자 또는 개업공인중개사에게 거래계약서, 거래대금 지급을 증명할 수 있는 서면 등 관련 자료의 제출을 요구하는 등 필요한 조치를 취할 수 있다(법 제6조 제1항).

(2) 서면제출 : 자료제출 요구는 요구사유, 자료의 범위와 내용, 제출기한 등을 명시한 서면으로 하여야 한다.

> **WIDE** 거래대금지급증명자료
>
> ① 거래계약서 사본
> ② 거래대금의 지급을 확인할 수 있는 입금표 또는 통장 사본
> ③ 매수인이 거래대금의 지급을 위하여 다음의 행위를 하였음을 증명할 수 있는 자료
>   ㉠ 대출   ㉡ 정기예금 등의 만기수령 또는 해약   ㉢ 주식·채권 등의 처분
> ④ 매도인이 매수인으로부터 받은 거래대금을 예금 외의 다른 용도로 지출한 경우 이를 증명할 수 있는 자료
> ⑤ 그 밖에 거래당사자 간에 거래대금을 주고받은 것을 증명할 수 있는 자료

(3) 시·도지사에게 조사 결과의 보고

신고관청은 조사 결과를 시·도지사에게 보고하여야 하며, 시·도지사는 국토교통부장관에게 보고하여야 한다(법 제6조 제2항).

(4) 국토교통부장관에게 보고

시·도지사는 신고관청이 보고한 내용을 취합하여 매월 1회 국토교통부장관에게 보고(전자문서 또는 부동산정보체계에 입력하는 것을 포함)하여야 한다.

(5) 국토교통부장관의 직접조사

1) 국토교통부장관은 신고 받은 내용의 확인을 위하여 필요한 때에는 신고내용조사를 직접 또는 신고관청과 공동으로 실시할 수 있다.

2) 국토교통부장관 및 신고관청은 신고내용조사를 위하여 국세·지방세에 관한 자료, 소득·재산에 관한 자료 등 대통령령으로 정하는 자료를 관계 행정기관의 장에게 요청할 수 있다. 이 경우 요청을 받은 관계 행정기관의 장은 정당한 사유가 없으면 그 요청에 따라야 한다.

(6) 고발조치 또는 통보

국토교통부장관 및 신고관청은 신고내용조사 결과 그 내용이 이 법 또는 「주택법」, 「공인중개사법」, 「상속세 및 증여세법」 등 다른 법률을 위반하였다고 판단되는 때에는 이를 수사기관에 고발하거나 관계 행정기관에 통보하는 등 필요한 조치를 할 수 있다.

04 외국인 등의 특례 [34회 출제]

(1) 신고관청은 외국인등이 부동산등의 취득을 신고한 내용을 매 분기 종료일부터 1개월 이내에 특별시장·광역시장·도지사 또는 특별자치도지사에게 제출(전자문서에 의한 제출을 포함)하여야 한다. 다만, 특별자치시장은 직접 국토교통부장관에게 제출하여야 한다(영 제3조 제4항).

(2) 신고내용을 제출받은 특별시장·광역시장·도지사 또는 특별자치도지사는 제출받은 날부터 1개월 이내에 그 내용을 국토교통부장관에게 제출하여야 한다(영 제3조 제5항).

05 정정신청, 변경신고

1 정정신청

22·30회 출제

(1) 잘못 기재된 경우(규칙 제5조 제1·2항)
거래당사자 또는 개업공인중개사는 부동산거래계약에 관하여 내용이 잘못 기재된 경우 신고관청에 정정신청을 할 수 있다(전자문서로 가능).

> **WIDE 정정신청 사항**
> ① 거래당사자의 주소·전화번호 또는 휴대전화번호
> ② 거래 지분 비율
> ③ 개업공인중개사의 전화번호·상호 또는 사무소 소재지
> ④ 거래대상 건축물의 종류
> ⑤ 거래대상 부동산등(부동산을 취득할 수 있는 권리에 관한 계약의 경우에는 그 권리의 대상인 부동산을 말한다. 이하 같다)의 지목·면적·거래지분 및 대지권비율

(2) 정정신청은 발급받은 신고필증에 해당 내용을 정정하여 거래당사자 또는 개업공인중개사가 서명 또는 날인하여야 한다.
(3) 거래당사자의 주소·전화번호 또는 휴대전화번호에 해당하는 경우에는 해당 거래당사자 일방이 단독으로 서명 또는 날인하여 정정신청할 수 있다(전자문서로 할 수 없음).
(4) 신고관청은 정정사항을 확인하였으면 지체없이 해당 내용을 정정하고 정정한 내용에 따른 신고필증을 재발급하여야 한다.

2 변경신고

(1) 계약내용이 변경된 경우
부동산거래계약의 신고를 한 후 내용이 변경된 경우 등기신청 전에 부동산거래계약 변경신고서(전자문서로 된 신고서를 포함)에 거래당사자 또는 개업공인중개사가 서명 또는 날인(전자인증의 방법을 포함)하여 신고관청에 제출할 수 있다(규칙 제5조 제3항).

> **WIDE 변경신고 사항**
> ① 거래지분 비율   ② 거래지분
> ③ 거래대상 부동산등의 면적   ④ 계약의 조건 또는 기한
> ⑤ 거래가격   ⑥ 중도금·잔금 및 지급일
> ⑦ 공동매수의 경우 일부 매수인의 변경(매수인 중 일부가 제외되는 경우만 해당한다)
> ⑧ 거래대상 부동산등이 다수인 경우 일부 부동산등의 변경(거래대상 부동산등 중 일부가 제외되는 경우만 해당)

(2) 계약대상 면적의 변경없이 물건 거래금액을 변경하는 경우에는 이를 증명할 수 있는 거래계약서 사본 등을 첨부하여야 한다(전자문서로 할 수 없음).

(3) 분양권 및 입주권 해당하는 계약인 경우 거래가격 중 분양가격 및 선택품목은 거래당사자 일방이 단독으로 변경신고를 할 수 있다. 이 경우 거래계약서 사본 등 그 사실을 증명할 수 있는 서류를 첨부해야 한다.

(4) 신고관청은 변경사항을 확인하였으면 지체없이 해당 내용을 변경하고 변경한 내용에 따른 신고필증을 재발급하여야 한다.

06 주택임대차계약신고

(1) 주택임대차계약의 신고
1) **임대차 계약신고 대상(신고의무자 : 임대차계약 당사자)**
   ① 주택(주택임대차보호법상 주택, 취득할 수 있는 수 있는 권리를 포함)임대차에 대하여 신고하여야 한다.
   ② 대통령령으로 정하는 금액(보증금 6천만원 초과 또는 월차임 30만원 초과)을 초과하는 임대차계약을 체결한 경우에 신고대상이 된다.
   ③ 주택임대차계약의 신고는 임차가구 현황등을 고려하여 대통령령으로 정하는 지역[시·군(광역시 및 경기도에 한함)·구]에 적용한다.
   ④ 보증금 또는 차임등을 임대차계약의 체결일부터 30일 이내에 주택소재지를 관할하는 신고관청에 공동으로 신고하여야 한다
   ⑤ 일방이 국가 등인 경우 국가 등이 신고하여야 하며 임대차 기간만 갱신하는 계약 제외한다.
2) **신고 사항** : 당사자 인적사항, 목적물 현황, 보증금·월차임, 계약체결일·계약기간, 개업공인중개사 등록정보, 계약갱신요구권 행사여부
3) **단독신고** : 임대차계약 당사자중 일방이 신고를 거부하는 경우에는 국토교통부령으로 정하는 바에 따라 단독으로 신고할 수 있다.
4) **신고필증 발급 등**
   ① 신고를 받은 신고관청은 그 신고내용을 확인한 후 신고인에게 신고필증을 지체없이 발급하여야 한다.
   ② 신고관청은 주택임대차계약의 신고 사무에 대한 해당 권한의 일부를 그 지방자치단체의 조례로 정하는 바에 따라 읍·면·동장 또는 출장소장에게 위임할 수 있다.

(2) 주택임대차 계약의 변경 및 해제신고
1) **변경 및 해제 신고** : 임대차계약 당사자는 보증금, 차임등 임대차가격이 변경되거나 임대차계약이 해제된때에는 30일 이내에 해당 신고관청에 공동으로 신고하여야 한다(일방이 국가등인 경우에는 국가등이 신고하여야 함).
2) **단독신고** : 임대차계약 당사자중 일방이 신고를 거부하는 경우
3) **신고사항**
   ① 계약갱신요구권의 행사 여부(계약을 갱신한 경우만)
   ② 개업공인중개사의 성명 및 등록사항, 소속공인중개사 성명

4) 신고필증 발급 등
① 변경 및 해제신고를 받은 신고관청은 그 신고내용의 누락여부를 확인한 후 신고인에게 신고필증 또는 해제확인서를 지체없이 발급하여야 한다.
② 신고관청은 변경 및 해제사무에 대한 해당 권한의 일부를 그 지방자치단체의 조례로 정하는 바에 따라 읍·면·동장 또는 출장소장에게 위임할 수 있다.
③ 변경 및 해제신고에 따른 신고 및 신고필증 발급의 절차와 그밖에 필요한 사항은 국토교통부령으로 정한다.

(3) 정정신청
1) 임대차계약당사자는 신고 사항 또는 주택 임대차 계약 변경 신고의 내용이 잘못 적힌 경우에는 신고관청에 신고 내용의 정정을 신청할 수 있다.
2) 정정신청을 하려는 임대차계약당사자는 임대차 신고필증에 정정 사항을 표시하고 해당 정정 부분에 공동으로 서명 또는 날인한 후 주택 임대차 계약서 또는 주택 임대차 변경 계약서를 첨부해 신고관청에 제출해야 한다.
3) 정정신청을 받은 신고관청은 정정할 사항을 확인한 후 지체 없이 해당 내용을 정정하고, 정정 사항을 반영한 임대차 신고필증을 신청인에게 다시 내줘야 한다.

(4) 준용 규정 및 신고 의제 등
1) **신고내용 준용** : 금지행위, 신고내용의 검증, 신고내용의 조사등에 관하여는 부동산거래신고 내용을 준용한다.
2) **신고등의 의제 등**
① 임대차계약 당사자 일방이 신고서에 단독으로 서명 또는 날인한후 임대차계약서 등을 첨부해 신고관청에 제출한 경우 공동으로 신고서를 제출한 것으로 본다.
② 계약당사자 일방 또는 계약당사자의 위임을 받은 사람이 계약당사자의 서명이나 날인이 되어 있는 주택 임대차 계약서를 신고관청에 제출하면 임대차계약당사자가 공동으로 임대차 신고서를 제출한 것으로 본다.
③ 임차인이 전입신고를 하는 경우 이법에 따른 주택임대차계약의 신고를 한 것으로 본다. 이 경우 주택 임대차 계약서 또는 임대차 신고서(임대차 계약서를 작성하지 않은 경우로 한정)를 제출해야 한다.
④ 공공주택사업자 및 민간임대사업자는 관련법령에 따른 주택임대차계약의신고 또는 변경신고를 하는 경우 이법에 따른 주택임대차계약의 신고 또는 변경신고를 한 것으로 본다.
⑤ 부동산거래계약시스템을 통해 주택 임대차 계약을 체결한 경우에는 임대차계약당사자가 공동으로 임대차 신고서를 제출한 것으로 본다.
3) **확정일자 부여** : 주택임대차계약 신고의 접수를 완료한때에는 확정일자를 부여한 것으로 본다(임대차 계약서가 제출된 경우로 한정).

07 부동산거래신고서의 작성 [33·34회 출제]

제2편 부동산거래신고 등에 관한 법률

■ 부동산거래신고 등에 관한 법률 시행규칙 [별지 제1호서식]

부동산거래관리시스템(rtms.molit.go.kr) 에서도 신청할 수 있습니다.

부동산거래계약 신고서

※ 뒤쪽의 유의사항·작성방법을 읽고 작성하시기 바라며, [ ]에는 해당하는 곳에 √표를 합니다.

(앞쪽)

접수번호		접수일시		처리기간	지체없이

① 매도인	성명(법인명)		주민등록번호(법인·외국인등록번호)		국적	
	주소(법인소재지)				거래지분 비율 (분의)	
	전화번호		휴대전화번호			

② 매수인	성명(법인명)		주민등록번호(법인·외국인등록번호)		국적	
	주소(법인소재지)				거래지분 비율 (분의)	
	전화번호		휴대전화번호			
	③ 법인신고서 등	[ ]제출	[ ] 별도제출	[ ]해당 없음		
	외국인의 부동산등 매수용도	[ ]주거용(아파트) [ ]레저용	[ ]주거용(단독주택) [ ]상업용	[ ]주거용(그 밖의 주택) [ ]공업용	[ ]그 밖의 용도	
	위탁관리인	성명		주민등록번호		
		주소				
		전화번호		휴대전화번호		

③ 자금조달 및 입주 계획	[ ]제출	[ ]매수인 별도제출	[ ]해당 없음

개업 공인중개사	성명(법인명)		주민등록번호(법인·외국인등록번호)	
	전화번호		휴대전화번호	
	상호		등록번호	
	사무소 소재지			

거래대상	종류	④ [ ]토지 [ ]건축물 ( ) [ ]토지 및 건축물 ( )			
		⑤ [ ]공급계약 [ ]전매 [ ]분양권 [ ]입주권 [ ]준공전 [ ]준공후 [ ]임대주택 분양전환			
	⑥ 소재지/지목/면적	소재지			
		지목	토지면적 ㎡	토지 거래지분 (분의)	
		대지권비율 (분의)	건축물면적 ㎡	건축물 거래지분 (분의)	
	⑦ 계약대상 면적	토지 ㎡	건축물 ㎡		
	⑧ 물건별 거래가격	공급계약 또는 전매	분양가격 원	발코니 확장 등 선택비용 원	추가지불액 등 원

⑨ 총 실제 거래가격(전체)	합계 원	계약금	원	계약 체결일	
		중도금	원	중도금 지급일	
		잔금	원	잔금 지급일	

⑩ 종전 부동산	소재지/지목/면적	소재지			
		지목	토지면적 ㎡	토지 거래지분 (분의)	
		대지권비율 (분의)	건축물면적 ㎡	건축물 거래지분 (분의)	
	계약대상 면적	토지 ㎡	건축물 ㎡	건축물 유형 ( )	
	거래금액	합계 원	추가지불액 원	권리가격 원	
		계약금 원	중도금 원	잔금 원	

⑪ 계약의 조건 및 참고사항	

「부동산거래신고 등에 관한 법률」 제3조 제1항부터 제3항 및 같은 법 시행규칙 제2조 제1항부터 제5항까지의 규정에 따라 위와 같이 부동산거래계약 내용을 신고합니다.

년 월 일

신고인 매도인 : (서명 또는 인)
　　　　매수인 : (서명 또는 인)
　　　　개업공인중개사 : (서명 또는 인)
　　　　(개업공인중개사 중개 시)

시장·군수·구청장 귀하

첨부서류	1. 부동산거래계약서 사본(「부동산거래신고 등에 관한 법률」 제3조 제2항에 따라 단독으로 부동산거래의 신고를 하는 경우에만 해당합니다) 2. 단독신고사유서(「부동산거래신고 등에 관한 법률」 제3조 제2항에 따라 단독으로 부동산거래의 신고를 하는 경우에만 해당합니다)

유의사항

1. 「부동산거래신고 등에 관한 법률」 제3조 및 같은 법 시행령 제3조의 실제거래가격은 매수인이 매수한 부동산을 양도하는 경우 「소득세법」 제97조 제1항·제7항 및 같은 법 시행령 제163조 제11항 제2호에 따라 취득 당시의 실제거래가격으로 보아 양도차익이 계산될 수 있음을 유의하시기 바랍니다.
2. 거래당사자간 직접거래의 경우에는 공동으로 신고서에 서명 또는 날인을 하여 거래당사자 중 일방이 신고서를 제출하고, 중개거래의 경우에는 개업공인중개사가 신고서를 제출해야 하며, 거래당사자 중 일방이 국가 및 지자체, 공공기관인 경우(국가등)에는 국가등이 신고하여야 합니다.
3. 부동산거래계약 내용을 기간 내에 신고하지 않거나, 거짓으로 신고하는 경우 법 제28조 제2항 또는 제3항에 따라 과태료가 부과되며, 신고한 계약이 해제·무효·취소가 된 경우 거래당사자는 해제 등이 확정된 날로부터 30일 이내에 법 제3조의2에 따른 해제 등 신고를 해야 합니다
4. 담당 공무원은 법 제6조에 따라 거래당사자 또는 개업공인중개사에게 거래계약서, 거래대금지급 증명 자료 등 관련 자료의 제출을 요구할 수 있으며, 이 경우 자료를 제출하지 않거나, 거짓으로 자료를 제출하거나, 그 밖의 필요한 조치를 이행하지 않으면 법 제28조 제1항 또는 제2항에 따라 과태료가 부과됩니다.
5. 거래대상의 종류가 공급계약(분양) 또는 전매계약(분양권, 입주권)인 경우 ⑦ 물건별 거래가격 및 ⑧ 총 실제거래가격에 부가가치세를 포함한 금액을 적고, 그 외의 거래대상의 경우 부가가치세를 제외한 금액을 적습니다.

작성방법

①·② 거래당사자가 다수인 경우 매도인 또는 매수인의 주소란에 ⑤의 거래대상별 거래지분을 기준으로 각자의 거래지분비율(매도인과 매수인의 거래지분비율은 일치해야 합니다)을 표시하고, 거래당사자가 외국인인 경우 거래당사자의 국적을 반드시 기재하여야 하며, 외국인이 부동산등을 매수하는 경우 매수용도란의 주거용(아파트), 주거용(단독주택), 주거용(그 밖의 주택), 레저용, 상업용, 공장용, 그 밖의 용도 중 하나에 √표시를 합니다.
③ 부동산 매매의 경우 "종류"에는 토지, 건축물 또는 토지 및 건축물(복합부동산의 경우)에 √표시를 하고, 해당 부동산이 "건축물" 또는 "토지 및 건축물"인 경우에는 ( )에 건축물의 종류를 "아파트, 연립, 다세대, 단독, 다가구, 오피스텔, 근린생활시설, 사무소, 공장 등" 「건축법 시행령」 별표 1에 따른 용도별 건축물의 종류를 적습니다.
④ 공급계약은 시행사 또는 건축주등이 최초로 부동산을 공급(분양)하는 계약을 말하며, 준공전과 준공후 계약 여부에 따라 √표시하고, "임대주택 분양전환"은 임대주택사업자(법인으로 한정)가 임대기한이 완료되어 분양전환하는 주택인 경우에 √표시합니다. 전매는 부동산을 취득할 수 있는 권리의 매매로서, "분양권" 또는 "입주권"에 √표시를 합니다.
⑤ 소재지는 지번(아파트 등 집합건축물의 경우에는 동·호수)까지, 지목/면적은 토지대장상의 지목·면적, 건축물대장상의 건축물 면적(집합건축물의 경우 호수별 전용면적, 그 밖의 건축물의 경우 연면적), 등기사항증명서상의 대지권 비율, 각 거래대상의 토지와 건축물에 대한 거래지분을 정확하게 적습니다.
⑥ 계약대상 면적에는 실제 거래면적을 계산하여 적되, 건축물 면적은 집합건축물의 경우 전용면적을 적고, 그 밖의 건축물의 경우 연면적을 적습니다.
⑦ 물건별 거래가격란에는 각각의 부동산별 거래가격을 적습니다. 최초 공급계약(분양) 또는 전매계약(분양권, 입주권)의 경우 분양가격, 발코니확장 등 선택비용 및 추가지불액(프리미엄 등 공급가액을 초과 또는 미달하는 금액)을 각각 적습니다. 이 경우 각각의 비용에 부가가치세가 있는 경우 부가가치세를 포함한 금액으로 적습니다.
⑧ 총 실제거래가격란에는 전체 거래가격(둘 이상의 부동산을 함께 거래하는 경우 각각의 부동산별 거래가격의 합계 금액)을 적고, 계약금/중도금/잔금 및 그 지급일을 적습니다.
⑨ 종전 부동산란은 입주권 매매의 경우에만 작성하고, 거래금액란에는 추가지불액(프리미엄 등 공급가액을 초과 또는 미달하는 금액) 및 권리가격, 합계금액, 계약금, 중도금, 잔금을 적습니다.
⑩ 계약의 조건 및 참고사항란은 부동산거래계약 내용에 계약조건이나 기한을 붙인 경우, 거래와 관련한 참고내용이 있을 경우에 적습니다.
※ 다수의 부동산, 관련 필지, 매도·매수인, 개업공인중개사 등 기재사항이 복잡한 경우에는 다른 용지에 작성하여 간인 처리한 후 첨부합니다.
※ 소유권이전등기 신청은 「부동산등기특별조치법」 제2조 제1항 각 호의 정하여진 날부터 60일 이내에 신청하여야 하며, 이를 해태한 때에는 같은 법 제11조에 따라 과태료가 부과될 수 있사오니 유의하시기 바랍니다.

처리절차

신고서 작성 (인터넷, 방문신고) → 접수 → 신고처리 → 신고필증 발급

신고인 / 처리기관 : 시·군·구(담당부서)

■ 부동산 거래신고 등에 관한 법률 시행규칙 [별지 제1호의2서식]　　　　　　　　　　　부동산거래관리시스템(rtms.molit.go.kr)에서도 신청할 수 있습니다.

주택취득자금 조달 및 입주계획서

※ 색상이 어두운 난은 신청인이 적지 않으며, [ ]에는 해당되는 곳에 √표시를 합니다.　(앞쪽)

접수번호		접수일시		처리기간	
제출인 (매수인)	성명(법인명)		주민등록번호(법인·외국인등록번호)		
	주소(법인소재지)		(휴대)전화번호		

① 자금 조달계획	자기 자금	② 금융기관 예금액 　　　　원		③ 주식·채권 매각대금 　　　　원	
		④ 증여·상속 　　　　원		⑤ 현금 등 그 밖의 자금 　　　　원	
		[ ] 부부 [ ] 직계존비속(관계: 　) [ ] 그 밖의 관계(　)		[ ] 보유 현금 [ ] 그 밖의 자산(종류: 　)	
		⑥ 부동산 처분대금 등 　　　　원		⑦ 소계 　　　　원	
	차입금 등	⑧ 금융기관 대출액 합계	주택담보대출		원
			신용대출		원
			그 밖의 대출	(대출 종류: 　)	원
		원			
		기존 주택 보유 여부 (주택담보대출이 있는 경우만 기재) [ ] 미보유　[ ] 보유 (　건)			
		⑨ 임대보증금 　　　　원		⑩ 회사지원금·사채 　　　　원	
		⑪ 그 밖의 차입금 　　　　원		⑫ 소계	
		[ ] 부부 [ ] 직계존비속(관계 : 　) [ ] 그 밖의 관계(　)			원
	⑬ 합계				원
⑭ 조달자금 지급방식		총 거래금액			원
		⑮ 계좌이체 금액			원
		⑯ 보증금·대출 승계 금액			원
		⑰ 현금 및 그 밖의 지급방식 금액			원
		지급 사유 (　)			
⑱ 입주 계획		[ ] 본인입주　[ ] 본인 외 가족입주 (입주 예정 시기: 　년　월)		[ ] 임대 (전·월세)	[ ] 그 밖의 경우 (재건축 등)

「부동산 거래신고 등에 관한 법률 시행령」 제3조제1항, 같은 법 시행규칙 제2조제5항부터 제8항까지의 규정에 따라 위와 같이 주택취득자금 조달 및 입주계획서를 제출합니다.

년　월　일

제 출 인　　　　　　　　　　　　　(서명 또는 인)

시장·군수·구청장 귀하

유의사항

1. 제출하신 주택취득자금 조달 및 입주계획서는 국세청 등 관계기관에 통보되어, 신고내역 조사 및 관련 세법에 따른 조사 시 참고자료로 활용됩니다.
2. 주택취득자금 조달 및 입주계획서(첨부서류 제출대상인 경우 첨부서류를 포함합니다)를 계약체결일부터 30일 이내에 제출하지 않거나 거짓으로 작성하는 경우 「부동산 거래신고 등에 관한 법률」 제28조제2항 또는 제3항에 따라 과태료가 부과되오니 유의하시기 바랍니다.
3. 이 서식은 부동산거래계약 신고서 접수 전에는 제출이 불가하오니 별도 제출하는 경우에는 미리 부동산거래계약 신고서의 제출여부를 신고서 제출자 또는 신고관청에 확인하시기 바랍니다.

210mm×297mm[백상지(80g/㎡) 또는 중질지(80g/㎡)]

제2장 부동산거래신고

(뒤쪽)

첨부서류	투기과열지구에 소재하는 주택으로서 실제 거래가격이 9억원을 초과하는 주택의 거래계약을 체결한 경우에는 다음 각 호의 구분에 따른 서류를 첨부해야 합니다. 이 경우 주택취득자금 조달 및 입주계획서의 제출일을 기준으로 주택취득에 필요한 자금의 대출이 실행되지 않았거나 본인 소유 부동산의 매매계약이 체결되지 않은 경우 등 항목별 금액 증명이 어려운 경우에는 그 사유서를 첨부해야 합니다. 1. 금융기관 예금액 항목을 적은 경우: 예금잔액증명서 등 예금 금액을 증명할 수 있는 서류 2. 주식·채권 매각대금 항목을 적은 경우: 주식거래내역서 또는 예금잔액증명서 등 주식·채권 매각 금액을 증명할 수 있는 서류 3. 증여·상속 항목을 적은 경우: 증여세·상속세 신고서 또는 납세증명서 등 증여 또는 상속받은 금액을 증명할 수 있는 서류 4. 현금 등 그 밖의 자금 항목을 적은 경우: 소득금액증명원 또는 근로소득 원천징수영수증 등 소득을 증명할 수 있는 서류 5. 부동산 처분대금 등 항목을 적은 경우: 부동산 매매계약서 또는 부동산 임대차계약서 등 부동산 처분 등에 따른 금액을 증명할 수 있는 서류 6. 금융기관 대출액 합계 항목을 적은 경우: 금융거래확인서, 부채증명서 또는 금융기관 대출신청서 등 금융기관으로부터 대출받은 금액을 증명할 수 있는 서류 7. 임대보증금 항목을 적은 경우: 부동산 임대차계약서 8. 회사지원금·사채 또는 그 밖의 차입금 항목을 적은 경우: 금전을 빌린 사실과 그 금액을 확인할 수 있는 서류

작성방법

1. ① "자금조달계획"에는 해당 주택의 취득에 필요한 자금의 조달계획을 적고, 매수인이 다수인 경우 각 매수인별로 작성해야 하며, 각 매수인별 금액을 합산한 총 금액과 거래신고된 주택거래금액이 일치해야 합니다.
2. ② ~ ⑥에는 자기자금을 종류별로 구분하여 중복되지 않게 적습니다.
3. ② "금융기관 예금액"에는 금융기관에 예치되어 있는 본인명의의 예금(적금 등)을 통해 조달하려는 자금을 적습니다.
4. ③ "주식·채권 매각대금"에는 본인 명의 주식·채권 및 각종 유가증권 매각 등을 통해 조달하려는 자금을 적습니다.
5. ④ "증여·상속"에는 가족 등으로부터 증여 받거나 상속받아 조달하는 자금을 적고, 자금을 제공한 자와의 관계를 해당 난에 √표시를 하며, 부부 외의 경우 해당 관계를 적습니다.
6. ⑤ "현금 등 그 밖의 자금"에는 현금으로 보유하고 있는 자금 및 자기자금 중 다른 항목에 포함되지 않는 그 밖의 본인 자산을 통해 조달하려는 자금(금융기관 예금액 외의 각종 금융상품 및 간접투자상품을 통해 조달하려는 자금 포함)을 적고, 해당 자금이 보유하고 있는 현금일 경우 "보유 현금"에 √표시를 하고, 현금이 아닌 경우 "그 밖의 자산"에 √표시를 하고 자산의 종류를 적습니다.
7. ⑥ "부동산 처분대금 등"에는 본인 소유 부동산의 매도, 기존 임대보증금 회수 등을 통해 조달하려는 자금 또는 재건축, 재개발시 발생한 종전 부동산 권리가액 등을 적습니다.
8. ⑦ "소계"에는 ② ~ ⑥의 합계액을 적습니다.
9. ⑧ ~ ⑪에는 자기자금을 제외한 차입금 등을 종류별로 구분하여 중복되지 않게 적습니다.
10. ⑧ "금융기관 대출액 합계"에는 금융기관으로부터 대출을 통해 조달하려는 자금 또는 매도인의 대출금 승계 자금을 적고, 주택담보대출·신용대출인 경우 각 해당 난에 대출액을 적으며, 그 밖의 대출인 경우 대출액 및 대출 종류를 적습니다. 또한 주택담보 대출액이 있는 경우 "기존 주택 보유 여부"의 해당 난에 √표시를 합니다. 이 경우 기존 주택은 신고하려는 거래계약 대상인 주택은 제외하고, 주택을 취득할 수 있는 권리와 주택을 지분으로 보유하고 있는 경우는 포함하며, "기존 주택 보유 여부" 중 "보유"에 √표시를 한 경우에는 기존 주택 보유 수(지분으로 보유하고 있는 경우에는 각 건별로 계산합니다)를 적습니다.
11. ⑨ "임대보증금"에는 취득 주택의 신규 임대차 계약 또는 매도인으로부터 승계한 임대 계약의 임대보증금 등 임대를 통해 조달하는 자금을 적습니다.
12. ⑩ "회사지원금·사채"에는 금융기관 외의 법인, 개인사업자로부터 차입을 통해 조달하려는 자금을 적습니다.
13. ⑪ "그 밖의 차입금"에는 ⑧ ~ ⑩에 포함되지 않는 차입금 등을 적고, 자금을 제공한 자와의 관계를 해당 난에 √표시를 하고 부부 외의 경우 해당 관계를 적습니다.
14. ⑫에는 ⑧ ~ ⑪의 합계액을, ⑬에는 ⑦과 ⑫의 합계액을 적습니다.
15. ⑭ "조달자금 지급방식"에는 조달한 자금을 매도인에게 지급하는 방식 등을 각 항목별로 적습니다.
16. ⑮ "계좌이체 금액"에는 금융기관 계좌이체로 지급했거나 지급 예정인 금액 등 금융기관을 통해서 자금지급 확인이 가능한 금액을 적습니다.
17. ⑯ "보증금·대출 승계 금액"에는 종전 임대차계약 보증금 또는 대출금 승계 등 매도인으로부터 승계했거나 승계 예정인 자금의 금액을 적습니다.
18. ⑰ "현금 및 그 밖의 지급방식 금액"에는 ⑮, ⑯ 외의 방식으로 지급했거나 지급 예정인 금액을 적고 계좌이체가 아닌 현금(수표) 등의 방식으로 지급하는 구체적인 사유를 적습니다.
19. ⑱ "입주 계획"에는 해당 주택의 거래계약을 체결한 이후 첫 번째 입주자 기준(다세대, 다가구 등 2세대 이상인 경우에는 해당 항목별 중복하여 적습니다)으로 적으며, "본인입주"란 매수자 및 주민등록상 동일 세대원이 함께 입주하는 경우를, "본인 외 가족입주"란 매수자와 주민등록상 세대가 분리된 가족이 입주하는 경우를 말하며, 이 경우에는 입주 예정 시기 연월을 적습니다. 또한 재건축 추진 또는 멸실 후 신축 등 해당 주택에 입주 또는 임대하지 않는 경우 등에는 "그 밖의 경우"에 √표시를 합니다.

처리절차

계획서 작성 (인터넷, 방문신고)	→	접수	→	접수처리	→	신고필증 발급
제출인		처리기관 : 시·군·구(담당부서)				

CHAPTER 03
외국인등의 부동산취득의 특례

학습포인트
- 외국인등의 부동산 등의 취득에 대한 내용을 알아야 한다.
- 외국인 등의 토지취득 허가에 대해 숙지해야 한다.

CHAPTER 학습 & 출제되는 키워드

- ☑ 외극인등의 부동산등의 취득신고
- ☑ 외국인등의 토지취득허가
- ☑ 신고 및 허가절차

CHAPTER 학습 & 출제되는 질문

- ☑ 외국인 등의 부동산 등의 취득 신고에 대한 설명으로 옳지 않은 것은?
- ☑ 외국인등의 토지취득 허가에 대한 설명으로 옳지 않은 것은?
- ☑ 외국인 등이 허가를 받지 않고 토지를 취득한 경우 형벌은?

제3장 외국인등의 부동산취득의 특례

01 부동산등의 취득·보유신고 (법 제8조)

1 계약에 의한 부동산등의 취득신고
28·32회 출제

(1) 외국인등이 대한민국 안의 부동산등을 취득하는 계약을 체결하였을 때에는 계약체결일로부터 60일 이내에 신고관청에게 신고하여야 한다.
(2) 부동산거래의 신고를 한 경우에는 제외한다.

2 계약 외의 원인으로 인한 부동산 등의 취득

(1) 외국인등이 계약 외의 원인으로 부동산을 취득한 경우 부동산 등의 취득한 날로부터 6개월 이내에 신고관청에게 신고하여야 한다.
(2) 계약 외 원인
상속, 경매, 환매권 행사, 확정판결, 법인의 합병, 건축물의 신축·증축·개축·재축 등

3 부동산 등의 계속보유 신고

(1) 개인, 법인 또는 단체가 외국인으로 변경된 경우
(2) 변경일로부터 6개월 이내에 신고관청에게 신고하여야 한다.

02 토지취득허가
32·33회 출제

1 허가지역

(1) 외국인등이 취득하려는 토지가 허가구역의 어느 하나에 해당하는 구역·지역 등에 있으면 토지취득계약을 체결하기 전에 신고관청으로부터 토지취득의 허가를 받아야 한다.
(2) 토지거래계약에 관한 허가를 받은 경우에는 제외한다.

> **WIDE** 허가 지역 (법 제9조 제1항)
> ㉠ 군사기지 및 군사시설 보호구역
> ㉡ 지정문화유산과 이를 위한 보호물 또는 보호구역
> ㉢ 천연기념물등과 이를 위한 보호물 또는 보호구역
> ㉣ 생태·경관보전지역
> ㉤ 야생생물 특별보호구역

2 절차 및 효력

(1) 토지취득의 허가신청을 받은 신고관청은 허가신청을 받은 날부터 다음의 기간 안에 허가 또는 불허가의 처분을 하여야 한다.
   ① 군사기지 및 군사시설보호구역·지역의 경우 : 30일(부득이한 사유로 그 기간 안에 허가 또는 불허가 처분을 할 수 없는 경우에는 30일의 범위에서 그 기간을 연장할 수 있으며, 기간을 연장하는 경우에는 연장 사유와 처리예정일을 지체 없이 신청인에게 알려야 한다.)
   ② 그 외의 구역·지역의 경우 : 15일
(2) 신고관청은 외국인등이 허가를 받아야 하는 구역·지역 등의 토지를 취득하는 것이 당해 구역·지역 등의 지정목적달성에 지장을 주지 아니한다고 인정되는 경우에 허가를 하여야 한다.
(3) 신고관청은 구역·지역에 대한 토지취득의 허가 여부를 결정하기 위해 국방부장관 또는 국가정보원장 등 관계 행정기관의 장과 협의하려는 경우에는 신청서 등 국토교통부령으로 정하는 서류를 해당 관계 행정기관의 장에게 보내야 한다.
(4) 허가를 받지 않고 체결한 토지취득계약은 그 효력이 발생하지 아니하며 2년이하 징역 또는 2천만원 이하의 벌금에 처한다.

> **WIDE 상호주의**
>
> 국토교통부장관은 대한민국 국민, 대한민국 법령에 의하여 설립된 법인 또는 단체나 대한민국 정부에 대하여 자국안의 토지의 취득 또는 양도를 금지하거나 제한하는 국가의 개인·법인·단체·정부에 대하여 대한민국 안의 토지의 취득 또는 양도를 금지하거나 제한할 수 있다. 다만, 헌법과 법률에 따라 체결된 조약의 이행에 필요한 경우에는 그러하지 아니하다.

03 신고 또는 신청 후의 절차 [27회 출제]

1 서류의 확인

(1) **신고관청의 확인**
   신고관청은 토지등기사항증명서 및 건물등기사항증명서(집합건물인 경우에만 해당)를 확인하여야 한다(규칙 제7조 제2항).

(2) **전자문서로 신고 또는 허가신청을 하는 경우**
   서류첨부가 곤란한 때에는 그 사본을 신고일 또는 신청일부터 14일 이내에 우편 또는 모사전송의 방법으로 따로 제출하여야 한다.

(3) **확인증 또는 허가증의 발급**
   신고관청은 제출된 첨부서류를 확인한 후 외국인 부동산등 취득·계속보유 신고확인증 또는 외국인 토지취득허가증을 발급하여야 한다.

(4) **제출의 대행**
   외국인등의 위임을 받은 사람은 외국인 등의 서명 또는 날인이 있는 위임장과 외국인 등의 신분증명서 사본을 첨부하여 작성 및 제출을 대행할 수 있다.

2 토지취득의 신고 등의 관리

(1) 신고관청은 신고내용 및 허가내용을 매 분기 종료일부터 1개월 이내에 특별시장·광역시장·도지사 또는 특별자치도지사에게 제출(「전자서명법」에 따른 전자문서에 의한 제출을 포함한다)하여야 한다. 다만, 특별자치시장은 직접 국토교통부장관에게 제출하여야 한다.

(2) 신고내용 및 허가내용을 제출받은 특별시장·광역시장·도지사 또는 특별자치도지사는 제출받은 날부터 1개월 이내에 그 내용을 국토교통부장관에게 제출하여야 한다.

CHAPTER 04

토지거래허가

학습포인트

- 토지거래허가구역의 지정에 대하여 알아야 한다.
- 토지거래 허가절차에 대하여 알아야 한다.
- 선매제도에 대하여 숙지하여야 한다.

CHAPTER 학습 & 출제되는 키워드

- ☑ 지정권자
- ☑ 토지사용의무
- ☑ 허가의 불복
- ☑ 허가신청
- ☑ 지정의 해제 또는 축소
- ☑ 허가권자
- ☑ 포상금
- ☑ 선매
- ☑ 허가 또는 불허가
- ☑ 허가지준 면적
- ☑ 지정절차
- ☑ 이행강제금

CHAPTER 학습 & 출제되는 질문

- ☑ 토지거래허가 지정 절차에 대한 설명으로 옳지 않은 것은?
- ☑ 토지거래허가에 대한 설명으로 옳지 않은 것은?
- ☑ 선매제도에 대한 설명으로 옳지 않은 것은?

01 토지거래허가구역의 지정

32·33·34회 출제

1 지정권자

(1) 지정권자 및 목적
국토의 이용 및 관리에 관한 계획의 원활한 수립과 집행, 합리적인 토지 이용 등을 위하여 지정할 수 있다.

(2) 허가구역에 따른 지정권자
1) 허가구역이 둘 이상의 시·도의 관할구역에 걸쳐 있는 경우
   국토교통부장관이 지정

2) 허가구역이 동일한 시·도 안의 일부지역인 경우
   시·도지사가 지정(국가가 시행하는 개발사업 등에 따라 투기적인 거래가 성행하거나 지가가 급격히 상승하는 지역과 그러한 우려가 있는 지역은 국토교통부장관이 지정)

(3) 지정지역의 특정
1) 국토교통부장관 또는 시·도지사는 대통령령으로 정하는 바에 따라 허가대상자(외국인등을 포함), 허가대상 용도와 지목 등을 특정하여 허가구역을 지정할 수 있다.
2) 국토교통부장관 또는 시·도지사는 허가대상자, 허가대상 용도와 지목을 다음의 구분에 따라 각각 특정하여 허가구역을 지정할 수 있다.
   ① 허가대상자 : 투기우려지역이나 시·도지사가 요청에 따른 지역에서 지가변동률 및 거래량 등을 고려할 때 투기우려가 있다고 인정되는 자
   ② 허가대상 용도 : 다음의 어느 하나에 해당하는 토지 중 투기우려지역이나 시·도지사가 요청에 따른 지역에서 투기우려가 있다고 인정되는 토지의 용도
      ⓐ 나대지
      ⓑ 「건축법」상 건축물의 용도로 사용되는 부지
   ③ 허가대상 지목 : 투기우려지역이나 시·도지사가 요청에 따른 지역에서 투기우려가 있다고 인정되는 「공간정보의 구축 및 관리 등에 관한 법률」에 따른 지목

2 지정지역 및 기간

(1) 토지의 투기적인 거래가 성행하거나 지가(地價)가 급격히 상승하는 지역과 그러한 우려가 있는 지역으로서 5년 이내의 기간을 정하여 지정할 수 있다.

> **WIDE 지정 대상 지역**(영 제7조 제1항)
>
> ① 토지이용계획이 새로 수립되거나 변경되는 지역
> ② 토지이용에 대한 행위제한이 완화되거나 해제되는 지역
> ③ 법령에 의한 개발사업이 진행중이거나 예정되어 있는 지역과 그 인근지역
> ④ 그 밖에 국토교통부장관 또는 시·도지사가 투기우려가 있다고 인정하는 지역 또는 관계 행정기관의 장이 특별히 투기가 성행할 우려가 있다고 인정하여 국토교통부장관 또는 시·도지사에게 요청하는 지역

(2) 국토교통부장관 또는 시·도지사는 대통령령으로 정하는 바에 따라 허가대상자(외국인등을 포함), 허가대상 용도와 지목 등을 특정하여 허가구역을 지정할 수 있다.

3 지정절차 및 효력 발생(법 제10조)

(1) 심의 및 의견청취

1) 심의

중앙도시계획위원회 또는 시·도 도시계획위원회의 심의를 거쳐야 한다.

2) 재지정시 의견청취

심의 전에 미리 시·도지사(국토교통부장관이 허가구역을 지정하는 경우만 해당) 및 시장·군수 또는 구청장의 의견을 들어야 한다.

(2) 지정권자의 공고

국토교통부장관 또는 시·도지사는 허가구역으로 지정한 때에는 지체없이 다음 사항을 공고하여야 한다.
1) 토지거래계약에 관한 허가구역의 지정기간
2) 허가구역 내 토지의 소재지·지번·지목·면적 및 용도지역
3) 허가구역에 대한 축척 5만분의 1 또는 2만5천분의 1의 지형도
4) 토지거래 허가 면제대상 토지면적

(3) 통지

공고 내용을 국토교통부장관은 시·도지사를 거쳐 시장·군수 또는 구청장에게 통지하고, 시·도지사는 국토교통부장관, 시장·군수 또는 구청장에게 통지하여야 한다.

(4) 시장·군수 또는 구청장의 통지 및 공고

통지를 받은 시장·군수 또는 구청장은 지체없이 그 공고 내용을 그 허가구역을 관할하는 등기소의 장에게 통지하여야 하며, 지체없이 그 사실을 <u>7일 이상 공고하고, 그 공고 내용을 15일간 일반이 열람할 수 있도록</u> 하여야 한다.

(5) 효력의 발생

허가구역의 지정은 지정권자가 허가구역의 지정을 <u>공고한 날부터 5일 후</u>에 그 효력이 발생한다.

4 지정의 해제 또는 축소

(1) 국토교통부장관 또는 시·도지사는 허가구역의 지정사유가 없어졌다고 인정되거나 관계 시·도지사, 시장·군수 또는 구청장으로부터 받은 허가구역의 지정 해제 또는 축소 요청이 이유 있다고 인정되면 지체 없이 허가구역의 지정을 해제하거나 지정된 허가구역의 일부를 축소하여야 한다.

(2) 지정의 해제 또는 축소의 경우에는 지정절차의 규정을 준용한다.

02 토지거래에 대한 허가 `23·32·33·34회 출제`

1 허가권자 및 대상

(1) 허가권자

<u>토지소재지 시장·군수 또는 구청장</u>의 허가를 받아야 한다. 허가받은 사항을 변경하려는 경우에도 또한 같다.

(2) 허가대상

1) 허가구역에 있는 토지에 관한 소유권·지상권(소유권·지상권의 취득을 목적으로 하는 권리를 포함)을 이전하거나 설정(대가를 받고 이전하거나 설정하는 경우만 해당)하는 계약(예약 포함)을 체결하려는 당사자는 공동으로 허가를 받아야 한다.
2) 허가를 받지 아니하고 체결한 토지거래계약은 그 효력이 발생하지 아니한다.

> **WIDE** 토지거래허가 대상과 대상이 아닌 경우

허가대상	허가대상이 아닌 것
• 토지의 소유권의 유상이전 계약 및 예약 • 토지의 지상권의 유상설정계약 • 대물변제계약이나 예약 • 양도담보, 가등기담보, 매도담보 • 판결(이행판결)에 의한 취득 • 화해조서·조정조서에 의한 취득 • 비업무용 공매에 의한 취득 • 부담부증여, 유저당계약	• 건물의 소유권이전계약 • 전세권·임차권·저당권 • 사용대차 • 상속, 유증, 사인증여 • 민사집행법상의 경매 • 국세징수법상의 공매(압류부동산 공매) • 3회 이상 유찰된 비업무용 부동산 공매 • 점유로 인한 시효취득

2 허가기준면적(영 제9조)

(1) 허가기준 면적

1) 원칙

33회 출제

구 분	용도지역	기준면적
도시지역	주거지역	60제곱미터 초과
	상업지역	150제곱미터 초과
	공업지역	150제곱미터 초과
	녹지지역	200제곱미터 초과
	지역의 미지정	60제곱미터 초과
도시지역 외 지역	임야	1,000제곱미터 초과
	농지	500제곱미터 초과
	기타	250제곱미터 초과

2) 예외

해당 지역에서의 거래실태 등을 감안하여 위의 면적으로 하는 것이 타당하지 아니하다고 인정하여 해당 기준면적의 10퍼센트 이상 300퍼센트 이하의 범위에서 따로 정하여 공고한 경우에는 그에 따른다.

(2) 토지 일부의 계약 체결

허가면적을 산정할 때 일단의 토지이용을 위하여 토지거래계약을 체결한 날로부터 1년 이내에 일단의 토지 일부에 대하여 토지거래계약을 체결한 경우에는 그 일단의 토지 전체에 대한 거래로 본다.

(3) 토지의 분할 후 거래

허가구역을 지정할 당시 허가면적을 초과하는 토지는 허가구역의 지정 후 해당 토지가 분할되어 허가면적 이하가 된 경우에도 그 분할된 토지에 대한 토지거래계약을 체결함에 있어서는 분할 후 최초의 거래에 한하여 허가면적을 초과하는 토지거래계약을 체결하는 것으로 본다. 허가구역의 지정 후 당해 토지가 공유지분으로 거래되는 경우에도 또한 같다.

3 허가신청서의 제출

(1) 허가를 받으려는 자는 당사자 공동으로 그 허가신청서에 계약내용과 그 토지의 이용계획, 취득자금 조달계획 등을 적어 시장·군수 또는 구청장에게 제출하여야 한다.

(2) **변경허가**
토지거래계약 변경허가를 받으려는 자는 신청서에 토지취득자금조달계획서(계약예정금액을 변경하려는 경우에 한함)를 첨부하여 허가관청에 제출하여야 한다.

(3) **필요한 조사**
허가신청서를 제출받은 허가관청은 지체없이 필요한 조사를 하여야 하며 허가신청한 토지에 대한 현황을 파악할 수 있는 사진을 촬영·보관하여야 한다.

4 허가 또는 불허가

(1) **허가 또는 불허가 처분**
  1) 시장·군수 또는 구청장은 허가신청서를 받으면 15일 이내에 허가·변경허가 또는 불허가 처분을 하고, 그 신청인에게 허가증을 발급하거나 불허가처분 사유를 서면으로 알려야 한다(영 제8조 제3항).
  2) 선매협의 절차가 진행 중인 경우에는 위의 기간 내에 그 사실을 신청인에게 알려야 한다(법 제11조 제4항).

(2) **허가처분의 간주**
  1) 15일 이내에 허가증의 발급 또는 불허가처분 사유의 통지가 없거나 선매협의 사실의 통지가 없는 경우에는 그 기간이 끝난 날의 다음날에 허가가 있는 것으로 본다.
  2) 이 경우 시장·군수 또는 구청장은 지체없이 신청인에게 허가증을 발급하여야 한다.

(3) **허가가 필요치 않은 경우**
  1) 경제 및 지가의 동향과 거래단위면적 등을 종합적으로 고려하여 대통령으로 정하는 용도별 면적 이하의 토지에 대한 토지거래계약을 체결하려는 경우
  2) 토지거래계약을 체결하려는 당사자 또는 그 계약의 대상이 되는 토지가 공고된 사항에 해당하지 아니하는 경우

5 국가 등의 토지거래계약에 관한 특례 등 (법 제14조)

(1) 그 당사자의 한쪽 또는 양쪽이 국가등인 경우에는 그 기관의 장이 허가관청과 협의할 수 있고, 그 협의가 성립된 때에는 그 토지거래계약에 관한 허가를 받은 것으로 본다.

(2) **국유재산을 취득·처분하는 경우**
취득·처분 후 허가관청에 통보한 경우 협의가 성립한 것으로 본다.

(3) **토지거래허가 규정을 적용하지 않는 것**
  1) 토지의 협의취득·수용·사용 및 환매의 경우
  2) 경매
  3) 국세 및 지방세의 체납처분 또는 강제집행의 경우(압류부동산 공매)
  4) 비업무용 부동산 공매의 3회 이상 유찰

5) 국유재산 및 공유재산을 일반경쟁입찰에 의하여 처분하는 경우
6) 매수청구된 토지를 취득하는 경우
7) 주택 및 상가 등의 분양
8) 외국인등의 토지취득허가를 받은 경우

03 허가기준 (법 제12조)

1 허가를 하여야 하는 경우

(1) 자기의 거주용 주택용지로 이용하려는 경우
(2) 허가구역을 포함한 지역의 주민을 위한 복지시설 또는 편익시설로서 관할 시장·군수 또는 구청장이 확인한 시설의 설치에 이용하려는 경우
(3) 허가구역에 거주하는 농업인 등이 그 허가구역에서 농업·축산업·임업 또는 어업을 경영하기 위하여 필요한 경우(농업인등으로서 그가 거주하는 주소지로부터 30킬로미터 이내에 소재하는 토지를 취득하려는 경우)
(4) 토지를 수용하거나 사용할 수 있는 사업을 시행하는 자가 그 사업을 시행하기 위하여 필요한 경우
(5) 허가구역을 포함한 지역의 건전한 발전을 위하여 필요하고 관계 법률에 따라 지정된 지역·지구·구역 등의 지정목적에 적합하다고 인정되는 사업을 시행하는 자나 시행하려는 자가 그 사업에 이용하려는 경우
(6) 허가구역의 지정 당시 그 구역이 속한 특별시·광역시·특별자치시·시·군 또는 인접한 특별시·광역시·특별자치시·시·군에서 사업을 시행하고 있는 자가 그 사업에 이용하려는 경우나 그 자의 사업과 밀접한 관련이 있는 사업을 하는 자가 그 사업에 이용하려는 경우
(7) 허가구역이 속한 특별시·광역시·특별자치시·시 또는 군에 거주하고 있는 자의 일상생활과 통상적인 경제활동에 필요한 것 등으로서 대통령령으로 정하는 용도에 이용하려는 경우

 1) 농지 외의 토지를 공익사업용으로 협의양도하거나 수용된 자가 그 협의양도 또는 수용된 날부터 3년 이내에 그 허가구역 안에서 협의양도 또는 수용된 토지에 대체되는 토지를 취득하려는 경우. 이 경우 새로 취득하는 토지의 가액(공시지가를 기준으로 하는 가액을 말한다)은 종전의 토지가액 이하이어야 한다.
 2) 관계 법령에 의하여 개발·이용행위가 제한되거나 금지된 토지로서 국토교통부령이 정하는 토지에 대하여 현상보존의 목적으로 토지의 취득을 하고자 하는 경우
 3) 임대사업자 등 관계 법률에 따라 임대사업을 할 수 있는 자가 임대사업을 위하여 건축물과 그에 딸린 토지를 취득하는 경우

2 불허가를 하여야 하는 경우

(1) 토지거래계약을 체결하려는 자의 토지이용목적이 다음의 어느 하나에 해당되는 경우
 1) 도시·군계획이나 그 밖에 토지의 이용 및 관리에 관한 계획에 맞지 아니한 경우
 2) 생태계의 보전과 주민의 건전한 생활환경 보호에 중대한 위해(危害)를 끼칠 우려가 있는 경우
(2) 그 면적이 그 토지의 이용목적에 적합하지 아니하다고 인정되는 경우

04 허가의 불복 등

1 이의신청(법 제13조)

(1) 허가처분에 이의가 있는 자는 그 처분을 받은 날부터 1개월 이내에 시장·군수 또는 구청장에게 이의를 신청할 수 있다.
(2) 이의신청을 받은 시장·군수 또는 구청장은, 시·군·구 도시계획위원회의 심의를 거쳐 그 결과를 이의신청인에게 알려야 한다.

2 선매(법 제15조)

(1) 선매자의 지정
허가권자는 토지거래계약에 관한 허가신청이 있는 경우 공익사업용 토지, 토지거래계약허가를 받아 취득한 토지를 그 이용목적대로 이용하고 있지 아니한 토지에 대하여 국가 등이 그 매수를 원하는 경우에는 이들 중에서 해당 토지를 매수할 자(선매자)를 지정하여 그 토지를 협의 매수하게 할 수 있다.

(2) 선매절차
1) 선매협의
  시장·군수 또는 구청장은 협의매수 대상 토지에 대하여 토지거래계약 허가신청이 있는 경우에는 그 신청이 있는 날부터 1개월 이내에 선매자를 지정하여 토지소유자에게 알려야 하며, 선매자는 지정 통지를 받은 날부터 1개월 이내에 그 토지소유자와 선매협의를 끝내야 한다.
2) 선매협의조서 제출
  선매자로 지정된 자는 그 지정 통지를 받은 날로부터 15일 이내에 매수가격 등 선매조건을 기재한 서면을 토지소유자에게 통지하여 선매협의를 하여야 하며, 지정 통지를 받은 날부터 1개월 이내에 국토교통부령이 정하는 바에 따라 선매협의조서를 허가관청에 제출하여야 한다.
3) 선매협의조서를 제출하는 자는 거래계약서 사본을 첨부(선매협의가 이루어진 경우로 한정)하여야 한다.

(3) 선매가격
선매자가 토지를 매수할 때의 가격은 감정평가업자가 감정평가한 감정가격을 기준으로 하되, 토지거래계약 허가신청서에 적힌 가격이 감정가격보다 낮은 경우에는 허가신청서에 적힌 가격으로 할 수 있다.

(4) 선매협의가 이루어지지 않은 경우
시장·군수 또는 구청장은 선매협의가 이루어지지 아니한 경우에는 지체없이 허가 또는 불허가의 여부를 결정하여 통보하여야 한다.

3 불허가처분 토지에 관한 매수청구

(1) 매수청구서의 제출
1) 허가신청에 대하여 불허가처분을 받은 자는 그 통지를 받은 날부터 1개월 이내에 허가관청에 해당 토지에 관한 권리의 매수를 청구할 수 있다.
2) 매수청구를 하고자 하는 자는 토지에 관한 권리의 종류 및 내용, 그 토지의 면적 그 밖에 국토교통부령이 정하는 사항을 기재한 토지매수청구서를 시장·군수 또는 구청장에게 제출하여야 한다.

(2) 매수자의 지정 및 매수 [30회 출제]

1) 허가관청은 국가 등 중에서 매수할 자를 지정하여, 매수할 자로 하여금 예산의 범위에서 공시지가를 기준으로 하여 해당 토지를 매수하게 하여야 한다.
2) 토지거래계약 허가신청서에 적힌 가격이 공시지가보다 낮은 경우에는 허가신청서에 적힌 가격으로 매수할 수 있다.

05 토지이용에 관한 의무 등

1 사용의무(법 제17조, 영 제14조)

(1) 토지거래계약을 허가받은 자는 <u>5년의 범위에서 그 토지를 허가받은 목적대로 이용</u>하여야 한다.

(2) 사용의무기간
  1) **취득일로부터 2년**: 거주용, 복지시설 또는 편익시설, 농업등 대체토지
  2) **취득일로부터 4년**: 수용, 지역의 건전한 발전, 특·광·시·군 및 인접 특·광·시·군의 사업시행 목적. 다만, 분양을 목적으로 허가를 받은 토지로서 개발에 착수한 후 토지취득일부터 4년 이내에 분양을 완료한 경우에는 분양을 완료한 때에 4년이 지난 것으로 본다.
  3) **취득일로부터 5년**: 현상보존의 목적, 그 외

2 이용의 조사

(1) 이용실태의 조사
시장·군수 또는 구청장은 토지거래계약을 허가받은 자가 허가받은 목적대로 이용하고 있는지를 국토교통부령으로 정하는 바에 따라 조사하여야 한다.

(2) 토지의 개발·이용 등의 실태조사
허가관청은 매년 1회 이상 토지의 개발 및 이용 등의 실태를 조사하여야 한다.

06 이행강제금 [32·33회 출제]

1 의무이행명령

(1) 의무이행기간
  1) 시장·군수 또는 구청장은 토지의 이용의무를 이행하지 아니한 자에 대하여는 상당한 기간을 정하여 토지의 이용의무를 이행하도록 명할 수 있다.
  2) 이용의무의 이행명령은 3월 이내의 기간을 정하여 문서로 하여야 한다.

(2) 의무이행명령의 예외
「농지법」을 위반하여 같은 「농지법」상 이행강제금을 부과한 경우에는 제외한다.

2 이행강제금의 부과

(1) 이행강제금의 부과

1) **이행강제금의 범위**

   시장·군수 또는 구청장은 이행명령이 정하여진 기간에 이행되지 아니한 경우에는 <u>토지취득가액의 100분의 10의 범위</u>에서 이행강제금을 부과한다.

2) 토지취득가액은 실거래가로 한다. 다만, 실거래가가 확인되지 아니하는 경우에는 취득 당시를 기준으로 가장 최근에 발표된 공시지가로 한다.

3) **부과금액**

   ① 당초의 목적대로 이용하지 아니하고 방치한 경우 : 100분의 10
   ② 직접 이용하지 아니하고 임대한 경우 : 100분의 7
   ③ 허가권자의 승인을 얻지 아니하고 당초의 이용목적을 변경하여 이용하는 경우 : 100분의 5
   ④ 그 외의 경우 : 100분의 7

(2) 이행강제금 부과 절차 `28·30회 출제`

1) 시장·군수 또는 구청장은 최초의 이행명령이 있었던 날을 기준으로 1년에 한 번씩 그 이행명령이 이행될 때까지 반복하여 이행강제금을 부과·징수할 수 있다.
2) 시장·군수 또는 구청장은 이행강제금을 부과하기 전에 이행강제금을 부과·징수한다는 뜻을 미리 문서로 알려야 한다.
3) 시장·군수 또는 구청장은 이용 의무기간이 지난 후에는 이행강제금을 부과할 수 없다.
4) 시장·군수 또는 구청장은 이행명령을 받은 자가 그 명령을 이행하는 경우에는 새로운 이행강제금의 부과를 즉시 중지하되, 명령을 이행하기 전에 이미 부과된 이행강제금은 징수하여야 한다.
5) 이행강제금의 부과처분에 불복하는 자는 시장·군수 또는 구청장에게 이의를 제기할 수 있다.
6) 이행강제금 부과처분을 받은 자가 이의를 제기하려는 경우에는 부과처분의 고지를 받은 날부터 30일 이내에 이의를 제기하여야 한다.

07 지가동향의 조사

1 지가동향의 조사

(1) 국토교통부장관이나 시·도지사는 토지거래허가 제도를 실시하거나 그 밖에 토지정책을 수행하기 위한 자료를 수집하기 위하여 지가의 동향과 토지거래의 상황을 조사하여야 하며, 관계 행정기관이나 그 밖의 필요한 기관에 이에 필요한 자료를 제출하도록 요청할 수 있다. 이 경우 자료제출을 요청받은 기관은 특별한 사유가 없으면 요청에 따라야 한다.

(2) 국토교통부장관은 연 1회 이상 전국의 지가변동률을 조사하여야 하며, 필요한 경우에는 한국부동산원의 원장으로 하여금 매월 1회 이상 지가의 동향 및 토지거래의 상황 그 밖의 필요한 자료를 제출하게 할 수 있다. 이 경우 지가동향과 토지거래상황의 조사 및 자료의 작성 등에 소요되는 비용은 실비의 범위 내에서 그 소요된 비용을 지원하여야 한다.

2 지가동향조사의 방법

(1) 시·도지사는 관할구역 안의 지가의 동향 및 토지거래의 상황을 조사하여야 하며, 그 결과 허가구역을 지정·축소 또는 해제할 필요가 있다고 인정하는 경우에는 국토교통부장관에게 그 구역의 지정·축소 또는 해제를 요청할 수 있다.

(2) 지가동향 조사의 순서
시·도지사는 다음의 순서대로 지가동향조사 및 토지거래상황조사를 실시한다.

1) 개황조사
관할구역 안의 토지거래상황을 파악하기 위하여 분기별로 1회 이상 개괄적으로 실시하는 조사

2) 지역별 조사
개황조사를 실시한 결과 등에 따라 토지거래허가구역의 지정요건을 충족시킬 수 있는 개연성이 높다고 인정되는 지역에 대하여 지가동향 및 토지거래상황을 파악하기 위하여 매월 1회 이상 실시하는 조사

3) 특별집중조사
지역별 조사를 실시한 결과 토지거래허가구역의 지정요건을 충족시킬 수 있는 개연성이 특히 높다고 인정되는 지역에 대하여 지가동향 및 토지거래상황을 파악하기 위하여 실시하는 조사

08 그 외 사항

1 다른 법률에 따른 인가·허가 등의 의제(법 제20조)

(1) 농지에 대하여 토지거래계약 허가를 받은 경우에는 농지취득자격증명을 받은 것으로 본다. 이 경우 허가권자는 농지에 대하여 토지거래계약을 허가하는 경우에는 농지취득자격증명의 발급 요건에 적합한지를 확인하여야 하며, 허가한 내용을 농림축산식품부장관에게 통보하여야 한다.

(2) 허가증을 발급받은 경우에는 검인을 받은 것으로 본다.

2 제재처분 등

국토교통부장관, 시·도지사, 시장·군수 또는 구청장은 다음의 어느 하나에 해당하는 자에게 허가 취소 또는 그 밖에 필요한 처분을 하거나 조치를 명할 수 있다.

(1) 토지거래계약에 관한 허가 또는 변경허가를 받지 아니하고 토지거래계약 또는 그 변경계약을 체결한 자
(2) 토지거래계약에 관한 허가를 받은 자가 그 토지를 허가받은 목적대로 이용하지 아니한 자
(3) 부정한 방법으로 토지거래계약에 관한 허가를 받은 자

3 권리·의무의 승계 등

(1) 토지의 소유권자, 지상권자 등에게 발생되거나 부과된 권리·의무는 그 토지 또는 건축물에 관한 소유권이나 그 밖의 권리의 변동과 동시에 그 승계인에게 이전한다.
(2) 이 법 또는 이 법에 따른 명령에 의한 처분, 그 절차 및 그 밖의 행위는 그 행위와 관련된 토지 또는 건축물에 대하여 소유권이나 그 밖의 권리를 가진 자의 승계인에 대하여 효력을 가진다.

4 청 문

국토교통부장관, 시·도지사, 시장·군수 또는 구청장은 토지거래계약 허가의 취소 처분을 하려면 청문을 하여야 한다.

CHAPTER 05 부동산 정보관리 및 보칙

학습포인트
- 부동산 종합관리에 대해 알아야 한다.
- 부동산 정보체계 구축운영에 대하여 알아야 한다.

CHAPTER 학습 & 출제되는 키워드

- ☑ 자료등의 종합관리
- ☑ 부동산정보체계의 구축·운영
- ☑ 자료의 보고

CHAPTER 학습 & 출제되는 질문

- ☑ 자료등의 종합관리에 대한 설명으로 옳지 않은 것은?
- ☑ 부동산정보체계의 구축운영에 대한 설명으로 옳지 않은 것은?

제5장 부동산 정보관리 및 보칙

01 부동산 정보관리

1 자료 등의 종합관리(법 제24조)

33회 출제

(1) 국토교통부장관 또는 시장·군수·구청장은 적절한 부동산정책의 수립 및 시행을 위하여 부동산 거래상황, 외국인 부동산 취득현황, 부동산가격 동향 등 이 법에 규정된 사항에 관한 정보를 종합적으로 관리하고, 이를 관련 기관·단체 등에 제공할 수 있다.

(2) 국토교통부장관 또는 시장·군수·구청장은 정보의 관리를 위하여 관계 행정기관이나 그 밖에 필요한 기관에 필요한 자료를 요청할 수 있다. 이 경우 관계 행정기관 등은 특별한 사유가 없으면 요청에 따라야 한다.

2 정보체계의 구축·운영

(1) 국토교통부장관은 효율적인 정보의 관리 및 국민편의 증진을 위하여 부동산거래의 계약·신고·허가·관리 등의 업무와 관련된 정보체계를 구축·운영할 수 있다.

(2) 국토교통부장관 또는 지정된 위탁기관은 정보체계에 구축되어 있는 정보를 수요자에게 제공할 수 있다. 이 경우 정보체계의 운영을 위하여 불가피한 사유가 있거나 개인정보의 보호를 위하여 필요하다고 인정하는 때에는 제공하는 정보의 종류와 내용을 제한할 수 있다.

02 보칙

1 신고 또는 고발에 대한 포상금

34회 출제
32회 출제

(1) **신고 또는 고발 대상**(법 제25조의2)

1) 부동산 등의 실제거래가격을 거짓으로 신고한 자
2) 계약을 체결하지 않은 자가 거짓으로 부동산거래신고를 하는 경우
3) 해제 등이 되지 않은 자가 거짓으로 해제등 신고를 하는 경우
4) 허가 또는 변경허가를 받지 아니하고 토지거래계약을 체결한 자 또는 거짓이나 그 밖의 부정한 방법으로 토지거래계약허가를 받은 자
5) 토지거래계약허가를 받아 취득한 토지에 대하여 허가받은 목적대로 이용하지 아니한 자

(2) 포상금 지급대상 및 기준(영 제19조의2)
1) 포상금의 지급
① 부동산거래신고 관련 위반 : 신고관청이 적발하기 전에 부동산 등의 실제거래가격을 거짓으로 신고한 자, 계약을 체결하지 않은 자가 거짓으로 부동산거래신고를 하는 경우, 해제 등이 되지 않은 자가 거짓으로 해제등 신고를 하는 경우의 사람을 신고하고 이를 입증할 수 있는 증거자료를 제출한 경우로서 그 신고사건에 대하여 과태료가 부과된 경우
② 허가 또는 변경허가를 받지 않고 계약을 체결하였거나 부정한 방법으로 허가를 받은 자
허가관청 또는 수사기관이 적발하기 전에 신고하거나 고발한 경우로서 그 신고 또는 고발사건에 대한 공소제기 또는 기소유예 결정이 있는 경우
③ 토지거래허가를 받은 자가 목적대로 이용하지 않은 자
허가관청이 적발하기 전에 신고한 경우로서 그 신고사건에 대한 허가관청의 이행명령이 있는 경우

2) 지급대상이 아닌 경우
① 공무원이 직무와 관련하여 발견한 사실을 신고하거나 고발한 경우
② 해당 위반행위를 하거나 위반행위에 관여한 자가 신고하거나 고발한 경우
③ 익명이나 가명으로 신고 또는 고발하여 신고인 또는 고발인을 확인할 수 없는 경우

3) 포상금액
① 부동산거래신고 관련 위반 : 과태료의 100분의 20에 해당하는 금액(부동산 실거래가 신고를 거짓으로 한 경우 지급한도액은 1천만원으로 한다).
② 토지거래허가 관련 위반자 : 50만원. 이 경우 같은 목적을 위하여 취득한 일단의 토지에 대한 신고 또는 고발은 1건으로 본다.

4) 포상금의 지급에 드는 비용 : 시·군이나 구의 재원으로 충당한다.

(3) 포상금 지급절차(영 제19조의3)　　**30회 출제**
1) 신고서의 제출
신고하려는 자는 국토교통부령으로 정하는 신고서 및 증거자료(부동산거래신고를 거짓신고 한 자를 신고하는 경우만 해당)를 신고관청 또는 허가관청에 제출하여야 한다.

2) 수사기관의 통보
신고 또는 고발 사건을 접수하여 수사를 종료하거나 공소제기 또는 기소유예의 결정을 하였을 때에는 지체없이 허가관청에 통보하여야 한다.

3) 포상금 지급여부의 결정 및 통보
신고서를 제출받거나 수사기관의 통보를 받은 신고관청 또는 허가관청은 포상금 지급 여부를 결정하고 이를 신고인 또는 고발인에게 알려야 한다.

4) 지급신청서의 제출
포상금 지급 결정을 통보받은 신고인 또는 고발인은 국토교통부령으로 정하는 포상금 지급신청서를 작성하여 신고관청 또는 허가관청에 제출하여야 한다.

5) 포상금의 지급
신고관청 또는 허가관청은 신청서가 접수된 날부터 2개월 이내에 포상금을 지급하여야 한다.

6) 포상금 배분 및 절차

하나의 사건에 대하여 신고 또는 고발한 사람이 2명 이상인 경우에는 국토교통부령으로 정하는 바에 따라 포상금을 배분하여 지급하며 포상금의 지급절차 및 방법 등에 관하여 필요한 사항은 국토교통부령으로 정한다.

① 신고관청 또는 허가관청은 하나의 위반행위에 대하여 2명 이상이 공동으로 신고 또는 고발한 경우에는 포상금을 균등하게 배분하여 지급한다. 다만, 포상금을 지급받을 사람이 배분방법에 관하여 미리 합의하여 포상금의 지급을 신청한 경우에는 그 합의된 방법에 따라 지급한다.

② 신고관청 또는 허가관청은 하나의 위반행위에 대하여 2명 이상이 각각 신고 또는 고발한 경우에는 최초로 신고 또는 고발한 사람에게 포상금을 지급한다.

③ 신고관청 또는 허가관청은 자체조사 등에 따라 위반행위를 알게 된 때에는 지체없이 그 내용을 부동산정보체계에 기록하여야 한다.

2 권한 등의 위임 및 위탁

(1) 이 법에 따른 국토교통부장관의 권한은 그 일부를 대통령령으로 정하는 바에 따라 시·도지사, 시장·군수 또는 구청장에게 위임할 수 있다.

(2) 국토교통부장관은 부동산거래가격 검증체계 구축·운영, 신고내용 조사 및 부동산정보체계의 구축·운영업무를 부동산시장 관련 전문성이 있는 공공기관에 위탁할 수 있다.

(3) 국토교통부장관은 위의 업무를 한국부동산원에 위탁한다.

CHAPTER 06 벌칙

학습포인트
- 부동산 종합관리에 대해 알아야 한다.
- 부동산 정보체계 구축운영에 대하여 알아야 한다.

CHAPTER 학습 & 출제되는 키워드

- ☑ 형벌
- ☑ 과태료
- ☑ 자진신고

CHAPTER 학습 & 출제되는 질문

- ☑ 2년 이하 징역 또는 2천만원 이하의 벌금에 처하는 위반행위는?
- ☑ 100만원 이하의 과태료 대상이 아닌 것은?
- ☑ 자진 신고자에 대한 감면제도에 대한 설명으로 옳지 않은 것은?

01 행정형벌

1 형벌

(1) 부동산거래신고 위반

1) 계약이 체결되지 않았음에도 거짓으로 부동산거래신고를 하는 경우 : 3년 이하 징역 또는 3천만원 이하의 벌금
2) 해제되지 않았음에도 거짓으로 해제신고를 하는 경우 : 3년 이하 징역 또는 3천만원 이하의 벌금

(2) 외국인의 토지취득허가 위반

외국인이 허가를 받지 아니하고 토지취득계약을 체결하거나 부정한 방법으로 허가를 받아 토지취득계약을 체결한 외국인등은 2년 이하의 징역 또는 2천만원 이하의 벌금에 처한다(법 제26조 제1항).

(3) 토지거래허가 위반

1) 2년 이하의 징역 또는 계약 체결 당시의 개별공시지가에 따른 해당 토지가격의 100분의 30에 해당하는 금액 이하의 벌금

토지거래허가구역에서 허가 또는 변경허가를 받지 아니하고 토지거래계약을 체결하거나, 속임수나 그 밖의 부정한 방법으로 토지거래계약 허가를 받은 자

2) 1년 이하의 징역 또는 1천만원 이하의 벌금

토지거래허가 취소, 처분 또는 조치명령을 위반한 자

2 양벌규정(법 제27조)

(1) 법인의 대표자나 법인 또는 개인의 대리인, 사용인, 그 밖의 종업원이 그 법인 또는 개인의 업무에 관하여 형벌사항의 위반행위를 하면 그 행위자를 벌하는 외에 그 법인 또는 개인에게도 해당 조문의 벌금형을 과한다.
(2) 법인 또는 개인이 그 위반행위를 방지하기 위하여 해당 업무에 관하여 상당한 주의와 감독을 게을리하지 아니한 경우에는 그러하지 아니하다.

02 과태료

1 부동산거래신고 위반

(1) 3천만원 이하 과태료

1) 계약을 체결하지 않은 자가 거짓으로 부동산거래신고를 하는 경우(벌칙을 부과받은 경우 제외)
2) 해제 등이 되지 않은 자가 거짓으로 해제등 신고를 하는 경우(벌칙을 부과받은 경우 제외)
3) 거래대금 지급을 증명할 수 있는 자료를 제출하지 아니하거나 거짓으로 제출한 자 또는 그 밖의 필요한 조치를 이행하지 아니한 자

(2) 500만원 이하의 과태료
1) 부동산거래신고를 하지 아니한 자(거래당사자 및 개업공인중개사의 공동신고를 거부한 자를 포함한다)
2) 계약해제등 신고를 하지 아니한 거래당사자(공동신고를 거부한 자를 포함한다)
3) 거짓으로 부동산거래신고에 따른 신고를 하는 행위를 조장하거나 방조한 자
4) 거래대금 지급을 증명할 수 있는 자료 외의 자료를 제출하지 아니하거나 거짓으로 제출한 자

(3) 부동산등의 취득가액의 100분의 10 이하에 상당하는 금액의 과태료
부동산거래신고를 거짓으로 한 자

2 외국인의 부동산 등의 취득신고 위반

(1) 300만원 이하의 과태료
외국인의 계약으로 인한 신고를 하지 아니하거나 거짓으로 신고한 자

(2) 100만원 이하의 과태료
1) 외국인의 계약외 원인에 따른 취득의 신고를 하지 아니하거나 거짓으로 신고한 자
2) 외국인의 토지의 계속보유 신고를 하지 아니하거나 거짓으로 신고한 자

3 부과징수권자 및 부과절차
(1) 과태료는 신고관청이 부과·징수한다. 과태료 부과기준은 대통령령으로 정하는 바에 따른다.
(2) 개업공인중개사에게 과태료를 부과한 신고관청은 부과일부터 10일 이내에 해당 개업공인중개사의 중개사무소를 관할하는 시장·군수 또는 구청장에 과태료 부과 사실을 통보하여야 한다.

4 가중 또는 감경
신고관청은 위반행위의 동기·결과 및 횟수 등을 고려하여 개별기준에 따른 과태료의 2분의 1(3천만원 이하 과태료, 취득가액의 100분의 10 이하 과태료는 5분의 1)의 범위에서 그 금액을 늘리거나 줄일 수 있다. 다만, 늘리는 경우에도 과태료의 총액은 법률에서 규정한 과태료 금액의 상한을 초과할 수 없다.

03 자진 신고자에 대한 감면 등

1 자진 신고자의 감면
(1) 신고관청은 자진 신고대상의 위반사실을 자진 신고한 자에 대하여 대통령령으로 정하는 바에 따라 같은 규정에 따른 과태료를 감경 또는 면제할 수 있다.
(2) 자진신고를 하려는 자는 국토교통부령으로 정하는 신고서 및 위반행위를 입증할 수 있는 서류를 조사기관(국토교통부장관 또는 신고관청)에 제출하여야 한다.

2 자진 신고서류 등
(1) 조사가 시작된 시점은 조사기관이 거래당사자 또는 개업공인중개사 등에게 자료제출 등을 요구하는 서면을 발송한 때로 한다.

제6장 벌칙

(2) 위반행위를 입증할 수 있는 서류(규칙 제21조 제3항)
1) 계약서, 거짓신고 합의서, 입출금 내역서 등 위반사실을 직접적으로 입증할 수 있는 자료
2) 진술서, 확인서, 그 밖에 위반행위를 할 것을 논의하거나 실행한 사실을 육하원칙에 따라 기술한 자료
3) 당사자 간 의사연락을 증명할 수 있는 전자우편, 통화기록, 팩스 수·발신 기록, 수첩 기재내용 등
4) 그 밖에 위반행위를 입증할 수 있는 자료

(3) 신고관청은 자진 신고를 한 자에 대하여 과태료 감경 또는 면제대상에 해당하는지 여부, 감경 또는 면제의 내용 및 사유를 통보하여야 한다.

(4) 조사기관의 담당 공무원은 자진 신고자 등의 신원이나 제보 내용, 증거자료 등을 해당 사건의 처리를 위한 목적으로만 사용하여야 하며 제3자에게 누설하여서는 아니 된다.

3 자진 신고대상 `28회 출제`

(1) 부동산등의 거래신고를 하지 아니한 자(공동신고를 거부한 자를 포함)
(2) 계약해제등 신고를 하지 아니한 자(공동신고를 거부한 자 포함)
(3) 개업공인중개사에게 부동산등의 거래신고를 하지 아니하게 하거나 거짓으로 신고하도록 요구한 자
(4) 거짓으로 부동산등의 거래신고를 하는 행위를 조장하거나 방조한 자
(5) 부동산등의 거래신고를 거짓으로 한 자
(6) 외국인이 계약에 의한 부동산 등의 취득신고를 하지 아니하거나 거짓으로 신고한 자
(7) 외국인이 계약외의 원인으로 한 부동산 등의 취득신고를 하지 아니하거나 거짓으로 신고한 자
(8) 외국인이 부동산 등의 계속보유 신고를 하지 아니하거나 거짓으로 신고한 자

> **WIDE 자진 신고대상이 아닌 것**
> ㉠ 계약을 체결하지 않은 자가 거짓으로 부동산거래신고를 하는 경우
> ㉡ 해제 등이 되지 않은 자가 거짓으로 해제등 신고를 하는 경우
> ㉢ 거래대금 지급을 증명할 수 있는 자료를 제출하지 아니하거나 거짓으로 제출한 자 또는 그 밖의 필요한 조치를 이행하지 아니한 자
> ㉣ 거래대금 지급을 증명할 수 있는 자료 외의 자료를 제출하지 아니하거나 거짓으로 제출한 자

4 자진 신고자에 대한 감경 또는 면제의 기준

(1) 과태료의 면제
조사기관의 조사시작 전 면제대상자가 신고관청에 단독으로 최초 자진 신고하고 위반사실을 입증하는 데 필요한 자료 등을 제공하는 등 조사가 끝날 때까지 성실하게 협조한 경우

(2) 100분의 50을 감경
조사시작 후 조사기관이 허위신고사실을 입증하는데 필요한 증거를 충분히 확보하지 못한 상태에서 감경 대상자가 단독으로 최초 자진 신고하고 자료제공 및 성실 협조한 경우

(3) 과태료의 면제 및 감경 대상이 아닌 것
1) 자진 신고하려는 부동산등 거래계약과 관련하여「국세기본법」또는「지방세법」등 관련 법령을 위반한 사실 등이 관계기관으로부터 조사기관에 통보된 경우
2) 자진 신고한 날로부터 과거 1년 이내에 3회 이상 자진 신고를 하여 해당 신고관청에서 과태료의 감경 또는 면제를 받은 경우

PART 03 중개실무

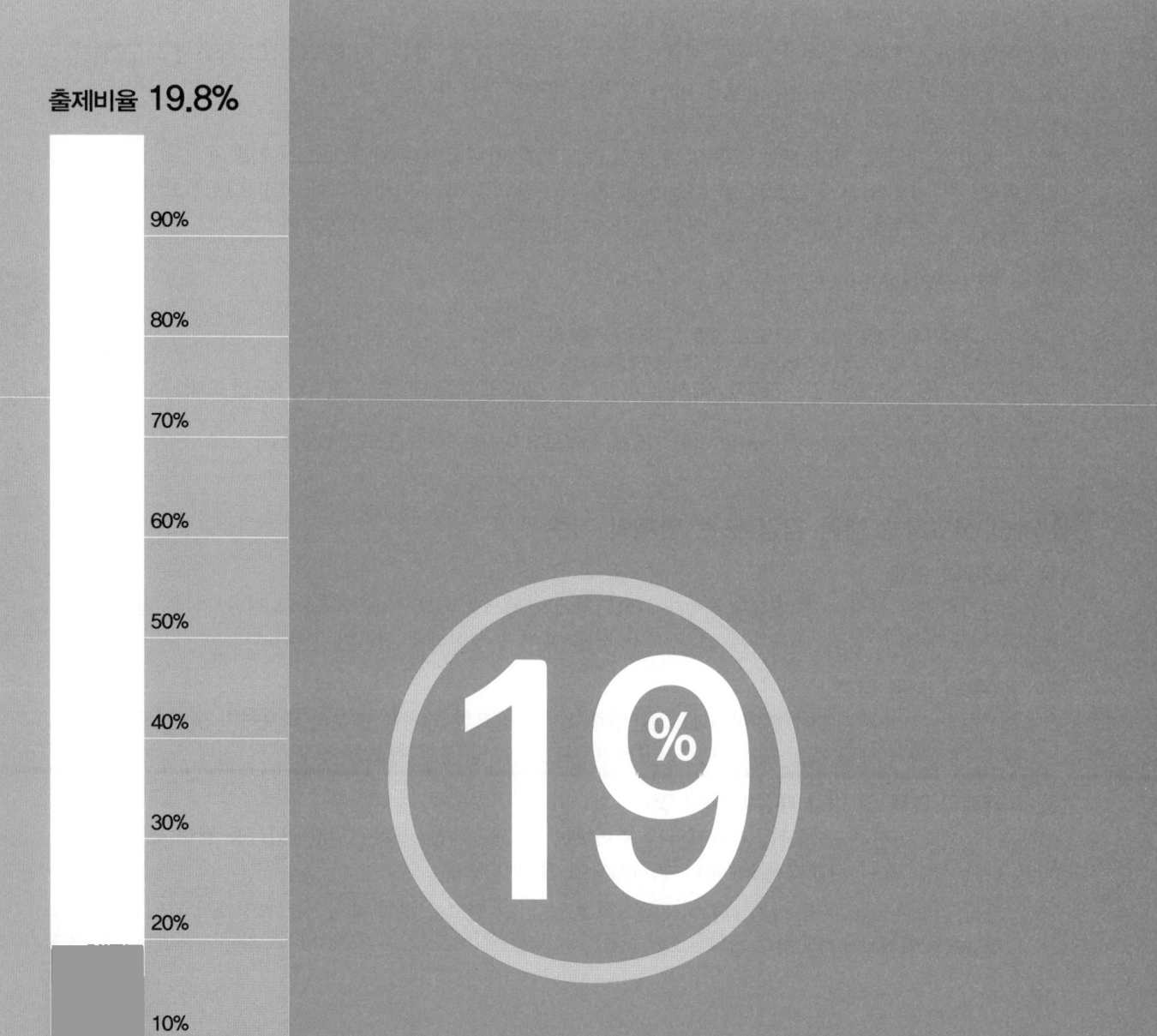

출제비율 19.8%

	구 분	25회	26회	27회	28회	29회	30회	31회	32회	33회	34회	계	비율(%)
중개실무	제1장 중개실무 총론	0	0	0	0	0	1	0	0	0	0	1	0.3
	제2장 중개계약	0	0	0	0	0	1	1	0	1	0	3	0.8
	제3장 중개대상물의 조사분석	4	1	2	1	2	1	1	2	3	3	20	5.0
	제4장 중개대상물의 중개기법	0	0	0	0	0	0	0	0	0	0	0	0.0
	제5장 부동산거래계약	1	1	0	0	0	1	0	0	0	0	3	0.8
	제6장 부동산거래 관련제도	4	4	5	3	3	2	3	2	4	3	33	8.3
	제7장 부동산경매 및 공매	2	1	2	2	2	1	2	1	2	2	17	4.3
	소 계	11	7	9	6	7	7	7	5	10	8	77	19.3

CHAPTER 01 총칙

학습포인트

- 중개실무의 범위 : 중개실무의 범위에 포함될 중개활동의 내용을 이해해야 한다.
- 중개업 경영 : 중개업경영의 특징과 중개광고의 공정화의무에 학습의 비중을 두며, 기타 부분은 그 내용을 이해해야 한다.

CHAPTER 학습 & 출제되는 키워드

- ☑ 중개실무의 범위
- ☑ 매도중개계약 체결
- ☑ 매수중개계약 체결
- ☑ 거래계약 체결
- ☑ 중개업경영의 특징
- ☑ 부동산시장의 복잡다양성
- ☑ 계획과 통제의 곤란성
- ☑ 리스팅농장의 수익성 분석
- ☑ 부동산중개활동
- ☑ 중개대상물 조사·분석
- ☑ 중개대상물 확인·설명
- ☑ 거래계약 이행
- ☑ 부동산경영관리이론의 빈곤
- ☑ 순이익의 유동성
- ☑ 리스팅농장의 경영
- ☑ 중개광고
- ☑ 중개업 홍보
- ☑ 중개대상물 홍보
- ☑ 거래조건 교섭·합의
- ☑ 중개업경영
- ☑ 수요·공급자의 비공정성
- ☑ 인사관리 비중
- ☑ 리스팅농장
- ☑ 중개광고매체

CHAPTER 학습 & 출제되는 질문

- ☑ 중개실무의 출발점은?
- ☑ 중개업경영의 특징으로 틀린 것은?

제1장 총칙

01 부동산중개활동 ★

「공인중개사법」에서 정한 중개란 거래당사자의 거래가 원활하게 이루어질 수 있도록 돕는 행위로서, 매도인과 매수인 쌍방의 부동산활동을 지원하는 개업공인중개사의 중개활동은 「공인중개사법」을 감안할 때 다음과 같은 순서로 이루어지는 것이 합리적인 것으로 보인다.

순번	중개활동	중개활동의 내용
1	중개업 홍보	중개사무소 개설 및 중개업무 광고
2	권리이전중개계약 체결	중개계약 유형 선택 및 중개계약서 작성
3	중개대상물 조사·분석	중개대상물에 대한 각종 정보수집 및 분석(가격, 권리, 입지, 투자 등)
4	중개대상물 홍보	중개대상물 매각 광고
5	권리취득중개계약 체결	중개계약 유형 선택 및 중개계약서 작성
6	중개대상물 확인·설명	법정 확인·설명사항 및 셀링포인트, 하자치유방안
7	거래조건 교섭·합의	거래가격 및 대금지급·하자치유·인도·공과금부담 등 거래조건 교섭
8	거래계약 체결	① 거래계약서 작성 및 교부 ② 중개대상물 확인·설명서 작성 및 교부 ③ 업무보증서면 제공 및 업무보증내용 설명 ④ 중개보수 수수 및 영수증 지급
9	거래계약 이행	중도금 및 잔금 지급, 부동산거래신고, 행정절차, 등기, 점유이전(실질적 중개실무에는 해당되지 않음)

02 부동산거래정보망 ★★   추가15회 출제

1 부동산시장 형성기능
각종 중개대상물의 정보와 권리취득 및 이전으로 개업공인중개사가 모여 사실상의 시장역할을 수행한다.

2 부동산가격 조정기능
거래정보망등록 중개대상물의 상호 가격경쟁으로 인한 가격인하 및 가격상승 억제효과가 있다.

3 개업공인중개사 상호간 중개대상물에 관한 정보교환기능
대용량의 정보를 빠른 시간 내에 수집하고 제공할 수 있으므로, 부동산거래정보망은 개업공인중개사들에게 빠르고 다양한 정보를 접할 수 있는 기회를 부여한다.

4 중개업공동체 형성
개업공인중개사 상호 간의 부동산정보 이외의 다양한 정보교류로서 공동체를 형성한다.

Professor Comment
정보망이용절차도에 대한 문제가 자주 출제되고 있다.

제3편 중개실무

03 중개업경영 ★

1 중개업경영의 특징

(1) 부동산경영관리이론의 빈곤
(2) 수요·공급자의 비고정성·비노출성
(3) 부동산시장의 복잡 다양성·추상성
(4) 순이익의 유동성
(5) 높은 인사관리의 비중
(6) 계획과 통제의 곤란성
(7) 시장의 비조직성
(8) 고객의사결정의 유동성

2 리스팅농장의 경영

15회 출제

(1) **리스팅농장**
   농부가 자신의 소유인 농장을 경영하여 수확을 거두 듯, 개업공인중개사가 중개계약을 지속적으로 확보하여 중개업을 경영하기 위하여 집중적으로 중개활동을 벌이는 일정범위의 지역을 의미한다.

(2) **중개업 리스팅농장의 경영방법**
   전문성 제고, 개별활동, 정보시스템의 구축, 지속적 홍보

CHAPTER 02 중개계약 및 중개기법

학습포인트

- 중개계약의 수집 및 계약서 작성 : 내용에 대한 전반적인 이해가 필요하다. 중개계약에 관한 일반적 이론과 각 부문별 작성방법 및 주의점을 숙지하며, 계약서에 기재된 내용을 이해해야 한다.
- 특징분석 : 셀링포인트의 의의와 기준에 대한 이해가 필요하나, 각 부동산별 특징분석은 그 내용을 이해하는 수준으로만 학습한다.
- 중개기법 : 내용을 이해하는 수준으로 학습하되, 주요 용어는 반드시 이해하도록 한다.

CHAPTER 학습 & 출제되는 키워드

- ☑ 중개계약 수집업무
- ☑ 직접수집방법과 간접수집
- ☑ 중개계약서 작성
- ☑ 비전형·혼합계약·위임유사설
- ☑ 중개보수 책정 기준에 따른 구분
- ☑ 중개계약체결시 주의점
- ☑ 특징분석
- ☑ 중개기법

- ☑ 유효한 중개계약의 요건
- ☑ 방법
- ☑ 중개계약의 특징
- ☑ 중개권한에 따른 분류
- ☑ 순가·정률·정가중개계약
- ☑ 일반중개계약서 작성
- ☑ 셀링포인트
- ☑ 주목·흥미·욕망·행동단계

- ☑ 거래 가격·기간·조건·중개능력
- ☑ 안정시장
- ☑ 민사중개계약
- ☑ 일반·독점·전속중개계약
- ☑ 중개계약의 필요성
- ☑ 전속중개계약서 작성
- ☑ 셀링포인트 기법의 필요성
- ☑ 클로징 유도

CHAPTER 학습 & 출제되는 질문

- ☑ 중개계약의 특징으로 옳지 않은 것은?
- ☑ 전속중개계약서 기재사항으로 틀린 것은?
- ☑ 셀링포인트에 대한 설명으로 틀린 것은?

제3편 중개실무

01 중개계약 수집업무 ★

16회 출제

1 중개대상물의 직접수집방법

(1) 개업피로연 및 사교활동을 통한 수집
(2) 관혼상제 및 기업의 변동 등을 통한 수집
(3) 호별방문, 전화, DM을 통한 수집
(4) 공지·공가 등의 조사를 통한 수집
(5) 과거 중개의뢰인의 관리를 통한 수집
(6) **직접관찰법**
   지역신문이나 잡지, 인터넷 광고 등에 게재된 부동산의 매각이나 임대광고에서 부동산 소유자 등 중개서비스 필요 계층을 찾아 중개계약을 획득하는 방법

2 중개대상물의 간접수집방법

(1) 판매협력자 활용법   (2) 연쇄소개법   (3) 유력자이용법   (4) 단체개척법

02 중개계약론 ★

34회 출제

1 중개계약의 특징

추가15회 출제

민사중개계약, 유상계약, 쌍무계약, 낙성계약, 불요식계약, 비전형계약(무명계약), 혼합계약(혼성계약)

Professor Comment
편무적 쌍무계약이라고도 한다.

2 부동산중개계약의 구분

11·추가15·17·33회 출제

(1) **중개권한에 따른 구분**
   1) 일반중개계약
      불특정다수의 개업공인중개사에게 경쟁적으로 중개를 의뢰하고, 가장 먼저 중개를 완성시킨 개업공인중개사에게 성공보수로서 중개보수를 지급하는 형태
   2) **독점중개계약**(독점매도권 중개위임제)
      ① 특정 개업공인중개사에게 독점적으로 중개할 권한을 부여하는 중개계약형태
      ② 계약기간 내에 누구에 의하여 중개가 완성되었는가를 불문하고 독점계약 체결 개업공인중개사에게 약정된 중개보수를 지급

3) 전속중개계약(독점대리권 중개위임제)
   ① 중개의뢰인이 개업공인중개사에게 전속적으로 중개할 권한을 부여하되, 중개의뢰인은 전속중개계약을 체결한 개업공인중개사가 거래의 교섭을 한 사실이 없는 상대방과 직접 거래할 수 있는 권리를 유보하는 형태의 중개계약이다.
   ② 거래계약성립시 개업공인중개사는 중개보수의 50% 범위 내에서 당해 개업공인중개사의 소요된 비용을 받을 뿐이다.

(2) 중개보수 지급방식에 따른 구분
   1) 순가중개계약
      중개의뢰인이 중개대상물의 가격을 개업공인중개사에게 제시하고 이를 초과한 가격으로 중개가 완성된 경우, 거래대금에서 중개의뢰인이 제시한 금액과의 차액을 개업공인중개사가 중개보수로 취득하는 중개계약형태

Professor Comment
순가중개계약을 체결하였어도 이 법에 위반되지 않는다.

   2) 정가중개계약
      중개완성으로 인한 거래가액에 대해 일정한 금액이나 중개보수율을 적용한 중개보수를 지급하는 중개계약

(3) 참여개업공인중개사 수에 따른 구분
   1) 단독중개계약
      1건의 거래에 대하여 1인의 개업공인중개사와 1건의 중개계약을 체결하는 것
   2) 공동중개계약 **13회 출제**
      1건의 거래에 대하여 복수의 개업공인중개사를 상대로 1건의 중개계약을 체결하거나, 수건의 거래를 1인의 개업공인중개사에게 공동으로 중개를 의뢰하는 형태

(4) 의무부담형태에 따른 구분
   1) 일방적 중개계약
      중개계약으로 인해 중개와 보수지급이 상호 대가적인 의무성을 갖지 않는 형태의 중개계약으로 우리나라에서의 일반적인 중개계약의 형태
   2) 쌍방적 중개계약
      개업공인중개사의 중개의무와 중개의뢰인의 중개보수 지급의무가 상호 대가적이고 의무적으로 존재하는 계약을 의미하는 것

(5) 중개계약주체에 따른 구분
   1) 제2중개계약
      중개권한을 가진 개업공인중개사와 기타의 개업공인중개사와의 사이에 중개완성을 위하여 체결되는 계약
   2) 제1중개계약
      제2중개계약의 근거가 되는 중개의뢰인과 개업공인중개사 간에 체결된 본래의 중개계약

3 중개계약의 종료사유

중개완성, 계약기간의 종료, 계약의 해지 및 해제, 당사자의 사망·파산선고, 다른 개업공인중개사에 의한 거래완성(일반중개계약의 경우) 등

03 중개계약서 작성 ★★

30회 출제

Professor Comment
중개계약의 서면화에 대한 장점(필요성)과 중개계약의 특징 등도 가끔 출제되고 있다.

1 중개계약 서면화의 필요성

10·11회 출제

(1) 자주통제의 기능
(2) 유통시장의 정비 및 근대화 기능
(3) 분쟁예방의 기능
(4) 부동산투기예방 기능

2 중개계약체결시 일반적 주의사항

(1) 중개계약은 유상, 쌍무, 불요식, 낙성, 비전형, 혼합, 민사중개, 위임계약에 유사한 계약임
(2) 성문계약으로 할 것
(3) 보수청구권의 근거

Professor Comment
대리권을 부여받은 경우 대리권까지 명시하여야 한다.

3 일반중개계약서 서식 작성시 유의점

(1) 개업공인중개사에게 중개대상물의 거래가 조속히 이루어지도록 성실히 노력하여야 할 의무가 명시되어 있다.
(2) 중개의뢰인의 협조의무를 명시적으로 표현하고 있다.
(3) 중개의뢰인은 다른 개업공인중개사와 동일한 중개계약을 체결할 수 있다.
(4) 중개계약의 유효기간을 기입하지 않을 경우에는 중개계약기간이 3개월로 정해진다.
(5) 중개보수는 거래가액을 기준으로 산정하는 것이 바람직하다.
(6) 중개대상권리의 처분권을 위임받은 대리인과 중개계약을 체결하는 경우에는 중개의뢰인과 소유자 및 등기명의인의 인적사항이 다르게 기입되어야 한다.

04 중개대상물의 중개기법 ★★

1 특징분석　　　　　　　　　　　　　　　　　　　　　　11회 출제

(1) 셀링포인트의 의의　　　　　　　　　　　　　　　　17회 출제

부동산이 지니는 제특성 중 권리를 취득하는 중개의뢰인에게 만족을 주는 특징을 셀링포인트(Selling Point)라 하며, 판매소구점(販賣訴求點)이라고 부르는 경우도 있다.

Professor Comment

셀링포인트는 중개대상물에 대한 장점을 말한다.

(2) 셀링포인트 3측면

1) **기술적 측면**
   건물의 설비·구조·건축공법 등 견고성과 동선(動線)의 합리성 등

2) **경제적 측면**
   당해 부동산의 가격이나 임료의 적정성·저렴성 등

3) **법률적 측면**
   권리의 진정성, 공·사법상의 규제사항 부존재

(3) 셀링포인트의 기본적 선정기준

구 분	개별적 기준	공통적인 기준
주거용 부동산	쾌적성·편리성	접근성 능률성 안전성
상업용 부동산	수익성	
농업 및 공업용 부동산	생산성(노동, 원료, 소비시장)	
레저용 부동산	쾌적성과 수익성	

(4) 셀링포인트 특징

1) 부동산이 지니는 셀링포인트는 다양하다.
2) 셀링포인트는 인공적·자연적을 모두 포함한다.
3) 기술적 셀링포인트는 시간이 지나면서 소멸한다.
4) 중개의뢰인마다 셀링포인트는 다르다.
5) 셀링포인트는 서면화 하여 현장확인 또는 확인설명시 활용한다.

2 중개기법

(1) 고객구매심리(중개심리)
중개활동의 판매과정에서 적용

1) **주목(Attention)단계**
   개업공인중개사가 중개대상물 매각광고 등 판매활동을 통하여 중개대상물의 구매자를 유인하는 단계

2) **흥미(Interest)단계**
   광고 또는 개업공인중개사와의 상담을 통해 자신의 구매조건과 유사한 거래대상 부동산을 찾은 중개의뢰인에게 적용되는 단계

3) **욕망(Desire)단계**
   중개의뢰인이 중개대상물의 거래의사를 결정하는 단계, 개업공인중개사가 클로징(Closing)을 시도하는 단계

4) **행동(Action)단계**
   중개의뢰인이 거래의사를 확정하고 거래계약을 체결하는 단계

(2) 클로징 유도기법

1) **점진적 확인법**
   중개의뢰인이 계약체결의 의사결정을 했다고 판단되는 경우 사용하는 방법. 계약을 전제로 상세 계약조건 및 계약이행절차를 상의함으로써 자연스럽게 계약으로 유도한다.

2) **계약전제법**
   중개대상물의 구매욕망이 형성된 것을 인식한 경우 사용하는 방법. 거래조건 중 권리취득중개의뢰인이 손쉽게 동의할 수 있는 조건을 단계적으로 제시하여 계약을 유도한다.

3) **부분선결법**
   일부 지엽적 문제로 인해 계약체결 의사를 결정하지 못한 경우 사용하는 방법. 중개의뢰인이 작은 부분부터 1가지씩 해결방법을 제시하여 계약을 유도한다.

Professor Comment
이를 세부선결법이라고도 한다.

---

4) **장단비교법**
   2개 이상의 중개대상물을 비교하느라 의사결정을 하지 못하는 경우에 사용하는 방법. 중개대상물 상호간의 장·단점 비교표를 제시하는 등의 방법으로 상호 비교가 가능하도록 함으로써 중개대상물을 선택하도록 한다.

5) **결과강조법(만족강조법)**
   거래조건에 적합한 중개대상물을 선정했으나 구매의사를 손쉽게 결정하지 못하는 경우에 사용되는 방법. 중개대상물 구입으로 인한 기회이익을 제시하고, 지금 구매하지 못하면 이러한 구매이익이 상실된다는 점을 강조하여 계약을 유도한다.
   예) 과거에 투자성공 사례 등을 제시하고, 지금 구입하지 않으면 장래에 발생될 수 있는 투자이익을 상실함

CHAPTER 03 중개대상물의 조사·분석

학습포인트

- 이 장은 중개실무 가운데 가장 중요시되는 부분으로 다음과 같은 철저한 학습이 필요하다.
- 중개대상물 조사·분석 개요 : 권리분석에 대한 상세내용을 숙지해야 한다.
- 공부조사 : 각종 공부의 수록내용과 그 내용의 해석방법을 숙지해야 하나, 토지이용계획확인서의 내용은 암기보다는 내용을 이해하는 수준에서 학습한다.
- 현장조사 : 현장조사방법이 아닌 현장상황에 대한 해석의 정확한 이해가 필요하다.
- 기타 부동산의 조사·분석 : 전반적인 내용을 숙지하되, 분양권조사분석 부문은 그 내용을 이해할 수 있어야 한다.
- 중개대상물 확인·설명서 작성 : 확인·설명의 주의점을 숙지해야 하며 확인·설명서 작성 시 각 항목별로 수록될 내용에 대한 심도 높은 학습이 필요하다.

CHAPTER 학습 & 출제되는 키워드

- ☑ 조사·분석의 목적 및 절차
- ☑ 권리관계의 진실성 분석
- ☑ 등기를 요하지 않는 물권변동
- ☑ 토지이용계획확인서
- ☑ 무허가건물대장
- ☑ 미등기부동산의 조사·분석
- ☑ 법정지상권·분묘기지권·종물
- ☑ 입목·광업재단·공장재단

- ☑ 권리분석
- ☑ 공부조사
- ☑ 지적공부조사
- ☑ 공시지가확인서
- ☑ 주민등록
- ☑ 현장조사의 개요
- ☑ 건물의 현장조사
- ☑ 분양권 조사·분석

- ☑ 등기부의 판독
- ☑ 부동산등기부의 조사·분석
- ☑ 건축물대장
- ☑ 환지예정증명원
- ☑ 시·군·구 조례
- ☑ 토지의 현장조사
- ☑ 조세의 종류와 세율 조사·확인
- ☑ 중개대상물 확인 설명서 작성

CHAPTER 학습 & 출제되는 질문

- ☑ 중개대상물조사 확인에 대한 설명으로 옳지 않는 것은?
- ☑ 분묘에 대한 설명으로 옳지 않은 것은?
- ☑ 확인·설명서 작성법에 대한 설명으로 틀린 것은?

제3편 중개실무

01 중개대상물 조사·분석 개요 ★

14·27회 출제

1 조사·분석의 목적

(1) 중개대상물 확인·설명을 위한 기초자료 활용
(2) 중개대상물의 권리분석을 위한 기초자료 활용
(3) 중개대상물 최유효이용분석을 위한 기초자료 활용
(4) 중개대상물의 가격 및 투자·입지분석을 위한 기초자료 활용
(5) 중개대상물 셀링포인트 추출을 위한 기초자료로 활용

2 조사·분석절차

(1) 공부조사   (2) 현장조사   (3) 조사자료의 수집 및 정리
(4) 조사자료의 분석   (5) 중개대상물 확인·설명서 작성 및 중개업무에 활용

Professor Comment
권리분석의 순서는 공부상 확인을 하고 현장조사를 한다.

02 공부조사 ★★

10·추가15·19회 출제

1 공부의 종류 및 수록 내용

12회 출제

공부의 종류	수록내용	발급처
1) 등기부(토지, 건물)	부동산에 관한 권리 및 권리에 대한 제한, 대지권 비율	법원 등기과, 등기소
2) 지적공부	토지의 면적, 지목, 경계, 위치, 형상 등	시·군·구청
3) 건축물대장	건축물의 면적, 용도, 층수, 건축연도 등	
4) 토지이용계획확인서	토지에 대한 공법상 이용제한 및 거래규제	
5) 공시지가확인서	토지에 대한 개별공시지가	
6) 환지예정증명원	환지방식 도시개발사업지구 내 토지의 환지면적 및 위치 등	시·군·구, 읍·면·동사무소
7) 무허가건물대장	무허가건물에 대한 소유자 및 면적 등	읍·면·동사무소
8) 주민등록	주택임차인의 존재 및 대항력 구비 여부 확인	
9) 시·군·구 조례	건폐율 상한 및 용적률 상한	시·군·구청

2 공부의 효력

(1) 등기부의 효력

부동산에 관하여 등기가 경료되어 있는 경우 특별한 사정이 없는 한 그 원인과 절차에 있어서 적법하게 경료된 것으로 추정되고 있다(대법).

(2) 지적공부의 효력
토지대장과 지적도에 등록된 면적이나 경계는 반증이 없는 한 대상부동산의 면적과 경계로서 법률적인 효력이 주어진다(대법).

3 등기대상 권리 및 등기내용
소유권, 지상권, 지역권, 전세권, 저당권, 권리질권, 채권담보권, 임차권

4 등기부의 분석 `16회 출제`
이중등기, 가등기, 가처분등기, 가압류등기, 압류등기, 환매등기, 경매등기

Professor Comment
이러한 등기가 있어도 양도가 가능하고 중개가 가능하다.

5 등기를 요하지 아니하는 부동산물권변동 `13회 출제`
(1) 상속, 공용징수, 판결, 경매 기타 법률의 규정에 의한 부동산에 관한 물권의 취득은 등기를 요하지 아니한다. 그러나 등기를 하지 아니하면 이를 처분하지 못한다(민법 제187조).

(2) 따라서 등기를 요하지 아니하는 부동산물권변동은 등기부 조사만으로는 조사하는 것이 불가능하며, 등기가 되지 않은 경우에는 현장조사(탐문조사)를 통해서만 가능할 것이다.

6 조사대상 지적공부 `11회 출제`
토지대장·임야대장·지적도·임야도·공유지연명부·대지권등록부 등

7 공부상호 간의 우선순위
(1) **권리관계**
등기사항증명서(다만, 소유권보존등기에 대해서는 지적공부와 건축물대장 우선)

(2) **토지의 면적 상황**
토지대장

(3) **건물의 면적 상황**
건축물대장

(4) **공법상 용도지역**
토지이용계획확인서

8 공법상 이용제한·거래규제사항 `16회 출제`
토지이용계획확인서를 발급받아 확인한다.

03 현장조사 ★★★

11회 출제

1 현장조사사항

13회 출제

(1) 기초조사

위 치	지적도·임야도의 위치와 대상부동산의 일치 여부 확인
실 재	건축물대장에 등재된 건축물의 존재 여부와 등재되지 않은 건축물 등의 존재 여부 확인
경 계	지적도·임야도의 경계에 대한 인근 토지의 침범 여부 확인
면 적	실제면적에 대한 개략적인 실측을 통한 공부상 면적의 적정성 확인
지목·용도	공부상의 지목과 건축물의 용도에 대한 확인
기 타	건축물의 방향이나 설비 등 중개대상물의 가격에 영향을 줄 수 있는 물적 사항의 확인

(2) 지역분석
(3) 가격자료 수집
(4) 개별분석
(5) 셀링포인트 추출
(6) 법률관계 조사·분석

2 현장조사의 필요성

(1) 등기부에 대해서는 공신력이 인정되지 않는다.
(2) 등기부에 기재되지 않는 권리관계는 반드시 현장조사를 통해서 확인해야 한다.
(3) 중개대상물의 가격이나 최유효이용 등의 분석을 위한 물적 조사가 필요하다.

Professor Comment
지적공부의 면적과 경계는 등록사항과 현장내용이 불일치하더라도 등록사항이 인정되므로 현장과 공부사항을 대조해야 한다.

3 법정지상권의 확인

25회 출제

(1) 법정지상권의 발생
 1) 건물의 전세권과 법정지상권(민법 제305조)
 2) 저당권의 경매로 인한 법정지상권(민법 제366조)
 3) 가등기담보 등에 의한 법정지상권(「가등기담보 등에 관한 법률」 제10조)
 4) 입목의 경매 등으로 인한 법정지상권(「입목에 관한 법률」 제6조)
 5) 관습법상 법정지상권(대판 1966.2.22. 65다2223)

(2) 법정지상권의 존속기간
 법정지상권의 존속기간은 성립 후 그 지상목적물의 종류에 따라 규정하고 있는 「민법」 제280조 제1항 소정의 각 기간으로 봄이 상당하다.

(3) 법정지상권의 양도
법정지상권은 법률 또는 관습법에 의해 당연히 성립하는 것으로 등기를 필요로 하지 않으나, 이를 제3자에게 처분하려면 등기를 하여야 한다.

(4) 법정지상권의 불성립
건물 없는 토지에 대하여 저당권이 설정된 후 저당권설정자가 그 위에 건물을 건축하였다가 담보권의 실행을 위한 경매절차에서 경매로 인하여 그 토지와 지상 건물이 소유자를 달리하였을 경우에는 법정지상권이 성립하지 않는다.

(5) 법정지상권의 지료
법정지상권자라 할지라도 대지소유자에게 지료를 지급할 의무는 있다. 다만 지료에 대해 등기되었거나 약정을 한 경우를 제외하고는 지료를 지급하지 않았다 하더라도 소멸청구하지 못한다.

4 관습법상 법정지상권의 분석

(1) 관습법상 법정지상권의 발생
토지와 건물이 동일인에게 속하였다가 그 중 어느 하나가 일정한 원인으로 소유자를 달리하게 되는 경우 그 건물을 철거한다는 특약이 없으면 성립되는 것이다.

(2) 관습법상 법정지상권의 성립조건
토지와 건물 중 어느 하나가 처분될 당시에 토지와 그 지상건물이 동일인의 소유에 속하였으면 족하고 원시적으로 동일인의 소유였을 필요는 없다.

(3) 관습법상 법정지상권의 대항력
관습법에 의한 부동산에 관한 물권의 취득이므로 등기를 필요로 하지 아니하며, 이를 취득할 당시의 토지소유자나 이로부터 소유권을 전득한 제3자에게 대하여도 등기없이 위 지상권을 주장할 수 있다.

(4) 관습법상 법정지상권의 양도
법정지상권을 취득한 건물소유자가 법정지상권의 설정등기를 경료함이 없이 건물을 양도하는 경우에는 특별한 사정이 없는 한 건물과 함께 지상권도 양도하기로 하는 채권적 계약이 있었다고 할 것이다.

(5) 관습법상 법정지상권의 성립이 인정되지 않는 경우
1) 그 소유권 귀속이 원인무효로 이루어졌다가 그 뒤 그 원인무효임이 밝혀져 그 등기가 말소됨으로써 그 건물과 토지의 소유자가 달라진 경우에는 관습법상의 법정지상권을 허용할 수 없는 것이다.

2) 지상물 중 독립된 건물로 볼 수 없는 단순한 지상구조물인 자전거보관소와 철봉에 관하여는 관습법상의 법정지상권을 취득할 여지가 없다.

제3편 중개실무

5 분묘기지권의 분석 `16·20·21·25·29·32·34회 출제`

(1) 분묘기지권의 의의
분묘를 수호하고 봉제사하는 목적을 달성하는 데 필요한 범위 내에서 타인의 토지를 사용할 수 있는 권리이다(대판 1955.9.29. 4288민상210).

(2) 분묘기지권의 취득

1) 분묘기지권의 설정에 의한 취득
타인의 토지에 합법적으로 분묘를 설치한 자는 관습상 그 토지 위에 지상권에 유사한 일종의 물권을 취득한다.

2) 분묘기지권의 시효취득
타인 소유의 토지에 소유자의 승낙없이 분묘를 설치한 경우에는 20년간 평온·공연하게 그 분묘의 기지를 점유함으로써 분묘기지권을 시효로 취득한다.

Professor Comment
「장사 등에 관한 법률」 시행 이후에 설치된 분묘는 적용되지 않는다.

(3) 분묘기지권의 대항력
분묘기지권은 등기없이도 제3취득자에게 대항할 수 있는 것이다.

(4) 분묘기지권의 범위
분묘의 기지 자체(봉분의 기저 부분)뿐만 아니라 그 분묘의 수호 및 제사에 필요한 범위 내에서 분묘의 기지 주위의 공지를 포함한 지역에까지 미치는 것이다.

(5) 분묘기지권의 성립요건
봉분 등 외부에서 분묘의 존재를 인식할 수 있는 형태를 갖추고 있어야 하고, 평장되어 있거나 암장되어 있어 객관적으로 인식할 수 있는 외형을 갖추고 있지 아니한 경우에는 분묘기지권이 인정되지 아니한다.

(6) 분묘기지권의 존속기간 `19회 출제`
당사자의 약정 등 특별한 사정이 없는 경우에는 권리자가 분묘의 수호와 봉사를 계속하는 한 그 분묘가 존속하고 있는 동안은 분묘기지권은 존속한다.

(7) 분묘기지권의 지료
분묘기지권을 시효취득하는 경우 토지소유자가 지료를 청구한 때부터 지료를 지급하여야 한다.

6 장사 등에 관한 법률 `24·34회 출제`

(1) 사설묘지설치 면적 및 기준

1) 법인묘지
10만m² 이상 : 시장등의 허가

2) 종중·문종
1천m² 이하 : 시장등의 허가

3) 가족묘지

100m² 이하 : 시장등의 허가

4) 개인묘지

30m²(합장 포함) 이하 : 30일 이내 신고

[주의] 공설묘지 및 사설묘지(개인묘지 제외) 내에 설치하는 분묘의 1기당 묘지면적은 상석·비석 포함 10평방미터 이하(합장의 경우 15평방미터 이하)

(2) 자연장지 면적

1) 법인 자연장지 : 5만m² 이상 : 시장등의 허가
2) 종교 자연장지 : 4만m² 이하 : 시장등의 허가
3) 종중·문중 자연장지 : 2천m² 이하 : 시장등에게 사전신고
4) 가족 자연장지 : 100m² 미만 : 시장등에 사전신고
5) 개인 자연장지 : 30m² 미만 : 30일 이내 신고

(3) 묘지설치가능지역

도로·철도·하천 또는 그 예정지역으로부터 300m 이상(가족묘지, 개인묘지는 200m 이상), 20호 이상의 인가가 밀집한 지역, 학교 기타 공중이 수시 집합하는 시설 또는 장소로부터 500m 이상(가족묘지, 개인묘지는 300m 이상) 떨어진 곳

(4) **묘지의 사전매매**(양도, 임대, 사용계약 포함) **금지**

예외 – 70세 이상인 자, 6월 이내 사망예정자, 뇌사자, 부부간의 합장인 경우(법 제21조, 영 제25조)

(5) 묘지설치기간

30년(1회 연장가능), 설치기간이 종료된 경우 종료된 날부터 1년 이내에 개장하여 화장하거나 봉안하여야 한다.

(6) **타인소유토지에 허락 없이 설치한 분묘**(자연장지)

허가받아 개장 가능, 분묘기지권 주장 불가

04 기타 부동산의 조사·분석

20회 출제

입목 조사·분석	광업재단 조사·분석	공장재단 조사·분석
입목의 소재지(등기·등록지)	광업재단의 소재지(등기·등록지)	공장재단의 소재지(등기·등록지)
등기부기재사항 (소유권에 관한 사항 및 소유권 외의 권리사항)	등기부기재사항 (소유권에 관한 사항 및 소유권 외의 권리사항)	등기부기재사항 (소유권에 관한 사항 및 소유권 외의 권리사항)
입목의 생육상태 기타 참고사항	재단목록	재단목록

CHAPTER 04
중개대상물 확인·설명서

학습포인트
- 중개대상물 확인·설명의 주의점을 숙지해야 하며 확인·설명서 작성시 각 항목별로 수록될 내용에 대한 심도 높은 학습이 필요하다.

CHAPTER 학습 & 출제되는 키워드

- ☑ 확인·설명의 기준시점
- ☑ 공부의 현황과 불일치
- ☑ 하자발생 가능성이 있는 경우
- ☑ 확인·조사방법의 명시
- ☑ 확인·설명서 작성방법
- ☑ 중개 대상물 확인·설명서(Ⅰ) (주거용 건축물)
- ☑ 중개 대상물 확인·설명서(Ⅱ) (비주거용 건축물)
- ☑ 중개 대상물 확인·설명서(Ⅲ) (토지, 매매·교환, 임대)
- ☑ 중개대상물 확인·설명서(Ⅳ) (입목·광업재단·공장재단, 매매·교환, 임대)

CHAPTER 학습 & 출제되는 질문

- ☑ 중개대상물의 확인·설명서에 관한 설명으로 옳은 것은?
- ☑ 주거용 건축물의 중개대상물 확인·설명서의 '개업공인중개사 기본 확인사항'이 아닌 것은?

01 중개대상물 확인·설명시 유의점 ★★

[25·34회 출제]

1 확인·설명 기준시점

개업공인중개사는 중개의뢰를 받은 때 중개대상물의 사실관계 및 법률관계 등을 조사·확인하여 권리를 취득하고자 하는 자에게 서면제시와 함께 설명해야 한다.

Professor Comment
기재 내용을 증빙할 수 있는 각종 서면을 첨부하는 것이 바람직하다.

2 공부와 현황의 불일치

가능한 한 불일치의 원인을 찾아 확인·설명을 하는 것이 바람직하며, 중개대상물 확인·설명서에 이러한 사항을 반드시 명시해 거래당사자 쌍방에게 교부하여야 한다.

3 하자발생 가능성이 있는 경우

하자의 발생 가능성만이라도 확인·설명하고 관련 전문가의 도움을 받도록 권유함으로써 자신의 의무를 다해야 할 것이다.

4 확인·조사방법의 명시

중개의뢰인이 제공한 사실을 기초로 중개대상물 확인·설명서를 작성할 경우에는 작성의 근거를 명시하여 책임의 한계를 분명히 해야 할 것이다.

Professor Comment
그렇다고 개업공인중개사의 책임이 소멸하는 것은 아니다.

5 기타 사항

(1) 공동중개에 참여한 양측 개업공인중개사 모두 서명·날인해야 할 것이다.
(2) 집합건물에 대한 확인·설명 중 중개대상물의 표시사항에는 표제부 2장에 기재된 사항이 모두 포함되는 것이 합리적이다.

제3편 중개실무

02 중개대상물 확인·설명서 작성방법 ★★★ 14·추가15·19·21·24·28·34회 출제

■ 공인중개사법 시행규칙 [별지 제20호서식] 〈개정 2024. 7. 2.〉 (6쪽 중 제1쪽)

중개대상물 확인·설명서[I] (주거용 건축물)

(주택 유형 : [ ]단독주택 [ ]공동주택 [ ]주거용 오피스)
(거래 형태 : [ ]매매·교환 [ ]임대)

확인·설명 자료	확인·설명 근거자료 등	[ ]등기권리증 [ ]등기사항증명서 [ ]토지대장 [ ]건축물대장 [ ]지적도 [ ]임야도 [ ]토지이용계획확인서 [ ]확정일자 부여현황 [ ]전입세대확인서 [ ]국세납세증명서 [ ]지방세납세증명서 [ ]그 밖의 자료( )
	대상물건의 상태에 관한 자료요구 사항	

유의사항		
개업공인중개사의 확인·설명 의무		개업공인중개사는 중개대상물에 관한 권리를 취득하려는 중개의뢰인에게 성실·정확하게 설명하고, 토지대장 등본, 등기사항증명서 등 설명의 근거자료를 제시해야 합니다.
실제 거래가격 신고		「부동산 거래신고 등에 관한 법률」 제3조 및 같은 법 시행령 별표 1 제1호마목에 따른 실제 거래가격은 매수인이 매수한 부동산을 양도하는 경우 「소득세법」 제97조제1항 및 제7항과 같은 법 시행령 제163조제11항제2호에 따라 취득 당시의 실제 거래가액으로 보아 양도차익이 계산될 수 있음을 유의하시기 바랍니다.

I. 개업공인중개사 기본 확인사항

① 대상물건의 표시	토지	소재지					
		면적(㎡)		지목	공부상 지목		
					실제 이용 상태		
	건축물	전용면적(㎡)			대지지분(㎡)		
		준공년도 (증개축년도)		용도	건축물대장상 용도		
					실제 용도		
		구조			방향		(기준:)
		내진설계 적용여부			내진능력		
		건축물대장상 위반건축물여부	[ ]위반 [ ]적법	위반내용			

② 권리관계	등기부 기재사항	소유권에 관한 사항		소유권 외의 권리사항	
		토지		토지	
		건축물		건축물	

③ 토지이용계획, 공법상 이용제한 및 거래규제에 관한 사항(토지)	지역·지구	용도지역			건폐율 상한	용적률 상한
		용도지구			%	%
		용도구역				
	도시·군계획 시설		허가·신고 구역 여부	[ ]토지거래허가구역		
			투기지역 여부	[ ]토지투기지역 [ ]주택투기지역 [ ]투기과열지구		
	지구단위계획구역, 그 밖의 도시·군관리계획			그 밖의 이용제한 및 거래규제사항		

제4장 중개대상물 확인·설명서

(6쪽 중 제2쪽)

④ 임대차 확인사항	확정일자 부여현황 정보	[ ] 임대인 자료제출 [ ] 열람 동의		[ ] 임차인 권리 설명
	국세 및 지방세 체납정보	[ ] 임대인 자료제출 [ ] 열람 동의		[ ] 임차인 권리 설명
	전입세대 확인서	[ ] 확인(확인서류 첨부) [ ] 미확인(열람·교부 신청방법 설명) [ ] 해당 없음		
	최우선변제금	소액임차인범위: 만원 이하	최우선변제금액: 만원 이하	
	민간임대등록여부	등록 [ ]장기일반민간임대주택 [ ] 공공지원민간임대주택 [ ]그 밖의유형( )		[ ] 임대보증금 보증 설명
		임대의무기간	임대개시일	
		미등록 [ ]		
	계약갱신 요구권 행사 여부	[ ] 확인(확인서류 첨부) [ ] 미확인 [ ] 해당 없음		

	임대인	(서명 또는 날인)
개업공인중개사가 "④ 임대차 확인사항"을 임대인 및 임차인에게 설명하였음을 확인함	임차인	(서명 또는 날인)
	개업공인중개사	(서명 또는 날인)
	개업공인중개사	(서명 또는 날인)

※ 민간임대주택의 임대사업자는 「민간임대주택에 관한 특별법」제49조에 따라 임대보증금에 대한 보증에 가입해야 합니다.
※ 임대인은 주택도시보증공사(HUG)등이 운영하는 전세보증금반환보증에 가입할것을 권고합니다.
※ 임대차 계약 후 「부동산 거래신고 등에 관한 법률」 제6조의2에 따라 30일 이내 신고해야 합니다(신고 시 확정일자 자동부여).
※ 최우선변제금은 근저당권 등 선순위 담보물권 설정 당시의 소액임차인범위 및 최우선변제금액을 기준으로 합니다.

⑤입지조건	도로와의 관계	(m × m)도로에 접함 [ ] 포장 [ ] 비포장	접근성	[ ] 용이함 [ ] 불편함
	대중교통	버스 ( ) 정류장, 소요시간: ([ ] 도보 [ ] 차량) 약 분		
		지하철 ( ) 역, 소요시간: ([ ] 도보 [ ] 차량) 약 분		
	주차장	[ ] 없음 [ ] 전용주차시설 [ ] 공동주차시설 [ ] 그 밖의 주차시설 ( )		
	교육시설	초등학교 ( ) 학교, 소요시간: ([ ] 도보 [ ] 차량) 약 분		
		중학교 ( ) 학교, 소요시간: ([ ] 도보 [ ] 차량) 약 분		
		고등학교 ( ) 학교, 소요시간: ([ ] 도보 [ ] 차량) 약 분		

⑥ 관리에 관한 사항	경비실	[ ] 있음 [ ] 없음　　관리주체　[ ] 위탁관리 [ ] 자체관리 [ ] 그 밖의유형
	관리비	관리비 금액: 총 원 관리비 포함 비목: [ ] 전기료 [ ] 수도료 [ ] 가스사용료 　[ ] 난방비 [ ] 인터넷 사용료 [ ] TV 수신료 [ ] 그 밖의 비목( ) 관리비 부과방식: [ ] 임대인이 직접 부과 [ ] 관리규약에 따라 부과 　[ ]그 밖의 부과 방식( )

⑦비선호시설(1km이내)	[ ] 없음　　[ ] 있음 (종류 및 위치:)

⑧ 거래예정금액 등	거래예정금액	
	개별공시지가(㎡당)	건물(주택) 공시가격

⑨ 취득 시 부담할 조세의 종류 및 세율	취득세	%	농어촌특별세	%	지방교육세	%
	※ 재산세와 종합부동산세는 6월 1일 기준으로 대상물건 소유자가 납세의무를 부담합니다.					

(6쪽 중 제3쪽)

II. 개업공인중개사 세부 확인사항

⑩ 실제 권리관계 또는 공시되지 않은 물건의 권리 사항

⑪ 내부·외부 시설물의 상태 (건축물)	수도	파손 여부	[ ] 없음 [ ] 있음 (위치:)
		용수량	[ ] 정상 [ ] 부족함 (위치:)
	전기	공급상태	[ ] 정상 [ ] 교체 필요 (교체할 부분:)
	가스(취사용)	공급방식	[ ] 도시가스 [ ] 그 밖의 방식 ( )
	소방	단독경보형 감지기	[ ] 없음 [ ] 있음 (수량: 개) ※「소방시설 설치 및 관리에 관한 법률」제10조 및 같은 법 시행령 제10조에 따른 주택용 소방시설로서 아파트(주택으로 사용하는 층수가 5개층 이상인 주택을 말한다)를 제외한 주택의 경우만 적습니다.
	난방방식 및 연료공급	공급방식	[ ] 중앙공급 [ ] 개별공급 [ ] 지역난방 / 시설작동 [ ] 정상 [ ] 수선 필요 ( ) ※ 개별 공급인 경우 사용연한 ( ) [ ] 확인불가
		종류	[ ] 도시가스 [ ] 기름 [ ] 프로판가스 [ ] 연탄 [ ] 그 밖의 종류 ( )
	승강기		[ ] 있음 ([ ] 양호 [ ] 불량) [ ] 없음
	배수		[ ] 정상 [ ] 수선필요 ( )
	그 밖의 시설물		
⑫ 벽면·바닥면 및 도배 상태	벽면	균열	[ ] 없음 [ ] 있음 (위치:)
		누수	[ ] 없음 [ ] 있음 (위치:)
	바닥면		[ ] 깨끗함 [ ] 보통임 [ ] 수리 필요 (위치:)
	도배		[ ] 깨끗함 [ ] 보통임 [ ] 도배 필요
⑬ 환경조건	일조량		[ ] 풍부함 [ ] 보통임 [ ] 불충분 (이유:)
	소음		[ ] 아주 작음 [ ] 보통임 [ ] 심한 편임 / 진동 [ ] 아주 작음 [ ] 보통임 [ ] 심한 편임
⑭ 현장안내	현장안내자		[ ] 개업공인중개사 [ ] 소속공인중개사 [ ] 중개보조원(신분고지 여부: [ ] 예 [ ] 아니오) [ ] 해당 없음

※ "중개보조원"이란 공인중개사가 아닌 사람으로서 개업공인중개사에 소속되어 중개대상물에 대한 현장안내 및 일반서무 등 개업공인중개사의 중개업무와 관련된 단순한 업무를 보조하는 사람을 말합니다.
※ 중개보조원은 「공인중개사법」제18조의4에 따라 현장안내 등 중개업무를 보조하는 경우 중개의뢰인에게 본인이 중개보조원이라는 사실을 미리 알려야 합니다.

(6쪽 중 제4쪽)

Ⅲ. 중개보수 등에 관한 사항

⑮ 중개보수 및 실비의 금액과 산출내역	중개보수		〈산출내역〉 중개보수: 실 비: ※ 중개보수는 시·도 조례로 정한 요율한도에서 중개의뢰인과 개업공인중개사가 서로 협의하여 결정하며 부가가치세는 별도로 부과될 수 있습니다.
	실비		
	계		
	지급시기		

「공인중개사법」 제25조제3항 및 제30조제5항에 따라 거래당사자는 개업공인중개사로부터 위 중개대상물에 관한 확인·설명 및 손해배상책임의 보장에 관한 설명을 듣고, 같은 법 시행령 제21조제3항에 따른 본 확인·설명서와 같은 법 시행령 제24조제2항에 따른 손해배상책임 보장 증명서류(사본 또는 전자문서)를 수령합니다.

년　　　월　　　일

매도인 (임대인)	주소		성명	(서명 또는 날인)
	생년월일		전화번호	
매수인 (임차인)	주소		성명	(서명 또는 날인)
	생년월일		전화번호	
개업 공인중개사	등록번호		성명(대표자)	(서명 및 날인)
	사무소 명칭		소속공인중개사	(서명 및 날인)
	사무소 소재지		전화번호	
개업 공인중개사	등록번호		성명(대표자)	(서명 및 날인)
	사무소 명칭		소속공인중개사	(서명 및 날인)
	사무소 소재지		전화번호	

작성방법(주거용 건축물)

〈작성일반〉

1. "[ ]"있는 항목은 해당하는 "[ ]"안에 √로 표시합니다.

2. 세부항목 작성 시 해당 내용을 작성란에 모두 작성할 수 없는 경우에는 별지로 작성하여 첨부하고, 해당란에는 "별지 참고"라고 적습니다.

〈세부항목〉

1. 「확인·설명자료」항목의 "확인·설명 근거자료 등"에는 개업공인중개사가 확인·설명 과정에서 제시한 자료를 적으며, "대상물건의 상태에 관한 자료요구 사항"에는 매도(임대)의뢰인에게 요구한 사항 및 그 관련 자료의 제출 여부와 ⑩ 실제 권리관계 또는 공시되지 않은 물건의 권리사항부터 ⑬ 환경조건까지의 항목을 확인하기 위한 자료의 요구 및 그 불응 여부를 적습니다.

2. ① 대상물건의 표시부터 ⑨ 취득 시 부담할 조세의 종류 및 세율까지는 개업공인중개사가 확인한 사항을 적어야 합니다.

3. ① 대상물건의 표시는 토지대장 및 건축물대장 등을 확인하여 적고, 건축물의 방향은 주택의 경우 거실이나 안방 등 주실(主室)의 방향을, 그 밖의 건축물은 주된 출입구의 방향을 기준으로 남향, 북향 등 방향을 적고 방향의 기준이 불분명한 경우 기준(예: 남동향 - 거실 앞 발코니 기준)을 표시하여 적습니다.

4. ② 권리관계의 "등기부 기재사항"은 등기사항증명서를 확인하여 적습니다.

　가. 대상물건에 신탁등기가 되어 있는 경우에는 수탁자 및 신탁물건(신탁원부 번호)임을 적고, 신탁원부 약정사항에 명시된 대상물건에 대한 임대차계약의 요건(수탁자 및 수익자의 동의 또는 승낙, 임대차계약 체결의 당사자, 그 밖의 요건 등)을 확인하여 그 요건에 따라 유효한 임대차계약을 체결할 수 있음을 설명(신탁원부 교부 또는 ⑩ 실제 권리관계 또는 공시되지 않은 물건의 권리사항에 주요 내용을 작성)해야 합니다.

　나. 대상물건에 공동담보가 설정되어 있는 경우에는 공동담보 목록 등을 확인하여 공동담보의 채권최고액 등 해당 중개물건의 권리관계를 명확히 적고 설명해야 합니다.

　※ 예를 들어, 다세대주택 건물 전체에 설정된 근저당권 현황을 확인·제시하지 않으면서, 계약대상 물건이 포함된 일부 호실의 공동담보 채권최고액이 마치 건물 전체에 설정된 근저당권의 채권최고액인 것처럼 중개의뢰인을 속이는 경우에는 「공인중개사법」 위반으로 형사처벌 대상이 될 수 있습니다.

5. ③ 토지이용계획, 공법상 이용제한 및 거래규제에 관한 사항(토지)의 "건폐율 상한 및 용적률 상한"은 시·군의 조례에 따라 적고, "도시·군계획시설", "지구단위계획구역, 그 밖의 도시·군관리계획"은 개업공인중개사가 확인하여 적으며, "그 밖의 이용제한 및 거래규제사항"은 토지이용계획확인서의 내용을 확인하고, 공부에서 확인할 수 없는 사항은 부동산종합공부시스템 등에서 확인하여 적습니다(임대차의 경우에는 생략할 수 있습니다).

6. ④ 임대차 확인사항은 다음 각 목의 구분에 따라 적습니다.

　가. 「주택임대차보호법」 제3조의7에 따라 임대인이 확정일자 부여일, 차임 및 보증금 등 정보(확정일자 부여 현황 정보) 및 국세 및 지방세 납세증명서(국세 및 지방세 체납 정보)의 제출 또는 열람 동의로 갈음했는지 구분하여 표시하고, 「공인중개사법」 제25조의3에 따른 임차인의 권리에 관한 설명 여부를 표시합니다.

　나. 임대인이 제출한 전입세대 확인서류가 있는 경우에는 확인에 √로 표시를 한 후 설명하고, 없는 경우에는 미확인에 √로 표시한 후 「주민등록법」 제29조의2에 따른 전입세대확인서의 열람·교부 방법에 대해 설명합니다(임대인이 거주하는 경우이거나 확정일자 부여현황을 통해 선순위의 모든 세대가 확인되는 경우 등에는 '해당 없음'에 √로 표시합니다).

　다. 최우선변제금은 「주택임대차보호법 시행령」 제10조(보증금 중 일정액의 범위 등) 및 제11조(우선변제를 받을 임차인의 범위)를 확인하여 각각 적되, 근저당권 등 선순위 담보물권이 설정되어 있는 경우 선순위 담보물권 설정 당시의 소액임차인범위 및 최우선변제금액을 기준으로 적어야 합니다.

　라. "민간임대 등록여부"는 대상물건이 「민간임대주택에 관한 특별법」에 따라 등록된 민간임대주택인지 여부를 같은 법 제60조에 따른 임대주택정보체계에 접속하여 확인하거나 임대인에게 확인하여 "[ ]"안에 √로 표시하고, 민간임대주택인 경우 같은 법에 따른 권리·의무사항을 임대인 및 임차인에게 설명해야 합니다.

작성방법(주거용 건축물)

※ 민간임대주택은 「민간임대주택에 관한 특별법」 제5조에 따른 임대사업자가 등록한 주택으로서, 임대인과 임차인 간 임대차계약(재계약 포함) 시에는 다음의 사항이 적용됩니다.
- 「민간임대주택에 관한 특별법」 제44조에 따라 임대의무기간 중 임대료 증액청구는 5퍼센트의 범위에서 주거비 물가지수, 인근 지역의 임대료 변동률 등을 고려하여 같은 법 시행령으로 정하는 증액비율을 초과하여 청구할 수 없으며, 임대차계약 또는 임대료 증액이 있은 후 1년 이내에는 그 임대료를 증액할 수 없습니다.
- 「민간임대주택에 관한 특별법」 제45조에 따라 임대사업자는 임차인이 의무를 위반하거나 임대차를 계속하기 어려운 경우 등에 해당하지 않으면 임대의무기간 동안 임차인과의 계약을 해제·해지하거나 재계약을 거절할 수 없습니다.

마. "계약갱신요구권 행사여부"는 대상물건이 「주택임대차보호법」의 적용을 받는 주택으로서 임차인이 있는 경우 매도인(임대인)으로부터 계약갱신요구권 행사 여부에 관한 사항을 확인할 수 있는 서류를 받으면 "확인"에 √로 표시하여 해당 서류를 첨부하고, 서류를 받지 못한 경우 "미확인"에 √로 표시하며, 임차인이 없는 경우에는 "해당 없음"에 √로 표시합니다. 이 경우 개업공인중개사는 「주택임대차보호법」에 따른 임대인과 임차인의 권리·의무 사항을 매수인에게 설명해야 합니다.

7. ⑥ 관리비는 직전 1년간 월평균 관리비 등을 기초로 산출한 총 금액을 적되, 관리비에 포함되는 비목들에 대해서는 해당하는 곳에 √로 표시하며, 그 밖의 비목에 대해서는 √로 표시한 후 비목 내역을 적습니다. 관리비 부과방식은 해당하는 곳에 √로 표시하고, 그 밖의 부과방식을 선택한 경우에는 그 부과방식에 대해서 작성해야 합니다. 이 경우 세대별 사용량을 계량하여 부과하는 전기료, 수도료 등 비목은 실제 사용량에 따라 금액이 달라질 수 있고, 이에 따라 총 관리비가 변동될 수 있음을 설명해야 합니다.

8. ⑦ 비선호시설(1km이내)의 "종류 및 위치"는 대상물건으로부터 1km 이내에 사회통념상 기피 시설인 화장장·봉안당·공동묘지·쓰레기처리장·쓰레기소각장·분뇨처리장·하수종말처리장 등의 시설이 있는 경우, 그 시설의 종류 및 위치를 적습니다.

9. ⑧ 거래예정금액 등의 "거래예정금액"은 중개가 완성되기 전 거래예정금액을, "개별공시지가(㎡당)" 및 "건물(주택)공시가격"은 중개가 완성되기 전 공시된 공시지가 또는 공시가격을 적습니다[임대차의 경우에는 "개별공시지가(㎡당)" 및 "건물(주택)공시가격"을 생략할 수 있습니다].

10. ⑨ 취득 시 부담할 조세의 종류 및 세율은 중개가 완성되기 전 「지방세법」의 내용을 확인하여 적습니다[임대차의 경우에는 제외합니다].

11. ⑩ 실제 권리관계 또는 공시되지 않은 물건의 권리 사항은 매도(임대)의뢰인이 고지한 사항(법정지상권, 유치권, 「주택임대차보호법」에 따른 임대차, 토지에 부착된 조각물 및 정원수, 계약 전 소유권 변동 여부, 도로의 점용허가 여부 및 권리·의무 승계 대상 여부 등)을 적습니다. 「건축법 시행령」 별표 1 제2호에 따른 공동주택(기숙사는 제외합니다) 중 분양을 목적으로 건축되었으나 분양되지 않아 보존등기만 마쳐진 상태인 공동주택에 대해 임대차계약을 알선하는 경우에는 이를 임차인에게 설명해야 합니다.

※ 임대차계약의 경우 현재 존속 중인 임대차의 임대보증금, 월 단위의 차임액, 계약기간 및 임대차 계약의 장기수선충당금의 처리 등을 확인하여 적습니다. 그 밖에 경매 및 공매 등의 특이사항이 있는 경우 이를 확인하여 적습니다.

12. ⑪ 내부·외부 시설물의 상태(건축물), ⑫ 벽면·바닥면 및 도배 상태와 ⑬ 환경조건은 중개대상물에 대해 개업공인중개사가 매도(임대)의뢰인에게 자료를 요구하여 확인한 사항을 적고, ⑪ 내부·외부 시설물의 상태(건축물)의 "그 밖의 시설물"은 가정자동화시설(Home Automation 등 IT 관련 시설)의 설치 여부를 적습니다.

13. ⑮ 중개보수 및 실비는 개업공인중개사와 중개의뢰인이 협의하여 결정한 금액을 적되 "중개보수"는 거래예정금액을 기준으로 계산하고, "산출내역(중개보수)"은 "거래예정금액(임대차의 경우에는 임대보증금 + 월 단위의 차임액 × 100) × 중개보수 요율"과 같이 적습니다. 다만, 임대차로서 거래예정금액이 5천만원 미만인 경우에는 "임대보증금 + 월 단위의 차임액 × 70"을 거래예정금액으로 합니다.

14. 공동중개 시 참여한 개업공인중개사(소속공인중개사를 포함합니다)는 모두 서명·날인해야 하며, 2명을 넘는 경우에는 별지로 작성하여 첨부합니다.

210mm×297mm[백상지(80g/㎡) 또는 중질지(80g/㎡)]

제3편 중개실무

■ 공인중개사법 시행규칙【별지 제20호의2서식】 (4쪽 중 제1쪽)

중개대상물 확인·설명서[Ⅱ] (비주거용 건축물)

33회 출제

([ ] 업무용 [ ] 상업용 [ ] 공업용 [ ] 매매·교환 [ ] 임대 [ ] 그 밖의 경우)

※ [ ]에는 해당하는 곳에 √표를 합니다.

확인·설명자료	확인·설명 근거자료 등	[ ]등기권리증 [ ]등기사항증명서 [ ]토지대장 [ ]건축물대장 [ ]지적도 [ ]임야도 [ ]토지이용계획확인서 [ ]그 밖의 자료( )
	대상물건의 상태에 관한 자료요구사항	

유의사항

개업공인중개사의 확인·설명의무	개업공인중개사는 중개대상물에 관한 권리를 취득하려는 중개의뢰인에게 성실·정확하게 설명하고, 토지대장 등본, 등기사항증명서 등 설명의 근거자료를 제시하여야 합니다.
실제거래가격신고	「부동산 거래신고 등에 관한 법률」제3조 및 같은 법 시행령 제3조 제1항 제5호에 따른 실제거래가격은 매수인이 매수한 부동산을 양도하는 경우 「소득세법」제97조 제1항 및 제7항과 같은 법 시행령 제163조 제11항 제2호에 따라 취득 당시의 실제 거래가액으로 보아 양도차익이 계산될 수 있음을 유의하시기 바랍니다.

Ⅰ. 개업공인중개사 기본 확인사항

① 대상물건의 표시	토지	소재지				
		면적(㎡)		지목	공부상 지목	
					실제이용 상태	
	건축물	전용면적(㎡)			대지지분(㎡)	
		준공연도 (증개축연도)		용도	건축물대장상 용도	
					실제 용도	
		구조			방향	(기준:)
		내진설계 적용여부			내진능력	
		건축물대장상 위반건축물 여부	[ ]위반 [ ]적법	위반내용		

② 권리관계	등기부 기재사항	소유권에 관한 사항		소유권 외의 권리사항	
		토지		토지	
		건축물		건축물	
	민간 임대 등록 여부	등록	[ ]장기일반민간임대주택 [ ]공공지원민간임대주택 [ ]그밖의 유형( )		
			임대의무기간		임대개시일	
		미등록	[ ]해당사항 없음		
	계약갱신요구 권행사여부	[ ]확인(확인서류첨부) [ ]미확인 [ ]해당 없음			

③ 토지이용 계획, 공법상 이용제 한 및 거래규제 에 관한 사항 (토지)	지역· 지구	용도지역		건폐율 상한	용적률 상한
		용도지구		%	%
		용도구역			
	도시·군 계획시설		허가·신고 구역 여부	[ ]토지거래허가구역	
			투기지역 여부	[ ]토지투기지역 [ ]주택투기지역 [ ]투기과열지구	
	지구단위계획구역, 그 밖의 도시·군관리계획		그 밖의 이용제한 및 거래규제사항		

210mm×297mm[백상지(80g/㎡) 또는 중질지(80g/㎡)]

제4장 중개대상물 확인·설명서

(4쪽 중 제2쪽)

④ 입지조건	도로와의 관계	(m × m)도로에 접함 [ ]포장 [ ]비포장		접근성	[ ]용이함 [ ]불편함	
	대중교통	버스	( ) 정류장.	소요시간 : ([ ]도보 [ ]차량) 약 분		
		지하철	( ) 역.	소요시간 : ([ ]도보 [ ]차량) 약 분		
	주차장	[ ]없음 [ ]전용주차시설 [ ]공동주차시설 [ ]그 밖의 주차시설 ( )				
⑤ 관리에 관한 사항	경비실	[ ]있음 [ ]없음		관리주체	[ ]위탁관리 [ ]자체관리 [ ]그 밖의 유형	
⑥ 거래예정금액 등	거래예정금액					
	개별공시지가(㎡당)			건물(주택)공시가격		
⑦ 취득 시 부담할 조세의 종류 및 세율	취득세	%	농어촌특별세	%	지방교육세	%
	※ 재산세는 6월 1일 기준 대상물건 소유자가 납세의무를 부담					

Ⅱ. 개업공인중개사 세부 확인사항

⑧ 실제권리관계 또는 공시되지 않은 물건의 권리사항

⑨ 내부·외부 시설물의 상태 (건축물)	수도	파손 여부	[ ]없음 [ ]있음(위치:)
		용수량	[ ]정상 [ ]부족함(위치:)
	전기	공급상태	[ ]정상 [ ]교체 필요(교체할 부분:)
	가스(취사용)	공급방식	[ ]도시가스 [ ]그 밖의 방식( )
	소방	소화전	[ ]없음 [ ]있음(위치:)
		비상벨	[ ]없음 [ ]있음(위치:)
	난방방식 및 연료공급	공급방식	[ ]중앙공급 [ ]개별공급 시설작동 [ ]정상[ ]수선 필요( ) ※개별공급인 경우 사용연한( ) [ ] 확인불가
		종류	[ ]도시가스 [ ]기름 [ ]프로판가스 [ ]연탄 [ ]그 밖의 종류( )
	승강기	[ ]있음 ([ ]양호 [ ]불량) [ ]없음	
	배수	[ ]정상 [ ]수선 필요( )	
	그 밖의 시설물		
⑩ 벽면	벽면	균열	[ ]없음 [ ]있음(위치:)
		누수	[ ]없음 [ ]있음(위치:)
	바닥면	[ ]깨끗함 [ ]보통임 [ ]수리 필요(위치 :)	

210mm×297mm[백상지(80g/㎡) 또는 중질지(80g/㎡)]

Ⅲ. 중개보수 등에 관한 사항

⑪ 중개보수 및 실비의 금액과 산출내역	중개보수		〈산출내역〉 중개보수 : 실　비 : ※ 중개보수는 시·도 조례로 정한 요율한도에서 중개의뢰인과 개업공인중개사가 서로 협의하여 결정하며 부가가치세는 별도로 부과될 수 있습니다.
	실비		
	계		
	지급시기		

「공인중개사법」 제25조 제3항 및 제30조 제5항에 따라 거래당사자는 개업공인중개사로부터 위 중개대상물에 관한 확인·설명 및 손해배상책임의 보장에 관한 설명을 듣고, 같은 법 시행령 제21조 제3항에 따른 본 확인·설명서와 같은 법 시행령 제24조 제2항에 따른 손해배상책임 보장 증명서류(사본 또는 전자문서)를 수령합니다.

년　　월　　일

매도인 (임대인)	주소		성명	(서명 또는 날인)
	생년월일		전화번호	
매수인 (임차인)	주소		성명	(서명 또는 날인)
	생년월일		전화번호	
개업 공인중개사	등록번호		성명 (대표자)	(서명 및 날인)
	사무소 명칭		소속 공인중개사	(서명 및 날인)
	사무소 소재지		전화번호	
개업 공인중개사	등록번호		성명 (대표자)	(서명 및 날인)
	사무소 명칭		소속 공인중개사	(서명 및 날인)
	사무소 소재지		전화번호	

210mm×297mm[백상지(80g/㎡) 또는 중질지(80g/㎡)]

작성방법(비주거용 건축물)

〈작성일반〉
1. "[ ]"있는 항목은 해당하는 "[ ]"안에 √로 표시합니다.
2. 세부항목 작성 시 해당 내용을 작성란에 모두 작성할 수 없는 경우에는 별지로 작성하여 첨부하고, 해당란에는 "별지 참고"라고 적습니다.

〈세부항목〉
1. 「확인·설명자료」 항목의 "확인·설명 근거자료 등"에는 개업공인중개사가 확인·설명 과정에서 제시한 자료를 적으며, "대상물건의 상태에 관한 자료요구사항"에는 매도(임대)의뢰인에게 요구한 사항 및 그 관련 자료의 제출 여부와 ⑧ 실제권리관계 또는 공시되지 않은 물건의 권리사항부터 ⑩ 벽면까지의 항목을 확인하기 위한 자료의 요구 및 그 불응 여부를 적습니다.
2. ① 대상물건의 표시부터 ⑧ 취득 시 부담할 조세의 종류 및 세율까지는 개업공인중개사가 확인한 사항을 적어야 합니다.
3. ① 대상물건의 표시는 토지대장 및 건축물대장 등을 확인하여 적습니다.
4. ② 권리관계의 "등기부기재사항"은 등기사항증명서를 확인하여 적습니다.
5. ② 권리관계의 "민간임대 등록여부"는 대상물건이 「민간임대주택에 관한 특별법」에 따라 등록된 민간임대주택인지 여부를 같은 법 제60조에 따른 임대주택정보체계에 접속하여 확인하거나 임대인에게 확인하여 "[ ]"안에 √로 표시하고, 민간임대주택인 경우 「민간임대주택에 관한 특별법」에 따른 권리·의무사항을 임차인에게 설명해야 합니다.

> * 민간임대주택은 「민간임대주택에 관한 특별법」 제5조에 따른 임대사업자가 등록한 주택으로서, 임대인과 임차인간 임대차 계약(재계약 포함)시 다음과 같은 사항이 적용됩니다.
> ① 같은 법 제44조에 따라 임대의무기간 중 임대료 증액청구는 5퍼센트의 범위에서 주거비 물가지수, 인근 지역의 임대료 변동률 등을 고려하여 같은 법 시행령으로 정하는 증액비율을 초과하여 청구할 수 없으며, 임대차계약 또는 임대료 증액이 있은 후 1년 이내에는 그 임대료를 증액할 수 없습니다.
> ② 같은 법 제45조에 따라 임대사업자는 임차인이 의무를 위반하거나 임대차를 계속하기 어려운 경우 등에 해당하지 않으면 임대의무기간동안 임차인과의 계약을 해제·해지하거나 재계약을 거절할 수 없습니다.

6. ③ 토지이용계획, 공법상 이용제한 및 거래규제에 관한 사항(토지)의 "건폐율 상한 및 용적률 상한"은 시·군의 조례에 따라 적고, "도시·군계획시설", "지구단위계획구역, 그 밖의 도시·군관리계획"은 개업공인중개사가 확인하여 적으며, "그 밖의 이용제한 및 거래규제사항"은 토지이용계획확인서의 내용을 확인하고, 공부에서 확인할 수 없는 사항은 부동산종합정보망 등에서 확인하여 적습니다(임대차의 경우에는 생략할 수 있습니다).
7. ⑥ 거래예정금액 등의 "거래예정금액"은 중개가 완성되기 전 거래예정금액을, "개별공시지가(㎡당)" 및 "건물(주택)공시가격"은 중개가 완성되기 전 공시된 공시지가 또는 공시가격을 적습니다[임대차계약의 경우에는 "개별공시지가(㎡당)" 및 "건물(주택)공시가격"을 생략할 수 있습니다].
8. ⑦ 취득 시 부담할 조세의 종류 및 세율은 중개가 완성되기 전 「지방세법」의 내용을 확인하여 적습니다(임대차의 경우에는 제외합니다).
9. ⑧ 실제권리관계 또는 공시되지 않은 물건의 권리사항은 매도(임대)의뢰인이 고지한 사항(법정지상권, 유치권, 「상가건물 임대차보호법」에 따른 임대차, 토지에 부착된 조각물 및 정원수 등)을 적습니다.
   ※ 임대차계약이 있는 경우 임대보증금, 월 단위의 차임액, 계약기간, 장기수선충당금의 처리 등을 확인하고, 근저당 등이 설정된 경우 채권최고액을 확인하여 적습니다. 그 밖에 경매 및 공매 등의 특이사항이 있는 경우 이를 확인하여 적습니다.
10. ⑨ 내부·외부의 시설물의 상태(건축물), ⑩ 벽면은 중개대상물에 대하여 개업공인중개사가 매도(임대)의뢰인에게 자료를 요구하여 확인한 사항을 적고, ⑨ 내부·외부의 시설물의 상태(건축물)의 "그 밖의 시설물"은 상업용은 오수·정화시설용량, 공업용은 전기용량, 오수정화시설용량, 용수시설 내용을 개업공인중개사가 매도(임대)의뢰인에게 자료를 요구하여 확인한 사항을 적습니다.
11. ⑬ "조례상 중개보수 상한"은 상한요율 및 한도액을 적고, "협의된 중개보수" 및 "실비"는 개업공인중개사와 중개의뢰인이 협의하여 결정한 금액을 적습니다.
    〈산출내역〉의 "중개보수"는 거래예정금액을 기준으로 계산하고 "협의된 중개보수"의 산출내역을 적되, 임대차의 경우에는 "임대보증금 + (월 단위의 차임액 × 100) × 중개보수 요율"과 같이 적습니다.
12. 공동중개 시 참여한 개업공인중개사(소속공인중개사를 포함합니다)는 모두 서명·날인하여야 하며, 2명을 넘는 경우에는 별지로 작성하여 첨부합니다.

■ 공인중개사법 시행규칙【별지 제20호의3서식】 (3쪽 중 제1쪽)

중개대상물 확인·설명서[Ⅲ] (토지)
([ ] 매매·교환   [ ] 임대)

※ [ ]에는 해당하는 곳에 √표를 합니다.

확인·설명 자료	확인·설명 근거자료 등	[ ]등기권리증 [ ]등기사항증명서 [ ]토지대장 [ ]건축물대장 [ ]지적도 [ ]임야도 [ ]토지이용계획확인서 [ ]그 밖의 자료( )
	대상물건의 상태에 관한 자료요구사항	

유의사항

개업공인중개사의 확인·설명의무	개업공인중개사는 중개대상물에 관한 권리를 취득하려는 중개의뢰인에게 성실·정확하게 설명하고, 토지대장 등본, 등기사항증명서 등 설명의 근거자료를 제시하여야 합니다.
실제거래가격신고	「부동산거래신고 등에 관한 법률」 제3조 및 같은 법 시행령 제3조 제1항 제5호에 따른 실제거래가격은 매수인이 매수한 부동산을 양도하는 경우 「소득세법」 제97조 제1항 및 제7항과 같은 법 시행령 제163조 제11항 제2호에 따라 취득 당시의 실제 거래가액으로 보아 양도차익이 계산될 수 있음을 유의하시기 바랍니다.

Ⅰ. 개업공인중개사 기본 확인사항

① 대상물건의 표시	토지	소재지				
		면적(m²)		지목	공부상 지목	
					실제이용 상태	

② 권리관계	등기부 기재사항	소유권에 관한 사항	소유권 외의 권리사항
		토지	토지

③ 토지이용계획, 공법상 이용 제한 및 거래규제에 관한 사항 (토지)	지역·지구	용도지역		건폐율 상한	용적률 상한
		용도지구		%	%
		용도구역			
	도시·군 계획시설	허가·신고 구역 여부	[ ]토지거래허가구역		
		투기지역 여부	[ ]토지투기지역 [ ]주택투기지역 [ ]투기과열지구		
	지구단위계획구역 그 밖의 도시·군관리계획		그 밖의 이용제한 및 거래규제사항		

④ 입지조건	도로와의 관계	(m × m)도로에 접함 [ ]포장 [ ]비포장	접근성	[ ]용이함 [ ]불편함
	대중교통	버스	( ) 정류장, 소요시간: ([ ]도보, [ ]차량) 약 분	
		지하철	( ) 역, 소요시간: ([ ]도보, [ ]차량) 약 분	

⑤ 비 선호시설(1km이내)	[ ]없음 [ ]있음(종류 및 위치:)

⑥ 거래예정금액 등	거래예정금액			
	개별공시지가(m²당)		건물(주택)공시가격	

⑦ 취득시 부담할 조세의 종류 및 세율	취득세	%	농어촌특별세	%	지방교육세	%
	※ 재산세는 6월 1일 기준 대상물건 소유자가 납세의무를 부담					

210mm×297mm[백상지(80g/m²) 또는 중질지(80g/m²)]

(3쪽 중 제2쪽)

Ⅱ. 개업공인중개사 세부 확인사항

⑧ 실제권리관계 또는 공시되지 않은 물건의 권리사항	

Ⅲ. 중개보수 등에 관한 사항

⑨ 중개보수 및 실비의 금액과 산출내역	중개보수		〈산출내역〉 중개보수 :
	실비		실 비 :
	계		※ 중개보수는 시·도 조례로 정한 요율한도에서 중개의뢰인과 개업공인중개사가 서로 협의하여 결정하며 부가가치세는 별도로 부과될 수 있습니다.
	지급시기		

「공인중개사법」 제25조 제3항 및 제30조 제5항에 따라 거래당사자는 개업공인중개사로부터 위 중개대상물에 관한 확인·설명 및 손해배상책임의 보장에 관한 설명을 듣고, 같은 법 시행령 제21조 제3항에 따른 본 확인·설명서와 같은 법 시행령 제24조 제2항에 따른 손해배상책임보장 증명서류(사본 또는 전자문서)를 수령합니다.

년   월   일

매도인 (임대인)	주소		성명	(서명 또는 날인)
	생년월일		전화번호	
매수인 (임차인)	주소		성명	(서명 또는 날인)
	생년월일		전화번호	
개업 공인중개사	등록번호		성명 (대표자)	(서명 및 날인)
	사무소 명칭		소속공인중개사	(서명 및 날인)
	사무소 소재지		전화번호	
개업 공인중개사	등록번호		성명 (대표자)	(서명 및 날인)
	사무소 명칭		소속공인중개사	(서명 및 날인)
	사무소 소재지		전화번호	

210mm×297mm[백상지(80g/㎡) 또는 중질지(80g/㎡)]

작성방법(토지)

〈작성일반〉

1. "[ ]"있는 항목은 해당하는 "[ ]"안에 √로 표시합니다.

2. 세부항목 작성 시 해당 내용을 작성란에 모두 작성할 수 없는 경우에는 별지로 작성하여 첨부하고, 해당란에는 "별지 참고"라고 적습니다.

〈세부항목〉

1. 「확인·설명자료」 항목의 "확인·설명 근거자료 등"에는 개업공인중개사가 확인·설명 과정에서 제시한 자료를 적으며, "대상물건의 상태에 관한 자료요구 사항"에는 매도(임대)의뢰인에게 요구한 사항 및 그 관련 자료의 제출 여부와 ⑧ 실제권리관계 또는 공시되지 않은 물건의 권리사항의 항목을 확인하기 위한 자료요구 및 그 불응 여부를 적습니다.

2. ① 대상물건의 표시부터 ⑦ 취득 시 부담할 조세의 종류 및 세율까지는 개업공인중개사가 확인한 사항을 적어야 합니다.

3. ① 대상물건의 표시는 토지대장 등을 확인하여 적습니다.

4. ② 권리관계의 "등기부기재사항"은 등기사항증명서를 확인하여 적습니다.

5. ③ 토지이용계획, 공법상 이용제한 및 거래규제에 관한 사항(토지)의 "건폐율 상한 및 용적률 상한"은 시·군의 조례에 따라 적고, "도시·군계획시설", "지구단위계획구역, 그 밖의 도시·군관리계획"은 개업공인중개사가 확인하여 적으며, 그 밖의 사항은 토지이용계획 확인서의 내용을 확인하고, 공부에서 확인할 수 없는 사항은 부동산종합정보망 등에서 확인하여 적습니다(임대차의 경우에는 생략할 수 있습니다).

6. ⑥ 거래예정금액 등의 "거래예정금액"은 중개가 완성되기 전 거래예정금액을, "개별공시지가"는 중개가 완성되기 전 공시가격을 적습니다(임대차계약의 경우에는 "개별공시지가"를 생략할 수 있습니다).

7. ⑦ 취득 시 부담할 조세의 종류 및 세율은 중개가 완성되기 전 「지방세법」의 내용을 확인하여 적습니다(임대차의 경우에는 제외합니다).

8. ⑧ 실제권리관계 또는 공시되지 않은 물건의 권리에 관한 사항은 매도(임대)의뢰인이 고지한 사항(임대차, 지상에 점유권 행사여부, 구축물, 적치물, 진입로, 경작물 등)을 적습니다.
   ※ 임대차계약이 있는 경우 임대보증금, 월 단위의 차임액, 계약기간 등을 확인하고, 근저당 등이 설정된 경우 채권최고액을 확인하여 적습니다. 그 밖에 경매 및 공매 등의 특이사항이 있는 경우 이를 확인하여 적습니다.

9. ⑨ "중개보수 상한"은 상한요율 및 한도액을 적고, "협의된 중개보수" 및 "실비"는 개업공인중개사와 중개의뢰인이 협의하여 결정한 금액을 적습니다.
   〈산출내역〉의 "중개보수"는 거래예정금액을 기준으로 계산하고 "협의된 중개보수"의 산출내역을 적되, 임대차의 경우에는 "임대보증금 + (월 단위의 차임액 × 100) × 중개보수 요율"과 같이 적습니다.

10. 공동중개 시 참여한 개업공인중개사(소속공인중개사를 포함합니다)는 모두 서명·날인하여야 하며 2명을 넘는 경우에는 별지로 작성하여 첨부합니다.

■ 공인중개사법 시행규칙 【별지 제20호의4서식】　　　　　　　　　　　　　　　　　(3쪽 중 제1쪽)

중개대상물 확인·설명서[Ⅳ](입목·광업재단·공장재단)
([ ] 매매·교환　　[ ] 임대)

※ [ ]에는 해당하는 곳에 √표를 합니다.

확인·설명자료	확인·설명 근거자료 등	[ ]등기권리증　[ ]등기사항증명서　[ ]토지대장　[ ]건축물대장　[ ]지적도 [ ]임야도　[ ]토지이용계획확인서　[ ]그 밖의 자료(　　　　)		
	대상물건의 상태에 관한 자료요구사항			

유의사항

개업공인중개사의 확인·설명의무	개업공인중개사는 중개대상물에 관한 권리를 취득하려는 중개의뢰인에게 성실·정확하게 설명하고, 토지대장 등본, 등기사항증명서 등 설명의 근거자료를 제시하여야 합니다.
실제거래가격신고	「부동산거래신고 등에 관한 법률」 제3조 및 같은 법 시행령 제3조 제1항 제5호에 따른 실제거래가격은 매수인이 매수한 부동산을 양도하는 경우 「소득세법」 제97조 제1항 및 제7항과 같은 법 시행령 제163조 제11항 제2호에 따라 취득 당시의 실제 거래가액으로 보아 양도차익이 계산될 수 있음을 유의하시기 바랍니다.

Ⅰ. 개업공인중개사 기본 확인사항

① 대상물건의 표시	토지	대상물 종별	[ ]입목　[ ]광업재단　[ ]공장재단	
		소재지 (등기·등록지)		

② 권리관계	등기부 기재사항	소유권에 관한 사항	성명	
			주소	
		소유권 외의 권리사항		

③ 재단목록 또는 입목의 생육상태	

④ 그 밖의 참고사항	

⑤ 거래예정금액 등	거래예정금액			
	개별공시지가(㎡당)		건물(주택)공시가격	

210mm×297mm[백상지(80g/㎡) 또는 중질지(80g/㎡)]]

(3쪽 중 제2쪽)

⑥ 취득 시 부담할 조세의 종류 및 세율	취득세	%	농어촌특별세	%	지방교육세	%
	※ 재산세는 6월 1일 기준 대상물건 소유자가 납세의무를 부담					

Ⅱ. 개업공인중개사 세부 확인사항

⑦ 실제권리관계 또는 공시되지 않은 물건의 권리사항	

Ⅲ. 중개보수 등에 관한 사항

⑧ 중개보수 및 실비의 금액과 산출내역	중개보수		〈산출내역〉 중개보수 : 실 비 : ※ 중개보수는 시·도 조례로 정한 요율한도에서 중개의뢰인과 개업공인중개사가 서로 협의하여 결정하며 부가가치세는 별도로 부과될 수 있습니다.
	실비		
	계		
	지급시기		

「공인중개사법」 제25조 제3항 및 제30조 제5항에 따라 거래당사자는 개업공인중개사로부터 위 중개대상물에 관한 확인·설명 및 손해배상책임의 보장에 관한 설명을 듣고, 같은 법 시행령 제21조 제3항에 따른 본 확인·설명서와 같은 법 시행령 제24조 제2항에 따른 손해배상책임 보장 증명서류(사본 또는 전자문서)를 수령합니다.

년   월   일

매도인 (임대인)	주소		성명		(서명 또는 날인)
	생년월일		전화번호		
매수인 (임차인)	주소		성명		(서명 또는 날인)
	생년월일		전화번호		
개업 공인중개사	등록번호		성명 (대표자)		(서명 및 날인)
	사무소 명칭		소속공인중개사		(서명 및 날인)
	사무소 소재지		전화번호		
개업 공인중개사	등록번호		성명 (대표자)		(서명 및 날인)
	사무소 명칭		소속공인중개사		(서명 및 날인)
	사무소 소재지		전화번호		

210mm×297mm[백상지(80g/m²) 또는 중질지(80g/m²)]

(3쪽 중 제3쪽)

작성방법(입목·광업재단·공장재단)

〈작성일반〉

1. "[ ]"있는 항목은 해당하는 "[ ]"안에 √로 표시합니다.

2. 세부항목 작성 시 해당 내용을 작성란에 모두 작성할 수 없는 경우에는 별지로 작성하여 첨부하고, 해당란에는 "별지 참고"라고 적습니다.

〈세부항목〉

1. 「확인·설명자료」 항목의 "확인·설명 근거자료 등"에는 개업공인중개사가 확인·설명 과정에서 제시한 자료를 적으며, "대상물건의 상태에 관한 자료요구 사항"에는 매도(임대)의뢰인에게 요구한 사항 및 그 관련 자료의 제출 여부와 ⑦ 실제권리관계 또는 공시되지 않은 물건의 권리사항의 항목을 확인하기 위한 자료요구 및 그 불응 여부를 적습니다.

2. ① 대상물건의 표시부터 ⑥ 취득 시 부담할 조세의 종류 및 세율까지는 개업공인중개사가 확인한 사항을 적어야 합니다.

3. ① 대상물건의 표시는 토지대장 등을 확인하여 적습니다.

4. ② 권리관계의 "등기부기재사항"은 등기사항증명서를 확인하여 적습니다.

5. ③ 재단목록 또는 입목의 생육상태는 공장재단에 있어서는 공장재단목록과 공장재단 등기사항증명서를, 광업재단에 있어서는 광업재단목록과 광업재단 등기사항증명서를, 입목에 있어서는 입목등록원부와 입목 등기사항증명서를 확인하여 적습니다.

6. ⑤ 거래예정금액 등의 "거래예정금액"은 중개가 완성되기 전의 거래예정금액을 적으며, "개별공시지가" 및 "건물(주택)공시가격"은 해당하는 경우에 중개가 완성되기 전 공시된 공시지가 또는 공시가격을 적습니다(임대차계약의 경우에는 "개별공시지가" 및 "건물(주택)공시가격"을 생략할 수 있습니다).

7. ⑥ 취득 시 부담할 조세의 종류 및 세율은 중개가 완성되기 전 「지방세법」의 내용을 확인하여 적습니다(임대차의 경우에는 제외합니다).

8. ⑦ 실제권리관계 또는 공시되지 않은 물건의 권리에 관한 사항은 매도(임대)의뢰인이 고지한 사항(임대차, 법정지상권, 법정저당권, 유치권 등)을 적습니다.
   ※ 임대차계약이 있는 경우 임대보증금, 월 단위의 차임액, 계약기간 등을 확인하고, 근저당 등이 설정된 경우 채권최고액을 확인하여 적습니다. 그 밖에 경매 및 공매 등의 특이사항이 있는 경우 이를 확인하여 적습니다.

9. ⑧ "중개보수 상한"은 상한요율 및 한도액을 적고, "협의된 중개보수" 및 "실비"는 개업공인중개사와 중개의뢰인이 협의하여 결정한 금액을 적습니다.
   〈산출내역〉의 "중개보수"는 거래예정금액을 기준으로 계산하고 "협의된 중개보수"의 산출내역을 적되, 임대차의 경우에는 "임대보증금 + (월 단위의 차임액 × 100) × 중개보수 요율"과 같이 적습니다.

10. 공동중개 시 참여한 개업공인중개사(소속공인중개사를 포함합니다)는 모두 서명·날인하여야 하며, 2명을 넘는 경우에는 별지로 작성하여 첨부합니다.

210mm×297mm[백상지(80g/㎡) 또는 중질지(80g/㎡)]

CHAPTER 05

부동산거래계약

학습포인트

- 거래계약의 성질 : 내용을 이해하는 수준으로 학습한다.
- 거래계약체결 : 계약서 작성방법에 대해서는 철저하게 학습하는 것이 바람직하며, 「민법」에서 배운 내용을 응용한 문제 출제에 대비해야 한다. 다만 판례부분은 그 내용을 이해하는 수준에서 학습한다.
- 전자계약시스템 : 제30회 시험부터 전자계약시스템 관련 문제가 출제될 수 있다. 전자계약시스템의 특성을 중심으로 학습한다.

CHAPTER 학습 & 출제되는 키워드

- ☑ 거래계약의 성질
- ☑ 계약자유의 원칙
- ☑ 계약의 중요성·증거능력
- ☑ 거래계약체결
- ☑ 문자
- ☑ 내용
- ☑ 서명 및 날인
- ☑ 매매비용
- ☑ 균분부담
- ☑ 등기비용
- ☑ 계약서의 필요기재사항
- ☑ 거래당사자의 인적사항
- ☑ 물건의 표시
- ☑ 물건의 인도
- ☑ 권리이전의 내용
- ☑ 거래대금·계약금과 지급시기
- ☑ 약정내용
- ☑ 거래당사자 확인의무
- ☑ 거래권한 확인의무
- ☑ 대리인의 계약
- ☑ 타인소유 부동산거래
- ☑ 대상물의 특정
- ☑ 토지의 경우
- ☑ 주택임대차의 경우 대상물 특정

CHAPTER 학습 & 출제되는 질문

- ☑ 거래계약서 작성에 대한 설명으로 틀린 것은?
- ☑ 거래계약서의 기재사항에 대한 다음의 설명 중 옳지 않은 것은?

제5장 부동산거래계약

01 거래계약서 작성 ★★

10회 출제

1 일반적 주의사항

(1) **필기도구** : 5년간 보관이 용이한 용지 및 필기도구 사용, 동일한 글씨체로 작성한다.
(2) **명확한 용어** : 객관적 의미가 명확한 용어를 사용한다.
(3) **사용문자** : 거래금액 등 숫자는 위·변조를 방지하기 위하여 한자나 한글로 표기한다.
(4) **내용의 확인** : 인쇄된 계약서를 사용할 경우 반드시 계약당사자에게 확인하도록 한다.
(5) **내용 수정, 추가** : "정(訂) ××자" 또는 "가(加) ××자"의 형식으로 기재하고 정정이나 삽입, 추가된 부분에 인장을 날인한다.
(6) **서명·날인** : 거래계약서 성명 부분은 계약당사자가 각각 기재하도록 한다.

Professor Comment
거래계약서에 인감증명을 첨부하는 것도 바람직하다.

(7) **매매계약에 관한 비용** **11회 출제**
매매계약에 관한 비용(계약서 작성 및 공증비용, 목적물의 측량비용 등)은 당사자 쌍방이 균분하여 부담한다.

Professor Comment
등기비용이나 취득세 등은 매매비용에 포함되지 않으며 권리를 취득하는 자가 부담하는 것이 원칙이다.

2 거래당사자 확인의무 ★★★

(1) **거래상대방 확인의무**
매도 등 처분을 하려는 자가 진정한 권리자와 동일인인지의 여부를 부동산등기부와 주민등록증 등에 의하여 조사·확인할 의무가 있다.

(2) **알지 못하는 매도인의 확인**
개업공인중개사로서 매도의뢰인이 알지 못하는 사람인 경우 필요할 때에는 등기권리증의 소지 여부나 그 내용을 확인·조사하여 보아야 할 주의의무가 있다.

(3) **건물 전대차 동의 여부 확인**
전대차에 대하여 원임대인이 승낙이나 동의를 하였는지 여부와 전대차기간은 얼마나 보장될 수 있는지 등 중개의뢰인이 건물을 전차하여 이를 사용함에 있어서 아무런 권리상의 하자가 없는지 확인·설명하여야 한다.

(4) **분양권 매도인의 권한 확인**
분양을 받은 자가 맞는지 여부와 소유권을 이전받을 수 있는 상황인지 여부, 대상아파트를 적법하게 임대할 수 있는 지위에 있는지 여부, 소유권이전등기에 대하여 제한이 없는지 여부, 아파트분양대금 납입현황 및 납입대금 내역 등에 관하여 확인해야 한다.

(5) 조합주택 분양자의 능력 확인

조합주택의 분양을 알선하는 개업공인중개사는 조합주택을 모집하는 자가 조합가입희망자를 모집하여 차질없이 조합주택을 건설 분양할 만한 능력과 신용이 있는지 여부를 조사·확인하여야 할 주의의무가 있다.

3 거래권한의 확인

(1) 제한능력자
미성년자나 피한정후견인의 계약은 법정대리인과 계약을 체결하거나 법정대리인의 동의를 확인하여 미성년자와 직접 계약할 필요가 있으며, 피성년후견인의 법률행위는 취소할 수 있는 것으로 법정대리인과 계약을 체결하는 것이 바람직하다.

Professor Comment
법정대리인의 판단을 위해서는 제한능력자의 가족관계등록부와 후견등기사항증명서를 발급받아 확인할 수 있다.

(2) 법인 등
해당 법인을 대표할 수 있는 자와 체결해야 하는 것으로, 법인격유무와 법인의 대표이사의 처분권한은 법인등기부를 통해 확인할 수 있다. 그리고 공동소유재산권을 처분하는 계약을 체결하고자 하는 경우에는 공동소유의 유형에 따른 동의 여부를 확인하여야 한다.

(3) 공동소유물

1) **공유** : 공유자 중 1인은 자신의 지분 범위 내에서만 자유롭게 거래계약을 체결할 권한이 있으며, 공유부동산 전체의 처분은 다른 공유자 전원의 동의가 있어야 가능하다고 보아야 할 것이다.
2) **합유** : 합유물을 처분 또는 변경함에는 합유자 전원의 동의가 있어야 하며, 합유자는 전원의 동의없이 합유물에 대한 지분을 처분하지 못한다.
3) **총유** : 총유재산(종중, 부락공동체, 교회 등)은 규약에 정하는 바가 있으면 이에 따라야 하고, 규약이 없으면 총회의 결의에 의하여야 한다.

Professor Comment
이러한 절차를 거치지 아니한 행위는 무효라 할 수 있다.

(4) 구획정리사업지구

1) **환지예정지** : 원칙적으로 환지예정지의 처분권은 환지예정지 소유자가 아닌 종전 토지소유자에게 있다고 보아야 할 것이다. 매매목적물은 종전토지이나 거래기준면적은 환지면적이다.

Professor Comment
면적·권리자 등의 확인은 환지예정지지정증명원으로 한다.

2) **체비지** : 체비지 매수인이 토지의 인도 또는 체비지대장에의 등재 중 어느 하나의 요건을 먼저 갖추었다면, 그 매수인은 다른 이중양수인에게 그 권리취득을 대항할 수 있다.

(5) 대리인
1) **임의대리인** : 본인의 인감을 첨부한 위임장과 대리인의 주민등록증
2) **법정대리인** : 가족관계등록부와 법정대리인의 주민등록증

(6) **부부간의 일상가사대리권** : 부부간의 일상가사대리권은 부부의 공동생활에서 필요로 하는 통상의 사무에 관한 법률행위에 국한된다.

(7) **타인소유 부동산** : 부동산 매매계약의 목적이 된 권리가 타인에게 속한 경우에는 매도인은 그 권리를 취득하여 매수인에게 이전하여야 한다.

02 계약서의 필요기재사항 ★★★ 　추가15회 출제

1 거래당사자 인적사항

등기사항증명서와 신분증을 통해 인적사항 기재

2 물건의 표시

(1) 물건의 표시는 거래계약대상물을 특정하는 것으로 가능한 한 여백을 이용해서라도 <u>상세하게 표기하는 것이 바람직하다</u>.
(2) 물건의 표시는 토지대장·건축물대장 등 지적공부를 기준으로 표시하되 실제와 다를 경우에는 그 취지를 기재하는 것이 바람직하다.
(3) 면적은 실측면적과 등기부면적, 토지대장면적 또는 건축물대장면적이 각각 서로 다를 때가 있으므로 <u>어느 면적을 기준으로 하는지 명확히 기재하는 것이 바람직하다</u>.
(4) 환지된 토지를 거래하는 경우에는 목적물의 표시에 있어서는 종전의 토지의 표시만으로는 부족하고 환지된 토지의 표시를 하여야 하며 또한 그 부동산을 평가함에 있어서도 환지된 토지를 기준으로 평가하여야 할 것이다.

3 계약일

4 거래가격, 계약금액 및 그 지급일자 등 지급에 관한 사항

(1) **계약금** : 매매계약에 있어서 당사자 사이에 교부되는 계약보증금은 원칙적으로 다른 약정이 없는 한 <u>해약금의 성격을 가진다</u>.

Professor Comment
당사자 일방이 이행에 착수할 때까지 교부자는 이를 포기하고 수령자는 그 배액을 상환할 것을 약정한 것으로 본다.

(2) **중도금** : 중도금이 지불되면 거래계약의 이행이 착수된 것으로 당사자 일방이 일방적으로 계약을 해제하지 못한다.
(3) 면적을 기준으로 거래가액이 결정된 경우 반드시 "○m² 당 ××원"이라고 명확히 기재하는 것이 바람직하다. 추후 실측결과 그 면적이 부족할 때 매수인은 대금감액을 청구할 수 있다.

5 물건의 인도일시

잔금지불과 동시에 소유권이전등기에 관한 서류를 교부하고 물건을 인도하는 것이 원칙이나, 상이할 수 있으므로 대상물의 점유권을 이전하는 날짜를 명확하게 기입한다.

6 권리이전 내용

부동산 매매계약이 체결된 경우에는 매도자는 특별한 사정이 없는 한 제한이나 부담이 없는 소유권이전등기의무를 지는 것이다.

7 조건이나 기한이 있는 경우 조건이나 기한

농지취득자격증명이나 토지거래허가 등이 필요할 경우 그 취지를 계약서에 명시하여야 한다.

8 확인·설명서 교부일자

9 그 밖의 약정내용

매도인의 하자담보책임이나 과실의 귀속, 위험부담, 매매비용에 대한 약정, 해제권, 위약금 등이 있다.

Professor Comment
거래계약서에 명시되지 않을 경우에는 「민법」의 규정이 적용될 것이다.

03 전자계약 [30회 출제]

(1) **부동산 전자계약 시스템** : 종이 서류 대신 온라인 시스템을 통해 부동산거래 계약서를 작성하고 전자서명을 하는 방식

(2) **전자계약 대상** : 매매, 전세, 월세계약(개업공인중개사를 통한 거래에 한함)

(3) **거래당사자 장점** : 대출 우대금리 적용, 등기수수료 30% 절감, 확정일자 무료자동 부여, 계약서 보관이 필요 없음, 공인중개사 및 거래당사자 신분확인 철저, 계약서 위·변조 및 부실한 확인·설명방지

(4) **개업공인중개사 장점** : 부동산거래신고 자동처리 완료, 종이계약서 보관의무 없음, 무자격·무등록자의 불법 중개행위 차단, 건축물대장 등 부동산서류 발급 불필요, 부동산 중개사고 예방

(5) **전자계약의 절차**
   1) **계약서 작성 절차** : 매매, 임대차 계약서 선택 → 확인설명서(기본)작성 → 확인설명서(세부)작성 → 거래계약서 작성 → 거래당사자 주소 등 작성 → 계약서 생성
   2) **거래당사자 전자서명** : 전자계약 앱 로그인 → 계약서 선택 → 동의 및 인증 → 개업공인중개사 신분확인 → 거래당사자 휴대폰 인증 → 거래당사자 신분증 촬영 → 확인설명서 내용 확인 → 신분증 사진, 공제증서 확인 → 계약내용 확인 → 전자서명
   3) **개업공인중개사 전자서명** : 시스템 로그인 → 마이페이지 계약조회 → 계약내용 및 의뢰인 서명확인 → 개업공인중개사 휴대폰 본인 인증 → 공인인증 전자서명

CHAPTER 06 부동산거래 관련제도

학습포인트

- 부동산등기 특별조치법 : 주요 용어와 등기신청의무화 및 검인계약 관련 사항을 집중적으로 학습하되, 검인계약 관련 사항 학습에 비중을 둔다.
- 부동산 실권리자명의 등기에 관한 법률 : 주요용어와 실권리자명의 등기의무를 숙지해야 한다.
- 주택임대차보호법, 상가건물 임대차보호법 : 법률 전반에 대한 이해 및 각종 우선순위에 대한 이해와 숙지가 필요하다.
- 기타 부동산거래 관련 법규 : 대상 법률에서 정하는 거래관련 규제내용을 이해하는 수준의 학습이 필요하다.

CHAPTER 학습 & 출제되는 키워드

- ☑ 부동산등기 특별조치법
- ☑ 계약서 등의 검인
- ☑ 실명등기의무
- ☑ 확정일자인과 우선변제권
- ☑ 소액보증금의 보호
- ☑ 계약의 갱신
- ☑ 기타 부동산거래 관련법규
- ☑ 등기신청의무
- ☑ 등기원인 허위기재 등의 금지
- ☑ 명의신탁약정의 효력
- ☑ 보증금반환채권의 양수
- ☑ 임차권등기명령
- ☑ 주택임대차위원회
- ☑ 미등기전매 금지
- ☑ 부동산실명법
- ☑ 주택임대차보호법
- ☑ 우선변제권
- ☑ 임대차기간 및 차임증감
- ☑ 상가건물 임대차보호법

CHAPTER 학습 & 출제되는 질문

- ☑ 검인대상이 아닌 것은?
- ☑ 부동산등기 특별조치법에 대한 설명으로 옳지 않은 것은?
- ☑ 명의신탁에 대한 설명으로 옳지 않은 것은?
- ☑ 주택임대차보호법에 대한 설명으로 틀린 것은?
- ☑ 상가건물 임대차보호법 내용으로 옳지 않은 것은?
- ☑ 농지법상 농지에 대한 설명으로 옳지 않은 것은?

제3편 중개실무

01 부동산등기 특별조치법 `16회 출제`

1 부동산소유권이전등기 신청의무(법 제2조) ★★

(1) **부동산의 소유권이전을 내용으로 하는 계약을 체결한 자**
  다음의 정해진 날부터 60일 이내에 소유권이전등기를 신청하여야 한다.

  1) 계약의 당사자가 서로 대가적인 채무를 부담하는 경우에는 반대급부의 이행이 완료된 날
  2) 계약당사자3 일방만이 채무를 부담하는 경우에는 그 효력이 발생한 날

(2) **잔금지급 이후에 전매(轉賣)하려고 하는 자** : 전매계약 체결 이전 소유권이전등기 신청

(3) **잔금지급 이전에 전매한 자** : 먼저 체결된 계약에 따라 등기가 가능한 날부터 60일 이내에 자신의 명의로 소유권이전등기를 신청

2 계약서 검인 `11·12·14·추가15·18회 출제`

(1) **검인계약서의 의의**
  계약을 원인으로 소유권이전등기를 신청할 때 계약서상에 부동산의 소재지를 관할하는 시장등의 검인을 받은 계약서

(2) **검인계약서의 시행목적**
  건전한 부동산거래질서를 확립하고 미등기전매 등 부동산투기를 조성하는 등의 거래 및 탈세를 방지하는데 목적이 있다.

(3) **검인계약서의 제출**
  부동산소재지를 관할하는 시장·군수·구청장 또는 그 권한의 위임을 받은 자의 검인을 받아 관할등기소에 제출하여야 한다.

3 「부동산등기 특별조치법」상 검인대상 계약서의 기재사항

(1) 당사자
(2) 목적부동산
(3) 계약연월일
(4) 대금 및 그 지급일자 등 지급에 관한 사항 또는 평가액 및 그 차액의 정산에 관한 사항
(5) 개업공인중개사가 있을 때에는 개업공인중개사
(6) 계약의 조건이나 기한이 있을 때에는 그 조건 또는 기한

4 검인관련 규정 요약 `13·15회 출제`

(1) **검인 신청서면**
  계약서 정본 또는 판결서 등(등기원인증명하는 서면이 집행력있는 판결서 또는 판결과 같은 효력을 갖는 조서) 원본과 그 사본 2통을 검인받아 관할 등기소에 제출

(2) 검인권자
부동산의 소재지를 관할하는 시장(구가 설치되어 있는 시에 있어서는 구청장)·군수 또는 그 권한의 위임을 받은 자(읍·면·동장)

(3) 검인신청자
계약을 체결한 당사자 중 1인이나 그 위임을 받은 자, 계약서를 작성한 변호사와 법무사 및 개업공인중개사

5 벌 칙 ★★

(1) 3년 이하의 징역이나 1억원 이하의 벌금
1) 조세부과를 면하려 하거나 다른 시점간의 가격변동에 따른 이득을 얻으려 하거나 권리변동을 규제하는 법령의 제한을 회피할 목적으로 미등기전매를 한 자
2) 등기원인 허위기재 등의 금지의무위반자

(2) 1년 이하의 징역이나 3천만원 이하의 벌금
계약서검인신청을 하지 않은 전매자(3년 이하 징역사유에 포함되지 않은 자)

WIDE 법률위반 계약의 효력
부동산소유권이전등기청구권의 양도가 「부동산등기 특별조치법」 제8조 제1호에 저촉되는 미등기전매일지라도 당연히 그 사법상 효력이 부정되는 것은 아니다.

02 부동산 실권리자명의 등기에 관한 법률 ★★★ 11·12·13·15·18·25·33·34회 출제

1 주요 용어 ★

(1) 명의신탁약정
부동산에 관한 소유권 기타 물권을 보유한 자 또는 사실상 취득하거나 취득하려고 하는 자(실권리자)가 타인과의 사이에서 대내적으로는 실권리자가 부동산에 관한 물권을 보유하거나 보유하기로 하고 그에 관한 등기(가등기를 포함)는 그 타인의 명의로 하기로 하는 약정

Professor Comment
「부동산 실권리자명의 등기에 관한 법률」상 명의신탁약정이 아닌 경우
① 채무변제(양도담보, 가등기담보)
② 구분소유를 위한 공유(구분소유자의 공유등기)
③ 「신탁업법」 또는 「자본시장과 금융투자업에 관한 법률」에 의한 신탁등기(신탁재산인 사실의 등기)

(2) 명의신탁자
명의신탁약정에 의하여 자신의 부동산에 관한 물권을 타인의 명의로 등기하게 하는 실권리자

(3) 명의수탁자
명의신탁약정에 의하여 실권리자의 부동산에 관한 물권을 자신의 명의로 등기하는 자

(4) 실명등기
이 법 시행 전에 명의신탁약정에 의하여 명의수탁자의 명의로 등기된 부동산에 관한 물권을 이 법 시행일 이후 명의신탁자의 명의로 등기하는 것

2 실권리자명의 등기의무 등
(1) 누구든지 부동산에 관한 물권을 명의신탁약정에 따라 명의수탁자의 명의로 등기하여서는 아니 된다.
(2) 양도담보의 경우 양도담보라는 뜻이 기재된 서면을 등기신청서와 함께 등기관에게 제출하여야 한다.

3 법률위반약정의 무효 등   `27·28·32·34회 출제`

(1) 명의신탁약정의 무효
명의신탁약정은 무효로 한다.

(2) 명의신탁약정에 따른 물권변동의 무효
명의신탁약정에 따라 행하여진 등기에 의한 부동산에 관한 물권변동은 무효로 한다. 다만, 부동산에 관한 물권을 취득하기 위한 계약에서 명의수탁자가 그 일방당사자가 되고 그 타방당사자는 명의신탁약정이 있다는 사실을 알지 못한 경우에는 그러하지 아니하다.

(3) 제3자에 대한 보호
명의신탁약정의 무효와 명의신탁약정에 따라 행하여진 등기에 의한 부동산에 관한 물권변동의 무효는 제3자에게 대항하지 못한다.

4 법률위반의 벌칙 ★

(1) 5년 이하의 징역 또는 2억원 이하의 벌금
명의신탁자, 장기미등기자, 양도담보 기재의무를 위반한 채권자·실채무자

(2) 3년 이하의 징역 또는 1억원 이하의 벌금
명의수탁자

5 의무위반시 과징금 및 이행강제금

(1) 과징금 부과대상
명의신탁자, 장기미등기자, 양도담보기재의무를 위반한 채권자·채무자를 허위로 기재하여 제출하게 한 실채무자

(2) 과징금 부과율
30% 범위 내에서 부과

(3) 이행강제금
1) 과징금 부과일로부터 1년 이내에 실명등기를 하지 않은 경우 : 부동산 평가액의 100분의 10
2) 첫 이행강제금 부과일로부터 다시 1년 이내에 이행치 않은 경우 : 부동산 평가액의 100분의 20

03 주택임대차보호법 ★★★
16·17·18·21·25·27·28·32·33·34회 출제

1 적용범위 및 강행규정

(1) 적용범위
이 법은 주거용 건물의 전부 또는 일부의 임대차에 관하여 이를 적용한다.

Professor Comment
임차주택의 일부가 주거 외의 목적으로 사용되는 경우에도 적용된다.

(2) 강행규정
이 법의 규정에 위반된 약정으로서 임차인에게 불리한 것은 그 효력이 없다.

(3) 일시사용을 위한 임대차의 적용배제
이 법은 일시사용을 위한 임대차임이 명백한 경우에는 이를 적용하지 아니한다.

(4) 미등기전세
이 법은 주택의 등기하지 아니한 전세계약에 관하여 이를 준용한다. 이 경우 "전세금"은 "임대차의 보증금"으로 본다.

(5) 외국인도 적용대상이다
적법한 임대차계약 체결시인 경우에 적용된다(대판 2003.7.25. 2003다2918 참조).

(6) 법인의 일부도 적용대상
토지주택공사 및 지방공사와 「중소기업기본법」상의 중소기업도 적용된다.

2 대항력 등

(1) 발생 22·23회 출제
임대차는 그 등기가 없는 경우에도 임차인이 주택의 인도와 주민등록을 마친 때에는 그 익일부터 제3자에 대하여 효력이 생긴다.

(2) 내용
임차주택의 양수인(기타 임대할 권리를 승계한 자를 포함함)은 임대인의 지위를 승계한 것으로 본다.

(3) 소멸 20회 출제
경매에 의한 임차권의 소멸, 대항요건의 상실로 인한 대항력의 소멸이 있다.

Professor Comment
다만 대항력 있는 전액 변제되지 않은 임차권은 소멸하지 않는다.

3 확정일자날인 ★★

구 분	확정일자날인
효 력	대항력과 확정일자날인을 받은 날부터 경매나 공매시 우선변제력 발생
날인장소	등기소 및 공증인사무소, 주민센터(동사무소)
방 법	임대차 계약서 원본에 확정일자인을 날인
청구방법	계약서를 지참하고 구두로 청구
청구인	임차인 단독으로 날인 청구
유효기간	대항력이 유지되는 기간 동안 우선변제권 발생
재발급	확정일자날인을 받은 계약서가 분실되면 재발급받을 수 없다(해당 기관에서는 확정일자날인 여부를 확인해주지 않음).

4 우선변제권의 승계

(1) 금융기관 등이 우선변제권을 취득한 임차인의 보증금반환채권을 계약으로 양수한 경우에는 양수한 금액의 범위에서 우선변제권을 승계한다.

(2) 위 (1)에 따라 우선변제권을 승계한 금융기관 등(이하 "금융기관등"이라 한다)은 다음의 어느 하나에 해당하는 경우에는 우선변제권을 행사할 수 없다.

  1) 임차인이 대항요건을 상실한 경우
  2) 임차권등기가 말소된 경우
  3) 「민법」 제621조에 따른 임대차등기가 말소된 경우

(3) 금융기관등은 우선변제권을 행사하기 위하여 임차인을 대리하거나 대위하여 임대차를 해지할 수 없다.

5 소액보증금의 보호

15회 출제

주택에 대한 경매신청의 등기 전에 대항요건을 갖춘 임차인 중 다음의 〈표〉에 해당하는 임차인은 경·공매에서 보증금 중 일정액을 다른 담보물권자보다 우선하여 변제받을 권리가 있다.

Professor Comment
대항요건만 갖추면 되고 임대차계약서상 확정일자인이 있어야 하는 것은 아니다.

(1) 2023년 2월 21일부터 현재까지

구 분	보호대상 보증금	최우선변제액
1) 서울특별시	1억 6천 5백만원 이하	5,500만원
2) 수도권 중 과밀억제권역(서울특별시 제외), 세종특별자치시, 용인시, 화성시, 김포시	1억 4천 5백만원 이하	4,800만원
3) 광역시(과밀억제권역과 군지역 제외), 안산시, 광주시, 파주, 이천시 및 평택시	8,500만원 이하	2,800만원
4) 그 밖의 지역	7,500만원 이하	2,500만원

(2) 우선변제를 받을 임차인 및 보증금 중 일정액의 범위와 기준은 주택가액(대지가액 포함)의 2분의 1 범위 안에서 대통령령으로 정한다.

6 임차권등기명령 ★★

(1) 임차권등기명령 신청권자
임대차가 종료된 후 보증금을 반환받지 못한 임차인은 임차주택의 소재지를 관할하는 지방법원·지방법원지원 또는 시·군법원에 임차권등기명령을 신청할 수 있다.

(2) 대항력 및 우선변제권의 유지
임차권등기명령의 집행에 의한 임차권등기가 경료되면 임차인은 대항요건을 상실하더라도 이미 취득한 대항력 또는 우선변제권을 상실하지 아니한다.

(3) 임차권등기가 경료된 주택임차인의 보호배제
임차권등기명령의 집행에 의한 임차권등기가 경료된 주택(임대차의 목적이 주택의 일부분인 경우에는 해당 부분에 한함)을 그 이후에 임차한 임차인은 최우선변제권이 발생하지 않는다.

7 기타 주요 규정 ★★★

(1) 임대차 최소기간
기간의 정함이 없거나 기간을 2년 미만으로 정한 임대차는 그 기간을 2년으로 본다.

Professor Comment
임차인은 2년 미만으로 정한 기간이 유효함을 주장할 수 있다.

(2) 차임 등의 증감청구권
약정한 차임 또는 보증금의 증액은 약정한 차임 등의 20분의 1의 금액을 초과하지 못하며, 임대차계약 또는 증액이 있은 후 1년 이내에는 증액을 하지 못한다.

(3) 보증금의 월차임 전환비율
보증금의 전부 또는 일부를 월 단위의 차임으로 전환하는 경우에는 그 전환되는 금액에 「은행법」에 의한 금융기관에서 적용하는 대출금리 및 당해 지역의 경제여건 등을 감안하여 ㉠ 대통령령이 정하는 비율(연 10%) 또는 ㉡ 한국은행 기준금리에 2%를 더한 비율 중 낮은 금액의 월차임의 범위를 초과할 수 없다.

(4) 계약갱신통지 기한 `24회 출제`
1) 임대인이 임대차기간 만료 전 6월부터 2월까지에 임차인에 대하여 갱신거절의 통지 또는 조건을 변경하지 아니하면 갱신하지 아니한다는 뜻의 통지를 하지 아니한 경우에는 그 기간이 만료된 때에 전임대차와 동일한 조건으로 다시 임대차한 것으로 본다.
2) 임차인이 임대차기간 만료 전 2월까지 통지하지 아니한 때에도 또한 같다. 이 경우 임대차의 존속기간은 2년으로 본다.
3) 다만, 2기의 차임액에 달하도록 차임을 연체하거나 임차인으로서의 의무를 현저히 위반한 경우에는 법정갱신이 인정되지 않는다.

(5) 계약갱신 요구 등

1) 임대인은 임차인이 계약만료 6개월 전부터 2개월 전까지 계약갱신을 요구할 경우 정당한 사유 없이 거절하지 못한다. 다만, 다음의 어느 하나에 해당하는 경우에는 그러하지 아니하다(법 제6조의3 제1항).
   ① 임차인이 <u>2기</u>의 차임액에 해당하는 금액에 이르도록 차임을 연체한 사실이 있는 경우
   ② 임차인이 거짓이나 그 밖의 부정한 방법으로 임차한 경우
   ③ 서로 합의하여 임대인이 임차인에게 상당한 보상을 제공한 경우
   ④ 임차인이 임대인의 동의 없이 목적 주택의 전부 또는 일부를 전대(轉貸)한 경우
   ⑤ 임차인이 임차한 주택의 전부 또는 일부를 고의나 중대한 과실로 파손한 경우
   ⑥ 임차한 주택의 전부 또는 일부가 멸실되어 임대차의 목적을 달성하지 못할 경우
   ⑦ 임대인이 다음의 어느 하나에 해당하는 사유로 목적 주택의 전부 또는 대부분을 철거하거나 재건축하기 위하여 목적 주택의 점유를 회복할 필요가 있는 경우
      ㉠ 임대차계약 체결 당시 공사시기 및 소요기간 등을 포함한 철거 또는 재건축 계획을 임차인에게 구체적으로 고지하고 그 계획에 따르는 경우
      ㉡ 건물이 노후·훼손 또는 일부 멸실되는 등 안전사고의 우려가 있는 경우
      ㉢ 다른 법령에 따라 철거 또는 재건축이 이루어지는 경우
   ⑧ <u>임대인</u>(임대인의 직계존속·직계비속을 포함)이 목적 주택에 실제 거주하려는 경우
   ⑨ 그 밖에 임차인이 임차인으로서의 의무를 현저히 위반하거나 임대차를 계속하기 어려운 중대한 사유가 있는 경우

2) 임차인은 계약갱신요구권을 1회에 한하여 행사할 수 있다. 이 경우 갱신되는 임대차의 존속기간은 2년으로 본다(법 제6조의3 제2항).

3) 갱신되는 임대차는 전 임대차와 동일한 조건으로 다시 계약된 것으로 본다. 다만, 차임과 보증금은 이 법이 규정하는 범위 내에서 증감할 수 있다(법 제6조의3 제3항).

4) 임차인은 갱신된 기간 내에 언제든지 임대인에게 계약해지(契約解止)를 통지할 수 있다. 해지는 임대인이 그 통지를 받은 날부터 3개월이 지나면 그 효력이 발생한다(법 제6조의3 제4항).

5) 임대인이 목적 주택에 실제 거주하려는 사유로 갱신을 거절하였음에도 불구하고 갱신요구가 거절되지 아니하였더라면 갱신되었을 기간이 만료되기 전에 정당한 사유 없이 제3자에게 목적 주택을 임대한 경우 임대인은 갱신거절로 인하여 임차인이 입은 손해를 배상하여야 한다(법 제6조의3 제5항).

6) 손해배상액은 거절 당시 당사자 간에 손해배상액의 예정에 관한 합의가 이루어지지 않는 한 다음의 금액 중 큰 금액으로 한다(법 제6조의3 제6항).
   ① 갱신거절 당시 월차임(차임 외에 보증금이 있는 경우에는 그 보증금을 연 10% 또는 기준금리에 3.5를 더한 비율 중 낮은 비율에 따라 월 단위의 차임으로 전환한 금액을 포함한다. 이하 "환산월차임"이라 한다)의 3개월분에 해당하는 금액
   ② 임대인이 제3자에게 임대하여 얻은 환산월차임과 갱신거절 당시 환산월차임 간 차액의 2년분에 해당하는 금액
   ③ 임대인이 실제 거주할 목적인 갱신거절로 인해 임차인이 입은 손해액

(6) 차임 등의 증감청구권

1) 당사자는 약정한 차임이나 보증금이 임차주택에 관한 조세, 공과금, 그 밖의 부담의 증감이나 경제사정의 변동으로 인하여 적절하지 아니하게 된 때에는 장래에 대하여 그 증감을 청구할 수 있다. 이 경우 증액청구는 임대차계약 또는 약정한 차임이나 보증금의 증액이 있은 후 1년 이내에는 하지 못한다(법 제7조 제1항).
2) 증액청구는 약정한 차임이나 보증금의 20분의 1의 금액을 초과하지 못한다. 다만, 특별시·광역시·특별자치시·도 및 특별자치도는 관할구역 내의 지역별 임대차 시장 여건 등을 고려하여 본문의 범위에서 증액청구의 상한을 조례로 달리 정할 수 있다(법 제7조 제2항).

8 주택임대차위원회

(1) 위원회의 목적 및 구성

1) 제8조에 따라 우선변제를 받을 임차인 및 보증금 중 일정액의 범위와 기준을 심의하기 위하여 법무부에 주택임대차위원회(이하 "위원회"라 한다)를 둔다(법 제8조의2 제1항).
2) 위원회는 위원장 1명을 포함한 9명 이상 15명 이하의 위원으로 구성한다.
3) 위원회의 위원장은 법무부차관이 된다.
4) 법 제8조의2에 따른 주택임대차위원회의 위원의 임기는 2년으로 하되, 한 차례만 연임할 수 있다. 다만, 공무원인 위원의 임기는 그 직위에 재직하는 기간으로 한다.

(2) 위원회의 회의

1) 위원회의 회의는 매년 1회 개최되는 정기회의와 위원장이 필요하다고 인정하거나 위원 3분의 1 이상이 요구할 경우에 개최되는 임시회의로 구분하여 운영한다.
2) 위원장은 위원회의 회의를 소집하고, 그 의장이 된다.
3) 위원회의 회의는 재적위원 과반수의 출석으로 개의하고, 출석위원 과반수의 찬성으로 의결한다.
4) 위원회의 회의는 비공개로 한다.
5) 위원장은 위원이 아닌 자를 회의에 참석하게 하여 의견을 듣거나 관계기관·단체 등에게 필요한 자료, 의견제출 등 협조를 요청할 수 있다.

9 주택임대차 분쟁조정위원회

(1) 주택임대차 분쟁조정위원회의 설치

1) 주택임대차와 관련된 분쟁을 심의·조정하기 위하여 대한법률구조공단의 지부, 토지주택공사 지사·사무소, 한국부동산원 지사·사무소에 주택임대차분쟁조정위원회를 둔다.
2) 특별시·광역시·특별자치시·도 및 특별자치도는 그 지방자치단체의 실정을 고려하여 조정위원회를 둘 수 있다.
3) **조정위원회의 심의·조정 사항**
   ① 차임 또는 보증금의 증감에 관한 분쟁
   ② 임대차기간에 관한 분쟁
   ③ 보증금 또는 임차주택의 반환에 관한 분쟁
   ④ 임차주택의 유지·수선의무에 관한 분쟁
   ⑤ 그 밖에 대통령령으로 정하는 주택임대차에 관한 분쟁

(2) 조정위원회의 구성 및 운영
1) 조정위원회는 위원장 1명을 포함하여 5명 이상 30명 이하의 위원으로 구성한다.
2) 공단 조정위원회 위원은 공단 이사장이 임명 또는 위촉하고, 시·도 조정위원회 위원은 해당 지방자치단체의 장이 임명하거나 위촉한다.
3) 조정위원회의 위원은 주택임대차에 관한 학식과 경험이 풍부한 사람으로서 위원 중 5분의 2 이상은 판사·검사 또는 변호사로 6년 이상 재직한 사람이어야 한다.
4) 조정위원회의 위원장은 판사·검사 또는 변호사로 6년 이상 재직한 사람에 해당하는 위원 중에서 위원들이 호선한다.

(3) 조정부의 구성 운영
1) 조정위원회는 분쟁의 효율적 해결을 위하여 3명의 조정위원으로 구성된 조정부를 둘 수 있다.
2) 조정부에는 판사·검사 또는 변호사로 6년 이상 재직한 사람에 해당하는 사람이 1명 이상 포함되어야 하며, 그 중에서 조정위원회위원장이 조정부의 장을 지명한다.
3) 조정부가 내린 결정은 조정위원회가 결정한 것으로 본다.

(4) 조정의 신청
1) 주택임대차분쟁의 당사자는 해당 주택이 소재하는 공단 또는 시·도 조정위원회에 분쟁의 조정을 신청할 수 있다.
2) 조정위원회는 신청인이 조정을 신청할 때 조정절차 및 조정의 효력 등 분쟁조정에 관하여 대통령령으로 정하는 사항을 안내하여야 한다.
3) 조정신청의 각하사유
   ① 이미 해당 분쟁조정사항에 대하여 법원에 소가 제기되거나 조정신청이 있은 후 소가 제기된 경우
   ② 이미 해당 분쟁조정사항에 대하여 「민사조정법」에 따른 조정이 신청된 경우나 조정신청이 있은 후 같은 법에 따른 조정이 신청된 경우
   ③ 이미 해당 분쟁조정사항에 대하여 이 법에 따른 조정위원회에 조정이 신청된 경우나 조정신청이 있은 후 조정이 성립된 경우
   ④ 조정신청 자체로 주택임대차에 관한 분쟁이 아님이 명백한 경우
   ⑤ 피신청인이 조정절차에 응하지 아니한다는 의사를 통지하거나 조정신청서를 송달받은 날부터 7일 이내에 아무런 의사를 통지하지 아니한 경우
   ⑥ 신청인이 정당한 사유 없이 조사에 응하지 아니하거나 2회 이상 출석요구에 응하지 아니한 경우

(5) 조정절차 및 조정
1) 조정절차
   ① 조정위원회의 위원장은 조정신청을 접수하면 피신청인에게 조정신청서를 송달하여야 한다.
   ② 조정신청서를 송달받은 피신청인이 조정에 응하고자 하는 의사를 조정위원회에 통지하면 조정절차가 개시된다.

2) 처리기간

① 조정위원회는 분쟁의 조정신청을 받은 날부터 60일 이내에 그 분쟁조정을 마쳐야 한다. 다만, 부득이한 사정이 있는 경우에는 조정위원회의 의결을 거쳐 30일의 범위에서 그 기간을 연장할 수 있다.

② 조정위원회는 기간을 연장한 경우에는 기간 연장의 사유와 그 밖에 기간 연장에 관한 사항을 당사자에게 통보하여야 한다.

3) 조정의 성립

① 조정위원회가 조정안을 작성한 경우에는 그 조정안을 지체없이 각 당사자에게 통지하여야 한다.

② 조정안을 통지받은 당사자가 통지받은 날부터 14일 이내에 수락의 의사를 서면으로 표시하지 아니한 경우에는 조정을 거부한 것으로 본다.

③ 각 당사자가 조정안을 수락한 경우에는 조정안과 동일한 내용의 합의가 성립된 것으로 본다.

④ 합의가 성립한 경우 조정위원회위원장은 조정안의 내용을 조정서로 작성한다. 조정위원회위원장은 각 당사자 간에 금전, 그 밖의 대체물의 지급 또는 부동산의 인도에 관하여 강제집행을 승낙하는 취지의 합의가 있는 경우에는 그 내용을 조정서에 기재하여야 한다.

04 상가건물 임대차보호법 ★★★ 14·15·추가15·18·21·22·25·29·30·33회 출제

1 적용범위 및 강행규정 ★★

(1) 적용범위

1) **건물의 범위**: 상가건물(법 제3조 제1항의 규정에 의한 사업자등록의 대상이 되는 건물을 말함)의 임대차(임대차 목적물의 주된 부분을 영업용으로 사용하는 경우를 포함)

2) **보증금의 범위**: 다음의 대통령령이 정하는 보증금액 이하의 임대차에만 적용 **24회 출제**

서울특별시	9억원
수도권정비계획법에 의한 과밀억제권역(서울특별시는 제외) 및 부산광역시	6억9천만원
광역시(과밀억제권역에 포함된 지역과 군지역, 부산광역시 제외), 세종특별자치시, 파주시, 화성시, 안산시, 용인시, 김포시 및 광주시	5억4천만원
그 밖의 지역	3억7천만원

3) 이 규정에 의한 보증금이 초과되어도 대항력, 계약갱신요구, 권리금보호, 표준계약서 규정은 적용된다.

4) **계약범위**

① 2002.11.1. 후 체결되거나 갱신된 임대차부터 적용한다.

② 다만, 대항력·우선변제권·최우선변제권 규정은 이 법 시행당시 존속중인 임대차에 대하여도 이를 적용하되, 이 법 시행 전에 물권을 취득한 제3자에 대하여는 그 효력이 없다.

(2) 강행규정

이 법의 규정에 위반된 약정으로서 임차인에게 불리한 것은 그 효력이 없다.

(3) 일시사용을 위한 임대차
이 법은 일시사용을 위한 임대차임이 명백한 경우에는 이를 적용하지 아니한다.

(4) 미등기전세에의 준용
목적건물의 등기하지 아니한 전세계약에 관하여 이를 준용한다. 이 경우 "전세금"은 "임대차의 보증금"으로 본다.

2 대항력 등 ★★ [16회 출제]

(1) 발생
임대차는 그 등기가 없는 경우에도 임차인이 건물의 인도와 「부가가치세법」, 「소득세법」 또는 「법인세법」의 규정에 의한 사업자등록을 신청한 때에는 그 다음 날부터 제3자에 대하여 효력이 생긴다.

(2) 내용
임차건물의 양수인(그 밖에 임대할 권리를 승계한 자를 포함함)은 임대인의 지위를 승계한 것으로 본다.

(3) 소멸
경매에 의한 그 임차건물의 경락에 의한 임차권의 소멸, 대항요건의 상실로 인한 대항력의 소멸이 있다.

Professor Comment
다만, 보증금이 전액 변제되지 아니한 대항력이 있는 임차권은 소멸하지 아니한다.

3 확정일자날인 ★

구 분	확정일자날인
효력	대항력과 확정일자날인을 받은 날부터 경매나 공매시 우선변제력 발생
날인장소	관할 세무서
방법	임대차 계약서 원본에 확정일자인을 날인
청구방법	계약서를 지참하고 구두로 청구
청구인	임차인 단독으로 날인 청구
유효기간	대항력이 유지되는 기간 동안 우선변제력 발생
재발급	확정일자날인을 받은 계약서가 분실되면 재발급 받을 수 없다(해당 기관에서는 확정일자인 여부를 확인해주지 않음).

4 우선변제권의 승계

(1) 금융기관 등이 우선변제권을 취득한 임차인의 보증금반환채권을 계약으로 양수한 경우에는 양수한 금액의 범위에서 우선변제권을 승계한다.

(2) 위 (1)에 따라 우선변제권을 승계한 금융기관 등(이하 "금융기관등"이라 한다)은 다음의 어느 하나에 해당하는 경우에는 우선변제권을 행사할 수 없다.
   1) 임차인이 대항요건을 상실한 경우
   2) 임차권등기가 말소된 경우
   3) 「민법」 제621조에 따른 임대차등기가 말소된 경우

(3) 금융기관등은 우선변제권을 행사하기 위하여 임차인을 대리하거나 대위하여 임대차를 해지할 수 없다.

5 소액보증금의 보호

(1) 상가건물에 대한 경매신청의 등기 전에 대항요건을 갖춘 임차인 중 다음의 표에 해당하는 임차인은 경·공매에서 보증금 중 일정액을 다른 담보물권자보다 우선하여 변제받을 권리가 있다.

(2) 건물가액의 $\frac{1}{2}$ 범위 내에서 변제한다.

Professor Comment

환산보증금(보증금 + 월세 × 100)이 적용됨을 주의할 것

지 역	소액보증금	최우선변제액
1) 서울특별시	6천5백만원 이하	2천2백만원
2) 과밀억제권역(서울특별시 제외)	5천5백만원 이하	1천9백만원
3) 광역시(과밀억제권역에 포함된 지역과 군지역 제외), 안산시, 용인시, 김포시, 광주시	3천8백만원 이하	1천3백만원
4) 그 밖의 지역	3천만원 이하	1천만원

6 임차권등기명령 ★

(1) **임차권등기명령 신청권자**
임대차가 종료된 후 보증금을 반환받지 못한 임차인은 임차주택의 소재지를 관할하는 지방법원·지방법원지원 또는 시·군법원에 임차권등기명령을 신청할 수 있다.

(2) **대항력 및 우선변제권의 유지**
임차권등기명령의 집행에 의한 임차권등기가 경료되면 임차인은 대항요건을 상실하더라도 이미 취득한 대항력 또는 우선변제권을 상실하지 아니한다.

(3) **임차권등기가 경료된 상가건물임차인의 보호 배제**
임차권등기명령의 집행에 의한 임차권등기가 경료된 상가건물(임대차의 목적이 건물의 일부분인 경우에는 해당 부분에 한함)을 그 이후에 임차한 임차인은 최우선변제권이 발생하지 않는다.

7 임대차기간 보장 ★★★

(1) **임대차기간의 최소한**
기간의 정함이 없거나 기간을 1년 미만으로 정한 임대차는 그 기간을 1년으로 본다. 다만, 임차인은 1년 미만으로 정한 기간이 유효함을 주장할 수 있다.

(2) **임대차관계의 존속**
임대차가 종료한 경우에도 임차인이 보증금을 반환받을 때까지 임대차관계가 존속한 것으로 본다.

(3) **임차인의 계약갱신요구권**
임대인은 임차인이 임대차기간 만료되기 6개월 전부터 1개월 전까지 사이에 행하는 계약갱신요구에 대하여 정당한 사유없이 이를 거절하지 못한다. 다만, 다음의 경우에는 그러하지 아니하다.
  1) 임차인이 3기의 차임액에 해당하는 금액에 이르도록 차임을 연체한 사실이 있는 경우
  2) 임차인이 거짓이나 그 밖의 부정한 방법으로 임차한 경우

3) 서로 합의하여 임대인이 임차인에게 상당한 보상을 제공한 경우
4) 임차인이 임대인의 동의 없이 목적 건물의 전부 또는 일부를 전대한 경우
5) 임차인이 임차한 건물의 전부 또는 일부를 고의나 중대한 과실로 파손한 경우
6) 임차한 건물의 전부 또는 일부가 멸실되어 임대차의 목적을 달성하지 못할 경우
7) 임대인이 다음의 어느 하나에 해당하는 사유로 목적 건물의 전부 또는 대부분을 철거하거나 재건축하기 위해 목적 건물의 점유를 회복할 필요가 있는 경우
   ① 임대차계약 체결 당시 공사시기 및 소요기간 등을 포함한 철거 또는 재건축 계획을 임차인에게 구체적으로 고지하고 그 계획에 따르는 경우
   ② 건물이 노후·훼손 또는 일부 멸실되는 등 안전사고의 우려가 있는 경우
   ③ 다른 법령에 따라 철거 또는 재건축이 이루어지는 경우
8) 그 밖의 임차인이 임차인으로서의 의무를 현저히 위반하거나 임대차를 계속하기 어려운 중대한 사유가 있는 경우

Professor Comment
위의 경우 임차인이 계약갱신요구를 하지 못하는 것은 아니다.

(4) 계약갱신요구권의 최장기간   `27회 출제`
임차인의 계약갱신요구권은 최초의 임대차기간을 포함한 전체 임대차기간이 10년을 초과하지 않는 범위 내에서만 행사할 수 있다.

8 권리금의 보호

(1) 권리금의 정의
1) 권리금이란 임대차 목적물인 상가건물에서 영업을 하는 자 또는 영업을 하려는 자가 영업시설·비품, 거래처, 신용, 영업상의 노하우, 상가건물의 위치에 따른 영업상의 이점 등 유형·무형의 재산적 가치의 양도 또는 이용대가로서 임대인, 임차인에게 보증금과 차임 이외에 지급하는 금전 등의 대가를 말한다.
2) 권리금 계약이란 신규임차인이 되려는 자가 임차인에게 권리금을 지급하기로 하는 계약을 말한다.

(2) 권리금 회수기회 보호 등
1) 임대인은 임대차기간이 끝나기 6개월 전부터 임대차 종료시까지 다음의 어느 하나에 해당하는 행위를 함으로써 권리금 계약에 따라 임차인이 주선한 신규임차인이 되려는 자로부터 권리금을 지급받는 것을 방해하여서는 아니 된다. 다만, 계약갱신요구를 거절할 수 있는 사유(제10조 제1항 각호)의 어느 하나에 해당하는 사유가 있는 경우에는 그러하지 아니하다.
   ① 임차인이 주선한 신규임차인이 되려는 자에게 권리금을 요구하거나 임차인이 주선한 신규임차인이 되려는 자로부터 권리금을 수수하는 행위
   ② 임차인이 주선한 신규임차인이 되려는 자로 하여금 임차인에게 권리금을 지급하지 못하게 하는 행위
   ③ 임차인이 주선한 신규임차인이 되려는 자에게 상가건물에 관한 조세, 공과금, 주변 상가건물의 차임 및 보증금, 그 밖의 부담에 따른 금액에 비추어 현저히 고액의 차임과 보증금을 요구하는 행위
   ④ 그 밖에 정당한 사유 없이 임대인이 임차인이 주선한 신규임차인이 되려는 자와 임대차계약의 체결을 거절하는 행위

2) 임대차계약의 체결을 거절할 수 있는 사유
① 임차인이 주선한 신규임차인이 되려는 자가 보증금 또는 차임을 지급할 자력이 없는 경우
② 임차인이 주선한 신규임차인이 되려는 자가 임차인으로서의 의무를 위반할 우려가 있거나 그 밖에 임대차를 유지하기 어려운 상당한 사유가 있는 경우
③ 임대차 목적물인 상가건물을 1년 6개월 이상 영리목적으로 사용하지 아니한 경우
④ 임대인이 선택한 신규임차인이 임차인과 권리금 계약을 체결하고 그 권리금을 지급한 경우

3) 손해배상의 청구
① 임대인이 권리금을 지급받는 것을 방해하여 임차인에게 손해를 발생하게 한 때에는 그 손해를 배상할 책임이 있다. 이 경우 그 손해배상액은 신규임차인이 임차인에게 지급하기로 한 권리금과 임대차 종료 당시의 권리금 중 낮은 금액을 넘지 못한다.
② 임대인에게 손해배상을 청구할 권리는 임대차가 종료한 날부터 3년 이내에 행사하지 아니하면 시효의 완성으로 소멸한다.

(3) 임차인의 정보제공의무
임차인은 임대인에게 임차인이 주선한 신규임차인이 되려는 자의 보증금 및 차임을 지급할 자력 또는 그 밖에 임차인으로서의 의무를 이행할 의사 및 능력에 관하여 자신이 알고 있는 정보를 제공하여야 한다.

(4) 권리금 적용 제외
1) 「유통산업발전법」에 따른 대규모 점포 또는 준대규모 점포의 일부인 경우(전통시장 제외)
2) 「국유재산법」에 따른 국유재산 또는 「공유재산 및 물품 관리법」에 따른 공유재산인 경우

(5) 표준권리금계약서의 작성 등
국토교통부장관은 법무부장관과 협의하여 임차인과 신규임차인이 되려는 자가 권리금 계약을 체결하기 위한 표준권리금계약서를 정하여 그 사용을 권장할 수 있다.

(6) 권리금 평가기준의 고시
국토교통부장관은 권리금에 대한 감정평가의 절차와 방법 등에 관한 기준을 고시할 수 있다.

9 기타 주요 규정

(1) 차임 등의 증감청구권
차임 또는 보증금의 증액청구는 청구당시의 차임 또는 보증금의 5%를 초과하지 못한다. 또한 임대차계약 또는 약정한 차임 등의 증액이 있은 후 1년 이내에는 증액하지 못한다.

Professor Comment
이러한 차임증감청구는 전대인과 전차인의 전대차관계에도 적용된다.

(2) 월차임 전환시 산정률의 제한
보증금의 전부 또는 일부를 월 단위의 차임으로 전환하는 경우에는 연 12% 또는 한국은행 기준금리 4.5배 중 낮은 금액을 초과할 수 없다.

▶ 「주택임대차보호법」과 「상가건물 임대차보호법」 비교표 ◀

구 분	「주택임대차보호법」	「상가건물 임대차보호법」
1) 목 적	국민 주거생활 안정	국민 경제생활 안정
2) 적용대상	모든 주택임대차	영세 상가건물 임대차(대통령령 보증금 내)
3) 최단임대기간	2년(1년 계약시 임차인은 1년 기간 주장 가능)	1년(6개월 계약시 임차인은 6개월 기간 주장 가능)
4) 임차인 계약갱신 요구권	1회에 한하여 요구할 수 있음	10년 범위내에서 임대인은 임차인의 계약갱신요구 거절 불가
5) 대항력 발생요건	주민등록전입신고 및 주택의 인도	사업자등록 신청 및 건물의 인도
6) 우선변제권 발생요건	대항요건과 임대차계약증서상의 확정일자를 갖춘 임차인	대항요건을 갖추고 관할세무서장으로부터 임대차계약서에 확정일자를 받은 임차인
7) 보증금 최우선 변제	주택가액의 1/2 범위 내 보증금 중 일정액	임대건물가액의 1/2 범위 내 보증금 중 시행령이 정하는 일정액
8) 임대료 인상제한	시행령에서 정하는 비율(5%) 이내 * 최근 증액 후 1년 내에는 불가	시행령에서 정하는 비율(5%) 이내 * 최근 증액 후 1년 내에는 불가
9) 월세 전환이율 제한	시행령에서 정하는 비율 이내 * 연 10% 또는 한국은행 기준 금리에 2%를 더한 비율 중 낮은 금액	시행령에서 정하는 비율 이내 * 연 12% 또는 한국은행 기준금리의 4.5배 중 낮은 금액

(3) 계약갱신의 통지기한

1) 임대인이 임대차기간 만료 전 6월부터 1월까지의 기간 내에 임차인에 대하여 갱신거절의 통지 또는 조건의 변경에 대한 통지를 하지 아니한 경우에는 그 기간이 만료된 때에 전임대차와 동일한 조건으로 다시 임대차한 것으로 본다.
2) 이 경우에 임대차의 존속기간은 1년으로 본다. 임대차의 존속기간이 정함이 없을 경우 임차인은 언제든지 임대인에 대하여 계약해지의 통고를 할 수 있고, 임대인이 그 통고를 받은 날로부터 3월이 경과하면 그 효력이 발생한다.

(4) 차임연체와 해지

임차인의 차임연체액이 3기의 차임액에 달하는 때에는 임대인은 계약을 해지할 수 있다.

(5) 표준계약서의 작성 등

법무부장관은 보증금, 차임액, 임대차기간, 수선비 분담 등의 내용이 기재된 상가건물 임대차표준계약서를 정하여 그 사용을 권장할 수 있다.

05 기타 부동산거래 관련법규

17회 출제

1 「농지법」상의 거래규제 ★★

15·추가15·21·22·29회 출제

(1) 농지의 소유상한(법 제7조)
1) 상속으로 농지를 취득한 자로서 농업경영을 하지 아니한 자는 그 상속농지 중에서 총 1만m² 이내의 것에 한하여 소유할 수 있다.
2) 8년 이상 농업경영을 한 후 이농하는 자는 이농 당시 소유농지 중에서 1만m² 이내의 것에 한하여 소유할 수 있다.
3) 주말·체험영농을 하고자 하는 자는 1천m² 미만의 농지에 한하여 소유할 수 있다(면적계산은 그 세대원 전부가 소유하는 총면적으로 함).

(2) 농지취득자격증명(법 제8조)

23회 출제

1) 농지취득자격증명의 발급
   ① 원칙
      농지를 취득하고자 하는 자는 농지의 소재지를 관할하는 시장·구청장·읍장 또는 면장으로부터 농지취득자격증명을 발급받아야 한다.
   ② 예외
      ㉠ 국가나 지방자치단체가 농지를 소유하는 경우
      ㉡ 상속에 의하여 농지를 취득하여 소유하는 경우
      ㉢ 금융기관 등이 경매기일 2회 이상 유찰된 후 담보농지를 취득하는 경우
      ㉣ 농지전용협의를 완료한 농지를 소유하는 경우
      ㉤ 농업법인의 합병으로 농지를 취득하는 경우
      ㉥ 공유농지의 분할로 농지를 취득하는 경우
      ㉦ 시효의 완성으로 농지를 취득하는 경우
      ㉧ 일정한 법률의 규정에 의한 환매권자가 환매권에 의하여 농지를 취득하는 경우

2) 농지취득자격증명의 발급절차
   농지취득자격증명을 발급받고자 하는 자는 농업경영계획서를 작성하여 농지의 소재지를 관할하는 시·구·읍·면장에게 그 발급을 신청하여야 한다.

CHAPTER 07 부동산경매 및 공매

학습포인트

- 공인중개사의 매수신청대리인 등록 등에 관한 규칙 등 : 법원경매 매수신청등록을 위한 요건과 절차, 업무내용 등을 숙지해야 한다.
- 경매제도 : 각 경매제도 및 용어의 개념에 대한 이해가 필요하다.
- 법원경매 참가방법 : 참가절차를 숙지하고, 각 단계에서의 업무내용을 이해하는 수준의 학습이 필요하다.
- 공매 : 공매에 대한 개략적인 사항을 이해하는 수준에서 학습하되, 경매와 대비한 장·단점을 숙지해야 한다.

CHAPTER 학습 & 출제되는 키워드

- ☑ 경매제도
- ☑ 강제경매·임의경매
- ☑ 당연말소등기
- ☑ 배당요구
- ☑ 국세징수법에 의한 공매
- ☑ 대상물 조사
- ☑ 최고가매수신고인 결정
- ☑ 매수신청대리의 대상물
- ☑ 민사집행법
- ☑ 새매각·재매각
- ☑ 가압류·가등기 분석
- ☑ 기일입찰·기간입찰·호가경매
- ☑ 한국자산관리공사에서의 공매
- ☑ 입찰참가 여부 결정
- ☑ 매각결정·매각대금 납부
- ☑ 매수신청대리인의 등록
- ☑ 부동산경매
- ☑ 부동산 경매 권리분석
- ☑ 매수인에게 인수되는 권리
- ☑ 공매
- ☑ 법원경매 절차
- ☑ 입찰참가
- ☑ 매수신청대리권의 범위
- ☑ 매수신청대리행위

CHAPTER 학습 & 출제되는 질문

- ☑ 경매제도에 대한 설명으로 옳지 않은 것은?
- ☑ 경매와 공매에 대한 비교설명으로 틀린 것은?
- ☑ 부동산경매에 대한 설명으로 옳지 않은 것은?
- ☑ 매수신청대리 대법원규칙에 대한 설명으로 틀린 것은?
- ☑ 공인중개사법과 대법원규칙에 대한 비교설명으로 옳지 않은 것은?

제7장 부동산경매 및 공매

01 경매 및 공매

12·13·21회 출제

1 경매

(1) 근거법률
「민사집행법」, 「민사집행규칙」

(2) 주요 용어 ★★

1) **경매**
경매란 매도인이 다수의 신청인에게 매수신청을 시키고 최고가격을 제시한 신청인에게 매도하는 매매방법을 의미한다.

2) **매수신청**
매수신청이란 동일한 계약에 대하여 다수인으로 하여금 서로 경쟁하게 하여 그 가운데에서 가장 유리한 내용으로 신청한 자와 계약을 체결하는 방법으로, 각 경쟁자는 다른 경쟁자의 신청내용을 알 수 없다(현재 법원경매방식).

3) **강제경매**(집행권원에 의한 경매) 14회 출제
「민사집행법」상의 강제집행의 일종으로, 법원에서 채무자의 부동산을 압류·매각하여 그 대금으로 채권자의 금전채권의 변제에 충당시키는 절차이다.

Professor Comment
집행권원이 있어야 경매신청이 가능하다.

4) **임의경매**(담보권실행을 위한 경매) 14회 출제
담보권실행을 위한 경매를 의미하는 것으로, 저당권이나 유치권 등 담보물권과 담보가등기 등을 위한 강제적 환가방법을 의미한다.

Professor Comment
피담보채권이 존재하고 이행기가 도래되어 이행지체가 있어야 한다.

2 공매

15회 출제

(1) 공매

1) **광의의 의미**
① 공매란 광의로는 법률의 규정에 의거하여 공적 기관에 의하여 강제적으로 행하여지는 매매로서 개인 간의 임의매매와 대립된다.
②「민법」상의 강제집행의 수단으로서 행하여지는 경매도 광의의 공매의 범위에 포함된다.

2) **협의의 의미**
협의로는 조세체납처분의 최종단계로서의 공매, 즉 재산환가처분을 뜻한다.

(2) 한국자산관리공사의 공매 ★
국세압류자산과 유입자산, 수탁재산 등으로 구분하여 실시하며, 국세압류자산 중 500만원 미만의 재산을 제외한 모든 재산은 공매를 통해 처분하고 있다.

(3) 한국자산관리공사의 일반적 공매절차

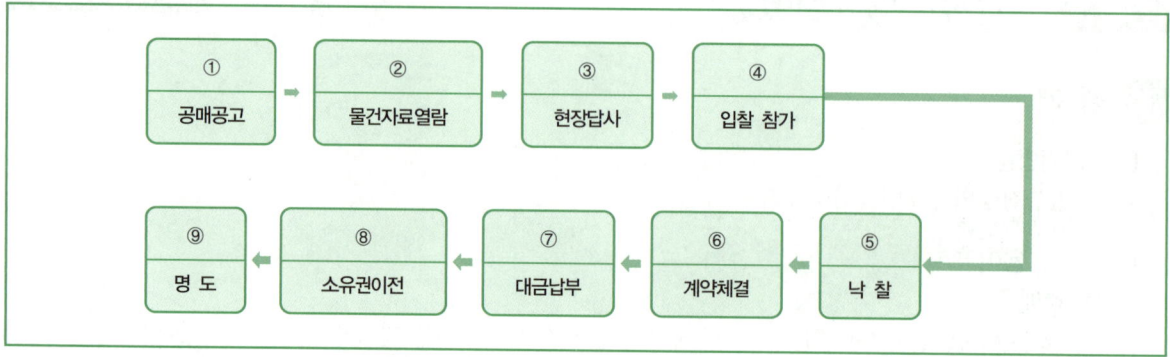

▶ 경매·공매부동산에 대한 업무가능자 ◀

종 목	업 무	가능자
법원경매부동산 (「민사집행법」)	매수신청, 입찰신청대리	변호사, 법무사, 법원에 매수신청대리인으로 등록한 개업공인중개사
	권리분석, 취득알선	
공매부동산 (「국세징수법」 등)	매수신청, 입찰신청대리	변호사, 법무사, 개업공인중개사(부칙에 의한 개업공인중개사 제외)
	권리분석, 취득알선	

3 새매각·재매각·입찰에 참여할 수 있는 자

(1) 새매각

1) 허가할 매수가격의 신고가 없이 매각기일이 최종적으로 마감된 때에는 법원은 최저매각가격을 상당히 낮추고 새 매각기일을 정하여야 한다. 그 기일에 허가할 매수가격의 신고가 없는 때에도 또한 같다.
2) 또한 매각에 대한 정당한 이의신청이 있어 법원이 매각을 허가하지 아니하고 다시 매각을 명하는 때에는 직권으로 새매각기일을 정하여야 한다.

Professor Comment

새매각의 경우에는 통상 20%씩 낮추어 실시하나, 매각에 대한 이의신청이나 매각불허가 처분으로 하는 새매각의 경우에는 종전의 매각과 같은 최저매각가격으로 새매각을 실시한다.

(2) 재매각

1) 매수인이 대금지급기한 또는 추가 대금지급기한까지 그 의무를 완전히 이행하지 아니하였고, 차순위매수신고인이 없는 때에는 법원은 직권으로 부동산의 재매각을 명하여야 한다.
2) 재매각절차에도 종전에 정한 최저매각가격, 그 밖의 매각조건을 적용한다.

(3) 입찰에 참여할 수 없는 자

행위무능력자, 채무자, 소유자, 재매각에 있어 전낙찰자, 집행관 및 그 친족, 감정인 및 친족

4 경매권리분석 ★★★

22·33회 출제

(1) 경매배당 순위

17회 출제

순위	배당채권
1	① 강제집행 비용 ② 제3취득자의 비용상환청구권
2	① 「주택임대차보호법」상 소액보증금 중 일정범위 ② 「상가건물 임대차보호법」상 소액보증금 중 일정범위 ③ 「근로기준법」에서 정한 최종 3월분의 임금과 재해보상금, 「근로자퇴직급여 보장법」에 의한 최종 3년간의 퇴직금
3	국세 및 지방세 중 경매 부동산에 대하여 부과된 국세와 가산금 및 지방세와 가산금
4	우선변제권을 갖춘 채권(저당권, 주택·「상가건물 임대차보호법」상 우선변제권 등): 채권 상호간의 우선순위에 따라 배당
5	「근로기준법」에 의한 임금·「근로자 퇴직급여 보장법」에 의한 퇴직금·재해보상금 기타 근로관계로 인한 채권 중 최우선변제 대상 채권을 제외한 채권
6	① 「국민건강보험법」에 의한 건강보험료와 징수금 ② 「국민연금법」에 의한 연금보험료와 징수금 ③ 「산업재해보상보험법」에 의한 보험료와 징수금
7	우선변제권이 인정되지 않는 일반채권

(2) 말소기준권리

12·26회 출제

1) 말소기준권리

매각으로 인해 당연히 말소되는 경매신청등기, 저당권등기, 「가등기담보 등에 관한 법률」에 의한 담보가등기, 가압류, 압류, 배당을 신청한 전세권등기(단, 말소기준권리보다 빠른 전세권은 인수되기도 함)를 의미한다.

2) 가압류등기

경매부동산의 소유권자 이전의 소유권자에 대한 가압류로서 경매신청등기나 저당권, 담보가등기보다 앞서면 말소되지 않는다.

3) 전세권등기

전세권자가 전세권에 기한 배당신청을 한 경우에만 당연말소된다.

(3) 우선변제권리 상호간의 순위

10·12회 출제

상기 4번째 순위의 배당 채권자 상호 간의 우선순위 판단은 다음과 같은 기준에 의한다.

1) 등기된 권리는 등기법에 의한 순위에 의한다.
2) 「주택임대차보호법」과 「상가건물 임대차보호법」에서 정한 우선변제권과 등기된 권리의 순위는 <u>우선변제권 발생일과 등기신청일을 비교하여 판단</u>한다. 동법령에 의한 대항력과 등기된 권리 역시 등기신청일을 비교·판단한다.

(4) 매수인에게 인수되는 권리

1) 말소기준권리보다 앞선 지상권·지역권·전세권(배당 신청을 하지 않은 경우)·등기된 임차권·대항력 갖춘 주택임차권과 상가건물임차권, 전소유자의 소유권을 대상으로 한 가압류등기, 환매등기는 경매부동산의 매수인이 인수해야 한다.

2) 법정지상권 및 관습법상 법정지상권, 분묘기지권, 관습법상의 권리(농작물의 소유권, 명인방법을 갖춘 수목, 명인방법을 갖춘 과실 등)도 인수해야 한다.
3) 유치권은 매수인에게 인수된다(다만 유치권자가 경매를 신청하는 경우에는 소멸되며 일반 채권과 같이 배당받는다).
4) 해당 경매로 인해 발생하는 법정지상권과 분묘기지권은 매수인에게 인수된다.

Professor Comment
경매시 건물을 철거한다는 조건, 분묘를 이장한다는 조건이 없어야 인수된다.

5 입찰방법 및 인도명령 `20회 출제`

(1) **입찰방법**

「민사집행법」에 따르면 부동산의 매각은 매각기일에 매수신청 및 개찰하게 하는 기일입찰, 매각기간 내에 매수신청하게 하여 매각기일에 개찰하는 기간입찰, 매각기일에 실시하는 호가경매의 3가지 방법으로 하도록 규정되어 있다.

1) **기일입찰**
   ① 기일입찰이란 기일을 정하여 그 기일에 입찰을 실시하는 방법으로서 지금까지 시행되어 오던 제도이다. 기일입찰제도에서는 일단 입찰기일에 유찰되면 약 1월 후로 새로운 기일을 정한다.
   ② 1기일 2회 입찰제
   입찰기일에 유찰되는 부동산에 대하여는 최저입찰가격의 저감없이 즉시 제2회의 입찰을 실시할 수 있도록 하는 제도이다. 1기일 2회 입찰제에서 특징은 오전에 실시한 입찰에서 유찰된 경우 오후 입찰(2회)에서는 저감이 되지 않는다.

2) **기간입찰**
   ① 기간입찰이라 함은 "특정한 입찰기일"에 특정한 입찰장소에서 입찰을 실시하는 현행의 기일입찰과는 달리 "일정한 입찰기간"을 정하여 그 일정한 기간을 중심으로 실시하는 입찰방식을 의미한다.
   ② 입찰기간 내에 입찰표를 직접 또는 우편으로 법원에 제출하게 하면서 법원이 정한 최저입찰가격의 1할 또는 2할을 일률적으로 법원의 은행계좌에 납입한 뒤 그 입금표를 입찰표에 첨부하게 한다.

3) **호가경매**
   호가경매는 입찰기일에 입찰자가 가격을 경쟁적으로 호창하여 최고가를 결정하는 제도이다. 호가경매제에서도 1기일 2회 입찰제도가 적용된다.

(2) **인도명령** ★

1) **의의**
   경매부동산의 매수인(경락인)이 대금을 낸 뒤 6월 내에 신청으로 법원이 채무자·소유자 또는 부동산점유자에 대하여 부동산을 매수인에게 인도하도록 하는 명령

2) **인도명령 대상자**
   경매부동산의 매수인(경락인)에게 대항할 수 있는 권원이 없이 대상부동산을 점유하고 있는 자

6 법원경매의 진행 절차

`25·28회 출제`

1) 경매신청 경매개시결정	채권자의 신청이 있으면 법원은 경매개시결정을 하여 목적부동산을 압류하고 관할 등기소에 경매개시결정의 기입등기를 촉탁하여 등기관으로 하여금 등기부에 기입등기를 하도록 한다. 경매개시결정 정본은 채무자에게 송달한다.
2) 배당요구 종기 결정 및 배당요구 종기 공고	현행 「민사집행법」에서는 법원이 정한 배당요구의 종기까지만 배당요구를 할 수 있도록 하고 있다. 배당요구의 종기는 경매개시결정에 따른 압류의 효력이 생긴 때부터 1주일 내에 결정하되, 종기는 첫 매각기일 이전의 날로 정하게 된다.
3) 매각 준비	환가의 준비절차로서 부동산의 현상, 점유관계, 차임 또는 보증금의 액수, 기타 현황에 관하여 조사를 명하고, 감정인에게 부동산을 평가하게 하여 그 평가액을 참작하여 최저매각가격(최저입찰가격)을 정한다.
4) 매각 및 매각 결정기일 지정, 공고, 통지	담당판사의 판단에 따라 통상의 기일입찰방법과 일정기간의 입찰기간을 정하여 입찰을 실시하는 기간입찰방법 중 하나를 택하여 매각기일 등을 지정·통지·공고한다.
5) 매각 실시	기일입찰 : 집행관이 집행보조기관으로서 미리 지정된 기일, 장소에서 매각을 실시하여 최고가매수신고인 및 차순위매수신고인을 정한다. 기간입찰 : 매각기일에 입찰기간 동안 접수된 입찰봉투를 개봉하여 최고가매수신고인과 차순위매수신고인을 정한다.
6) 매각허부 결정	법원은 매각결정기일에 이해관계인의 의견을 들은 후 매각허부 결정을 한다. 매각허부의 결정에 대하여 이해관계인은 즉시항고할 수 있다.
7) 매각대금 납부	매각허가결정이 확정되면 법원은 대금지급기한을 지정하므로, 정해진 기한 내에 언제든지 대금을 납부할 수 있다.
8) 배당	매수인이 매각대금을 완납하면 법원은 배당기일을 정하여 이해관계인과 배당을 요구한 채권자에게 통지하여 배당을 한다.
9) 소유권이전등기 촉탁	매수인이 대금을 완납하면 부동산의 소유권을 취득하므로, 집행법원은 매수인이 필요서류를 제출하면 매수인을 위하여 소유권이전등기, 매수인이 인수하지 아니하는 부동산상의 부담의 말소등기를 등기관에 촉탁하게 된다.
10) 부동산인도명령	매수인은 매각허가결정이 선고된 후에는 매각부동산의 관리명령을 신청할 수 있고 대금완납 후에는 인도명령을 신청할 수 있다.

02 매수신청대리 관련 대법원규칙

17·18·25·32·33·34회 출제

1 매수신청대리권 ★

(1) 대리권의 범위(공인중개사의 매수신청대리인 등록 등에 관한 규칙 제2조) 24회 출제
1) 「민사집행법」에 따른 매수신청 보증의 제공
2) 입찰표의 작성 및 제출
3) 「민사집행법」에 따른 차순위매수신고
4) 「민사집행법」에 따라 매수신청의 보증을 돌려 줄 것을 신청하는 행위
5) 「민사집행법」에 따른 공유자의 우선매수신고
6) 구「임대주택법」에 따른 임차인의 임대주택 우선매수신고
7) 공유자 또는 임대주택 임차인의 우선매수신고에 따라 차순위매수신고인으로 보게 되는 경우 그 차순위매수신고인의 지위를 포기하는 행위

Professor Comment
이 범위를 벗어난 대리행위는 「변호사법」 위반이다.

(2) 매수신청대리의 대상물 ★
1) 토지
2) 건물 그 밖의 토지의 정착물
3) 「입목에 관한 법률」에 따른 입목
4) 「공장 및 광업재단 저당법」에 따른 광업재단 및 공장재단

2 매수신청대리인 등록 ★★

20·27회 출제

(1) 매수신청대리인 등록 및 요건
1) 등록하는 곳
   사무소(중개법인의 경우에는 주된 사무소)가 있는 곳을 관할하는 지방법원의 장

Professor Comment
개업공인중개사는 중개사무소 소재지 지방법원장에게 매수신청대리인 등록을 할 경우 전국 모든 법원에서 시행하는 경매부동산의 매수신청대리인 업무를 수행할 수 있는 것으로 봐야 할 것이다.

2) 등록요건
   ① 개업공인중개사이거나 법인인 개업공인중개사일 것
   ② 중개사무소 개설등록을 하였을 것
   ③ 부동산경매에 관한 실무교육을 이수하였을 것
   ④ 규칙의 규정에 의한 보증보험 또는 공제에 가입하였거나 공탁을 하였을 것(공인중개사인 개업공인중개사 2억원 이상, 법인 4억원 이상, 분사무소 2억원 이상 추가 설정)

제7장 부동산경매 및 공매

Professor Comment
개업공인중개사만이 매수신청대리 등록을 할 수 있다.

3) 등록신청 수수료
공인중개사인 개업공인중개사의 경우 20,000원, 중개법인의 경우 30,000원

4) 등록의 통지
지방법원장이 14일 안에 등록 통지

(2) 등록의 결격사유   `29회 출제`

1) 매수신청대리인 등록이 취소된 후 3년이 지나지 아니한 자. 단, 폐업에 의한 등록취소는 제외한다.
2) 「민사집행법」에 의한 민사집행절차에서의 매각에 관하여 유죄판결을 받고 그 판결확정일로부터 2년이 지나지 아니한 자
3) 매수신청대리업무정지처분을 받고 폐업신고를 한 자로서 업무정지기간(폐업에 불구하고 진행되는 것으로 본다)이 경과되지 아니한 자
4) 매수신청대리업무정지처분을 받은 개업공인중개사인 법인의 업무정지의 사유가 발생한 당시의 사원 또는 임원이었던 자로서 당해 개업공인중개사에 대한 업무정지기간이 경과되지 아니한 자
5) 위 1)부터 4)까지 중 어느 하나에 해당하는 자가 사원 또는 임원으로 있는 법인인 개업공인중개사

 WIDE 「민사집행법」 제108조 제4호에 해당하는 자

민사집행절차에서의 매각에 관하여 「형법」 제136조(공무집행방해)·제137조(위계에 의한 공무집행방해)·제140조(공무상 비밀표시무효)·제140조의2(부동산강제집행효용침해)·제142조(공무상 보관물의 무효)·제315조(경매, 입찰의 방해) 및 제323조 내지 제327조(권리행사 방해, 강요, 인질강요, 인질상해치상, 인질살해치사, 미수범, 점유강취·준점유강취, 준권리 행사방해, 강제집행면탈)에 규정된 죄로 유죄판결을 받고 그 판결확정일부터 2년이 지나지 아니한 사람

3 등록증의 교부 및 재교부 ★

(1) 등록증의 교부
1) 지방법원장은 매수신청대리인 등록을 한 자에게 매수신청대리인등록증을 교부하고, 매수신청대리인 등록대장에 그 등록에 관한 사항을 기록·유지
2) 등록번호는 법원별 고유번호 두 자리 숫자, 서기 연도의 뒤 두 자리 숫자, 진행번호인 아라비아 숫자로 표시하고, 진행번호는 등록증을 발급한 시간순서에 따라 일련번호로써 부여

(2) 등록증의 재교부
1) 잃어버리거나 못쓰게 된 경우
2) 기재사항의 변경(등록증, 변경증명서류 첨부)

4 등록증 등의 게시

(1) 등록증
(2) 매수신청대리 등 보수표
(3) 보증의 설정을 증명할 수 있는 서류

제3편 중개실무

5 휴업 및 폐업의 신고   17·18·19·21·22·24·25·29회 출제

(1) 매수신청대리인은 매수신청대리업을 휴업(3월을 초과하는 경우), 폐업 또는 휴업한 매수신청대리업을 재개하고자 하는 때에는 감독법원에 그 사실을 미리 신고하여야 한다. 휴업기간을 변경하고자 하는 때에도 같다.
(2) 규정에 의한 휴업은 6월을 초과할 수 없다.

6 대리행위의 방식

(1) 대리권을 증명하는 문서제출

1) 각 대리행위별로 제출
   ① 각 대리행위마다 인감증명서 첨부된 위임장과 대리인등록증 사본 등 제출
   ② 같은 날 같은 장소에서 대리행위를 동시에 하는 경우에는 하나의 서면으로 갈음
   ③ 문서는 매 사건마다 제출

Professor Comment
대리권을 증명하는 문서는 위임장이다.

2) 위임장 기재사항
   위임장에는 사건번호, 개별매각의 경우 물건번호, 대리인의 성명과 주소, 위임내용, 위임인의 성명과 주소를 기재하고, 위임인의 인감도장을 날인, 본인서명사실확인서, 전자본인서명확인서의 발급증 첨부

3) 법인의 경우
   대리권을 증명하는 문서 이외에 대표자의 자격을 증명하는 문서를 제출

(2) 직접출석
매각장소 또는 집행법원에 직접 출석해야 한다.

Professor Comment
소속공인중개사가 대리행위를 할 수 없다.

(3) 사건카드의 작성·보존
사건카드의 작성, 5년간 보존, 등록인장의 사용의무가 있다.

7 매수신청대리 대상물의 확인·설명 ★★   25회 출제

(1) 확인·설명 및 내용

1) 방법
   성실·정확하게 설명하고 근거자료를 제시

2) 확인·설명 내용
   ① 대상물의 표시 및 권리관계
   ② 법령의 규정에 따른 제한사항
   ③ 대상물의 경제적 가치
   ④ 대상물에 관한 소유권을 취득함에 따라 부담·인수하여야 할 권리 등 사항

제7장 부동산경매 및 공매

Professor Comment
소유권을 취득함에 따른 조세의 경우 설명의무가 없다.

(2) 확인·설명서의 작성 및 보관
교부, 5년간 보존, 등록된 인장 사용

8 보수 및 실비 ★★★

(1) 보수의 수수 및 설명
예규에서 정한 보수 요율의 범위 안, 보수 이외의 명목으로 돈 또는 물건을 금지, 위임인에게 위임계약 전에 설명

(2) 보수의 지급시기
매수신청인과 매수신청대리인의 약정에 따르며, 약정이 없을 때에는 매각대금의 지급기한일로 한다.

(3) 영수증의 작성·교부 및 보존
영수증을 작성, 교부, 등록인장 사용

(4) 실 비
권리관계 등의 확인 또는 매수신청대리의 실행과 관련, 필요한 통상의 실비(확인·설명을 위한 등기부 열람비용 등)는 보수에 포함

(5) 보수 및 실비요율
1) 상담 및 권리분석 보수
   50만원 안에서 당사자의 협의에 의하여 결정

2) 매수신청대리 보수
   ① 매각허가결정이 확정되어 매수인으로 된 경우
      감정가의 1% 이하 또는 최저매각가격의 1.5% 이하의 범위 안에서 당사자의 합의에 의하여 결정한다.
   ② 최고가매수신고인 또는 매수인이 되지 못한 경우
      50만원 안에서 당사자의 협의에 의하여 결정

3) 실비
   30만원 안에서 당사자의 협의에 의하여 결정

9 의무·금지행위 ★   24회 출제

(1) 신의성실의무, 비밀준수의무, 질서유지의무

(2) 신고의무
사유가 발생한 날로부터 10일 안에 지방법원장에게 그 사실을 신고하여야 한다.

1) 중개사무소를 이전한 경우(이전한 곳의 지방법원장에게)

2) 중개업을 휴업 또는 폐업한 경우
3) 공인중개사자격이 취소된 경우
4) 공인중개사자격이 정지된 경우
5) 중개사무소 개설등록이 취소된 경우
6) 중개업무가 정지된 경우
7) 분사무소를 설치한 경우

(3) 금지행위

1) 이중으로 매수신청대리인 등록신청을 하는 행위
2) 매수신청대리인이 된 사건에 있어서 매수신청인으로서 매수신청을 하는 행위
3) 동일 부동산에 대하여 이해관계가 다른 2인 이상의 대리인이 되는 행위
4) 명의대여를 하거나 등록증을 대여 또는 양도하는 행위
5) 다른 개업공인중개사의 명의를 사용하는 행위
6) 「형법」 규정된 경매·입찰방해죄에 해당하는 행위
7) 사건카드 또는 확인·설명서에 허위기재하거나 필수적 기재사항을 누락하는 행위
8) 그 밖에 다른 법령에 따라 금지되는 행위

10 지도 및 감독

(1) 등록취소

절대적 등록취소	상대적 등록취소
1) 중개업등록의 결격사유 가운데 어느 하나에 해당하는 경우 2) 법에 의한 폐업신고를 한 경우 3) 공인중개사자격이 취소된 경우 4) 중개사무소 개설등록이 취소된 경우 5) 등록 당시 매수신청대리인의 등록요건을 갖추지 않았던 경우 6) 등록 당시 매수신청대리인의 결격사유가 있었던 경우	1) 등록 후 매수신청대리인의 등록요건을 갖추지 못하게 된 경우 2) 등록 후 매수신청대리인의 결격사유가 있게 된 경우 3) 사건카드를 작성하지 아니하거나 보존하지 아니한 경우 4) 매수신청대리 대상물의 확인·설명서를 교부하지 아니하거나 보존하지 아니한 경우 5) 보수 이외의 명목으로 보수를 받은 경우, 예규에서 정한 보수를 초과하여 받은 경우, 보수의 영수증을 교부하지 아니한 경우 6) 비밀준수의무, 집행관의 명령위반, 매수신청대리의 금지행위를 위반한 경우 7) 감독상의 명령이나 중개사무소의 출입, 조사 또는 검사에 대하여 기피, 거부 또는 방해하거나 거짓으로 보고 또는 제출한 경우 8) 최근 1년 안에 이 규칙에 따라 2회 이상 업무정지처분을 받고 다시 업무정지처분에 해당하는 행위를 한 경우

(2) 업무정지(1월 이상 2년 이하) **28회 출제**

절대적 업무정지	상대적 업무정지
1) 법에 의한 휴업하였을 경우 2) 공인중개사자격을 정지당한 경우 3) 중개업의 업무정지를 당한 경우 4) 상대등록 취소에 해당하는 경우	1) 다른 사람의 매수신청을 방해한 사람이거나, 부당하게 다른 사람과 담합하거나 그 밖에 매각의 적정한 실시를 방해한 사람, 이러한 행위를 교사(敎唆)한 사람에 해당하는 경우(「민사집행법」 제108조) 2) 매수신청대리등록증 등을 게시하지 아니한 경우 3) 등록된 인장을 사용하지 않은 경우 4) 사무소이전 등의 신고를 하지 아니한 경우 5) 감독상의 명령이나 중개사무소의 출입, 조사 또는 검사에 대하여 기피, 거부 또는 방해하거나 거짓으로 보고 또는 제출한 경우 6) "법원"의 명칭이나 휘장 등을 표시하였을 경우 7) 그 밖에 이 규칙에 따른 명령이나 처분에 위반한 경우

알고보니 경록이다

우리나라 부동산전문교육의 본산 경록 1957

한방에 합격은
경록이다

제1회 시험부터 수많은 합격자를 배출한 전문성 - 경록

시험장에서
눈을 의심할 만큼,
진가를 합격으로 확인하세요

정가 20,000원

경록 공인중개사
핵심요약집
③ 2차 공인중개사법령및중개실무

27년연속99%
독보적
정답률

시험최적화 대한민국 1등 교재
(100인의 부동산학 대학교수진, 2021)

최초로 부동산학을 정립한 부동산학의
모태(원조)로서 부동산전문교육
1위 인증(한국부동산학회)

대한민국 부동산교육 공헌대상(한국부동산학회)
4차산업혁명대상(대한민국 국회)
고객만족대상(교육부)
고객감동 1위(중앙일보)
고객만족 1위(조선일보)
고객감동경영 1위(한국경제)
한국소비자만족도 1위(동아일보) 등 석권

부동산전문교육 68년 전통과 노하우

발 행	2025년 1월 10일
인 쇄	2024년 9월 25일
연 대	최초 부동산학 연구논문에서부터 현재까지 (1957년 원전 ~ 현재)
편 저	경록 공인중개사 교재편찬위원회, 신한부동산연구소 편
발 행 자	이 성 태 / 李 星 兌
발 행 처	경록 / 景鹿
주 소	서울시 강남구 영동대로 114길 7 (삼성동 91-24) 경록메인홀
문 의	02)3453-3993 / 02)3453-3546
홈페이지	www.kyungrok.com
팩 스	02)556-7008
등 록	제16-496호
I S B N	979-11-93559-70-3 14320

대표전화 1544-3589

이 책의 무단전재·복제를 금함

이 책은 저작권법에 의해 저작권이 보호됩니다. 무단전재 및 복제행위는 이 법 제136조에 의해 5년 이하의 징역 또는 5,000만원 이하의 벌금에 처하거나 병과(倂科)할 수 있습니다.

개정법령 및 정오사항 등은 경록 홈페이지에서 서비스됩니다.